卓尼县

柳林小学

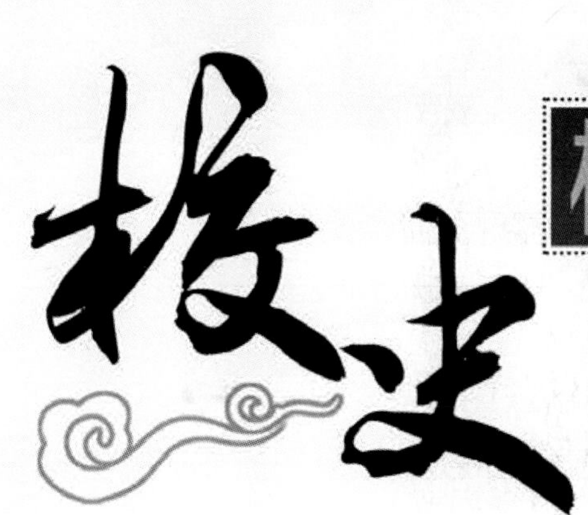

ZHUO NI XIAN
LIU LIN XIAO XUE
XIAO SHI

（1921–2018）

靳芳琴　邢学平　主编

敦煌文艺出版社

图书在版编目（C I P）数据

卓尼县柳林小学校史 / 靳芳琴， 邢学平主编． -- 兰州 ： 敦煌文艺出版社， 2019.3
ISBN 978-7-5468-1717-0

Ⅰ．①卓… Ⅱ．①靳… ②邢… Ⅲ．①卓尼县柳林小学－校史－ 1921-2018 Ⅳ．① G629.284.24

中国版本图书馆 CIP 数据核字（2019）第 056063 号

卓尼县柳林小学校史

靳芳琴　邢学平　主编

责任编辑：侯君莉
装帧设计：甘肃香巴拉文化传媒有限公司

敦煌文艺出版社出版、发行
地址：（730030）兰州市城关区读者大道 568 号
邮箱：dunghuangwenyi1958@163.com
0931-8773258（编辑部）
0931-8773235（发行部）

兰州金龙印刷有限责任公司
开本 185 毫米 ×260 毫米　1/16　印张 15.5　插页 42 页　字数 340 千
2019 年 6 月第一版　2019 年 6 月第一次印刷
印数：1 ～ 1500
ISBN 978-7-5468-1717-0
定价：128.00 元

卓尼县柳林小学校史编写委员会

顾　　问： 杨顺程　杨　雄　郝　炜　李正荣　宁学忠

主　　任： 靳芳琴

副 主 任： 杨虎成

委　　员： 王　云　吴林祥　邢学平

卓尼县柳林小学校史编写组

主　　编： 靳芳琴　邢学平

副 主 编： 王　云　吴林祥　牛世信

特邀编辑： 马永寿

编　　辑： 石惠英　牛永刚　杨淑梅　赵　玲　李　靖　黄兰芸
金平平　石永红　吴志峰　蔡坚强　李大茁　扈文华
牛存德　齐永平　刘玲珍　张建梅

校史编写组成员合影（前排左起：扈文华、吴林祥、靳芳琴、杨虎成、王云、邢学平。后排左起：刘玲珍、赵玲、牛存德、黄兰芸、李靖、吴志峰、牛永刚、牛世信、石永红、张建梅）

柳林小学

杨复兴题

一九八六年十月

原省人大副主任杨复兴为柳林小学题写校名

為阜宁柳林小学题

珍惜历史

傳承光荣

丁酉年 杨正

杨正先生为柳林小学题词

北京师范大学博士生导师倪文东教授题词

阜平縣柳林小學存正

柳溪映月寒魄苦

林壁吟風意氣發

戊戌之夏月 柳長忠撰並書

中书协会员柳长忠题词

杨氏家族的关怀

1983 年 10 月，甘肃省人大常委会副主任杨复兴（前排右五）看望城关一小教师

1996 年，甘肃省人大常委会咨询员杨复兴（第二排右五）看望学校师生

2014 年 8 月，中央电视台拍摄《卓尼土司》时，杨正先生（左三）与学校领导、教师合影

2015 年 9 月，杨正、杨晓瑞兄妹（左四、左五）与学校领导班子合影

2015 年 9 月，杨正、杨晓瑞兄妹（右二、右三）与县长韩明生、校长靳芳琴合影

2018 年 4 月，杨正先生（左一）在禅定寺为学校品学兼优的贫困生捐赠助学金

领导关怀

2008年8月，甘南州州委常委、统战部部长杨自才（左一）在卓尼县委书记才让当智（左二）等领导陪同下来校检查指导工作

2008年9月，卓尼县四大班子领导莅临学校检查指导工作（左一：县委书记才让当智；左二：常务副县长王忠；左三：县委常委组织部长杨扎西。）

2008 年 10 月，甘南州副州长杨卓玛（左四）、州教育局局长召玛杰（右三）在县四大班子领导陪同下莅临学校检查指导“两基”工作

2012 年 9 月，甘南州政协副主席王亚男（右五）莅临学校检查指导工作

2014 年 5 月，卓尼县委书记杨晓南（左一）、县长韩明生（右三）、县教育局局长杜育贤（左二）等领导莅临学校检查指导工作

2014 年 10 月，甘肃省副省长王玺玉（右二）莅临学校调研指导工作

2014年10月，甘南州教育局纪检书记徐晨（左二）一行莅临学校检查工作

2016年8月，甘南州教育局副局长杨学军（左二）、县委常委宣传部部长马淑芳（左三）莅临学校检查指导工作

2016 年 9 月，卓尼县委副书记李新平（右三）、副县长郭旭龙（右二）及县教育局领导检查学校项目建设

2016 年 11 月，甘南州委组织部副部长杨自宏（左三）、县委常委组织部部长梁晓鹏（右四）检查学校党建及“两学一做”学习教育工作

2016 年 12 月，甘肃省教育厅副厅长赵凯（左三）莅临学校检查指导工作

2017 年 6 月，甘南州委常委、州委秘书长、卓尼县委书记杨武（右六），县长韩明生（右四）等领导检查学校环境卫生整治工作

2017年6月，甘南州委副书记、州委宣传部部长扎西草（右二），甘南州委常委、州委秘书长、卓尼县委书记杨武（右一）一行莅临学校检查工作

2017年6月，甘肃省政府督学李晶（左二）在县长韩明生（左一）、副县长郭旭龙（右三）陪同下莅临学校指导标准化学校达标工作

学校活动

爱心捐赠

2008 年武警八六七三部队为学校捐赠办公用品

2010 年学校师生为舟曲灾区捐款

2013 年学生为留守儿童捐款

2016 年学校师生为卓尼县患重病学生捐款

2016 年福建冠业集团副总经理陈文国委托朋友资助学校两名贫困学生完成学业

2017 年洮砚传承人、甘肃省工艺美术大师李海平来学校捐赠洮砚

2017 年县妇联“爱心包公益项目”发放仪式

常规教育

20 世纪 90 年代学生入队仪式

20 世纪 90 年代升国旗仪式

20 世纪 90 年代卓尼县公安局交警大队大队长李逢春作法制宣传教育讲座

2011 年学校发放寄宿生生活费

2013 年家长开放日

2013 年营养早餐

2016 年毕业典礼

2017 年“四防”演练

2017 年毕业合影（摆拍感恩的心）

对外宣传

2016 年 11 月，西北民大师生来学校采访

2016 年 12 月，合作一小同仁来学校观摩交流

2016 年 12 月，全县各学区（校）书记、校长来学校观摩交流

2017 年 6 月，中央媒体记者团来学校采访

2017 年 6 月，夏河县教育系统同仁来学校观摩交流

2017 年 8 月，陇原环保世纪行记者团来学校采访

2017 年 10 月，合作市教育系统同仁观摩学习学校党建工作

2017 年 10 月，碌曲县教育系统同仁来学校观摩交流

2017 年 11 月，夏河县、迭部县教育系统同仁来学校观摩交流

2018 年 3 月，临潭县教育系统同仁来学校观摩交流

教师活动

2008 年教师舞蹈表演

2008 年教职工篮球赛

2009 年召开组织生活会

2010 年教师参加庆祝建党 89 周年红歌大赛

2013 年教师基本功竞赛——粉笔字

2014 年教职工跳绳比赛

2014 年教职工政治业务学习

2014 年教职工排球赛

2015 年教职工歌咏比赛

2016 年走访借宿生

2016 年教职工演讲比赛

教师培训

1951 年暑期教师培训合影

2013 年 5 月，团中央《知心姐姐》报告团来校开展心理健康教育

2015 年 9 月，杭州师大中小学师干培训中心黄芳教授（中）带领浙派名师来校培训交流时，和校长靳芳琴、河西堡小学校长张喆军合影

2016 年 4 月，学校教职工政治业务学习及入党积极分子培训

2016 年 9 月，学校教师赴永昌县河西堡小学观摩学习

2016 年 11 月，兰州消防中心田统界教官进行消防培训

2017 年 4 月，甘南州书协主席夏世龙进行书法教学讲座

2017 年 8 月，泸州市优秀教师雷英琴举办“悦读”专题讲座

2017 年 9 月，学校教师赴兰州实验小学观摩交流

2018 年 1 月，与杭州拱宸桥小学结对共建签约仪式

2018 年 7 月，北师大博士生导师倪文东（前排右五）教授一行来学校指导书法教学工作

2018 年 8 月，天津河西区教育专家来学校培训

教研活动

20 世纪六七十年代的室外课堂

数学公开教学

科学实验

校本培训

师生谈心

集体备课

学生作业展

英语公开教学

语文示范课

活页作业

学生校外活动

1974年城关一小参加甘南州小学足球运动会合影

20世纪90年代师生在街道上义务植树

20世纪90年代学生上街打扫卫生

20世纪90年代“六一”花伞队表演

20 世纪 90 年代“六一”小交警游行

20 世纪 90 年代“六一”花环队游行

20 世纪 90 年代“六一”彩穗队游行

2000 年在卓尼县大峪沟旅游节上表演节目

2013 年师生清明节扫墓

2014 年师生参观书画展

2015 年重阳节师生敬老活动

2017 年师生参观武警四大队军营

2017 年校足球队参加甘南州小学生足球赛

学生艺体活动

20 世纪 60 年代文艺表演

20 世纪 60 年代广播操

20 世纪 80 年代课间操

20 世纪 90 年代新疆舞表演

20 世纪 90 年代运动会——50 米短跑比赛

20 世纪 90 年代运动会赛前准备

20 世纪 90 年代运动会——掷沙包

2011 年运动会——跳高

2012 年新队员入队仪式暨歌咏比赛

2013 年运动会——短跑

2013 年广播体操比赛

2013 年国学经典诵读暨歌咏比赛

2013 年猜谜大会

2013 年运动会开幕式

2013 年歌咏比赛

2014 年蔬菜拼花

2015 年阳光体艺大课间

2016 年庆祝“六一”

2017 年首届“百灵鸟”校园歌手大赛

2018 年学生参加全县“素质教育”展演

2018 年运动会开幕式——国学经典诵读方队

教师风采

2011 年全体教职工合影

2013 年“七一”学校领导和优秀共产党员合影

2013 年全体党员合影

2013 年全体女教职工合影

2014 年“六一”优秀班主任合影

2014 年全体党员合影

2014 年全体女教职工合影

2016 年全体教职工合影

2017 年“七一”优秀党员合影

2018 年“六一”优秀班主任合影

2018 年教师节学校领导和优秀教师合影

毕业照

省立卓尼柳林中心学校 1963 届毕业生合影

省立卓尼柳林中心学校 1964 届毕业生合影

卓尼县永红小学 1967 届毕业生合影

卓尼县永红小学 1970 届毕业生合影

城关一校 1976 届毕业生合影

柳林小学 1983 届毕业生合影

柳林小学 1986 届毕业生合影

柳林小学 1990 届毕业生合影

柳林小学 1991 届毕业生合影

柳林小学 1992 届毕业生合影

柳林小学 1993 届毕业生合影

柳林小学 1994 届毕业生合影

柳林小学 1995 届毕业生合影

柳林小学 1996 届毕业生合影

柳林小学 1997 届毕业生合影

柳林小学 1998 届毕业生合影

柳林小学 1999 届毕业生合影

柳林小学 2000 届毕业生合影

柳林小学 2001 届毕业生合影

柳林小学 2002 届毕业生合影

柳林小学 2003 届毕业生合影

柳林小学 2004 四届毕业生合影

柳林小学 2005 届毕业生合影

柳林小学 2006 届毕业生合影

柳林小学 2007 届六（2）班毕业生合影

柳林小学 2008 届优秀毕业生合影

柳林小学 2009 届毕业生合影

柳林小学 2010 届毕业生合影

柳林小学 2011 届毕业生合影

柳林小学 2012 届毕业生合影

柳林小学 2013 届毕业生合影

柳林小学 2014 届毕业生合影

柳林小学 2015 届毕业生合影

柳林小学 2016 届 6 班毕业生合影

柳林小学 2017 届 4 班毕业生合影

柳林小学 2018 届优秀毕业生合影

校园新旧貌对比

校园旧貌（2008 年拆除）

青砖青瓦的古典建筑（1985 年 6 月修建）

古色古香的校门（1982 年按照旧校门原貌复建）

1 号教学楼（1983 年 8 月修建，2015 年 4 月拆除）

2 号教学楼（1986 年 9 月修建，2014 年 4 月拆除）

3 号教学楼（1989 年 9 月修建，2015 年 4 月拆除）

4号教学楼（1994年10月修建，2014年4月拆除）

5号教学楼（2001年5月修建，2014年4月拆除）

学校拆建（2011 年拍摄）

校园新貌（2017 年拍摄）

知远楼（2000 年 8 月修建）

知新楼（2012 年 8 月修建）

知行楼（2015 年 8 月修建）

营养早餐大灶（旧 2008 年 6 月修建，2015 年拆除）

营养早餐大灶（新 2015 年 8 月修建）

塑胶操场（2018 年 8 月铺设）

学校荣誉

荣誉证书
授予 甘肃省卓尼县柳林小学五（7）中队
“全国优秀少先队集体”称号。
共青团中央 教育部 全国少工委

甘肃省教育系统
先进集体
中共甘肃省委员会
甘肃省人民政府
一九九0年九月

甘肃省教育系统
先进集体
中共甘肃省委员会
甘肃省人民政府

交通安全文明学校
甘肃省文明办 甘肃省公安厅 甘肃省教育厅
二00二年一月

全省关心下一代工作
先进集体
甘肃省关心下一代工作委员会
甘肃省精神文明建设指导委员会办公室
二00五年十一月

甘肃省师德建设
先进集体
甘肃省教科文卫工会
二0一二年九月

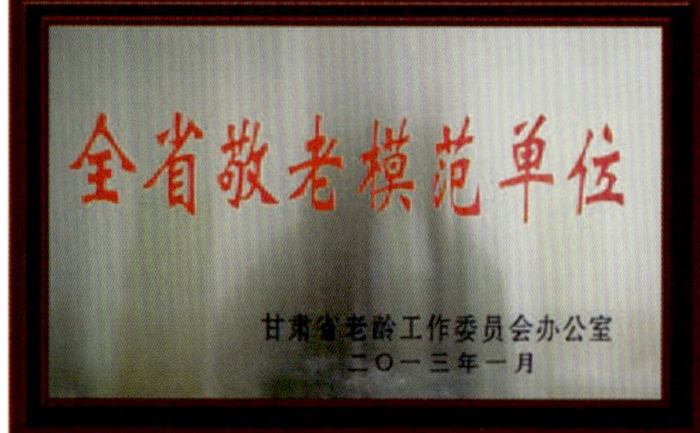
全省敬老模范单位
甘肃省老龄工作委员会办公室
二0一三年一月

省级语言文字规范化示范校
甘肃省教育厅

甘肃省中小学德育
示范学校
中共甘肃省委宣传部 甘肃省文明办 甘肃省教育厅
二〇一五年三月

省级防震减灾科普示范学校
甘肃省地震局 甘肃省教育厅 甘肃省科协
二〇一六年八月

2016-2017年度甘肃省省级
健康校园
甘肃省卫生和计划生育委员会
甘肃省教育厅
甘肃省食品药品监督管理局
甘肃省爱国卫生运动委员会办公室
2017年12月

家长示范学校
甘肃省精神文明建设指导委员会

2001－2005年全州“四五”法制宣传教育
先进单位
中共甘南州委
甘南州人民政府
二00六年七月

甘南州教育系统
先进集体
中共甘南州委 甘南州人民政府
二〇一〇年九月

全州创先争优
先进基层党组织
中共甘南藏族自治州委员会
二〇一二年九月

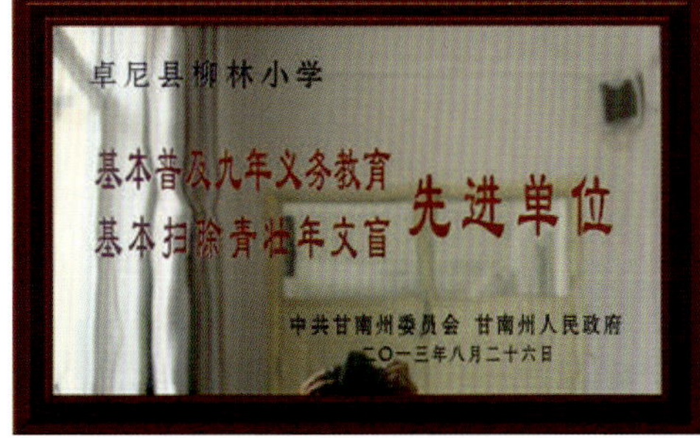
卓尼县柳林小学
基本普及九年义务教育
基本扫除青壮年文盲
先进单位
中共甘南州委员会 甘南州人民政府
二〇一三年八月二十六日

甘南州教育系统
先进集体
中共甘南州委　甘南州人民政府
二〇一五年九月

安全文明单位
甘南州社会治安综合治理委员会
甘南州精神文明建设指导委员会
二00一年二月

授予卓尼县柳林小学
先进学校
甘南州教育局
2004.3.8.

2006年度全州先进学校
卓尼县柳林小学
甘南州教育局
二00七年三月六日

甘南州教育科研
示范性学校
甘南州教育局
二00七年三月

甘南州教师队伍建设
示范性学校
甘南州教育局
二00七年三月

甘南州城镇妇女“巾帼建功”活动
巾帼文明岗
甘南州妇女联合会
二00七年三月

甘南州示范性小学
甘南州教育局
二00九年二月

甘南州德育工作
示范性学校
甘南州教育局
二〇一〇年二月

甘南州校园文化建设
示范性学校
甘南州教育局
二〇一〇年二月

甘南州体育传统项目学校
甘南州体育局 甘南州教育局
二〇一五年四月

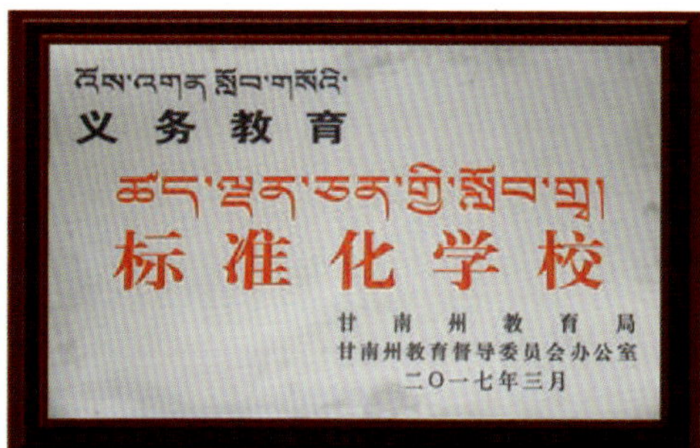
义务教育
标准化学校
甘南州教育局
甘南州教育督导委员会办公室
二〇一七年三月

甘南藏族自治州食品安全
示范学校食堂
甘南州食品药品监督管理局
二〇一七年九月

甘南藏族自治州优秀少先队中队
二〇一八年一月

甘南州五四红旗团支部
共青团甘南州委
二〇一八年五月

甘南藏族自治州
一类学校
甘南州教育局

奖给
教育系统先进集体
卓尼县柳林小学
中共卓尼县委
卓尼县人民政府
2003. 9. 10

先进基层党组织
中共卓尼县委
二〇一七年七月

奖给
2009年小学毕业水平测试县直小学
普通类三科合格率、均分第一名的
柳林小学
卓尼县教育局
二〇一〇年三月

先进党支部
中共卓尼县教育局委员会
二〇一一年七月

卓尼县县直中小学“我的中国梦”主题演讲比赛
最佳组织奖
卓尼县教育局
二〇一三年四月

2012年度
卓尼县五四红旗团支部
共青团卓尼县委
二〇一三年五月

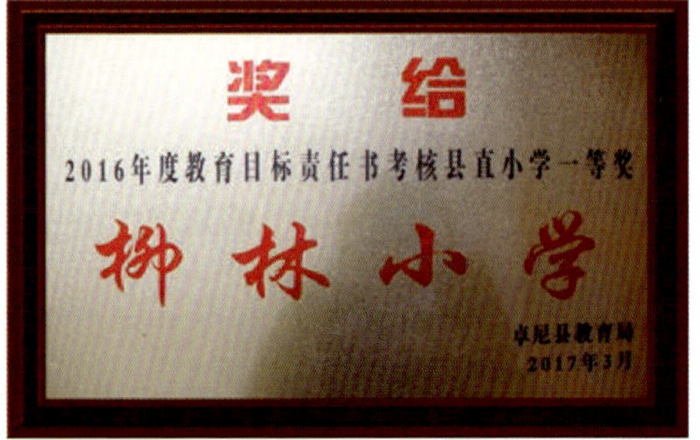
奖给
2016年度教育目标责任书考核县直小学一等奖
柳林小学
卓尼县教育局
2017年3月

奖给
2017年度全县小学普通类教学成绩（县直）一等奖
卓尼县柳林小学
卓尼县教育局
2018年3月

一训三风

校训

诚实　勤奋　文明　创新

校风

民主　和谐　求真　向上

教风

敬业　爱生　博学　奉献

学风

勤学　善思　尊师　守纪

办学宗旨与理念

办学宗旨

以人为本　全面发展

办学理念

以人为本　以德治校

质量立校　教研兴校

特色强校　全面育人

北宋教育家胡瑗认为："致天下之治者在人才，成天下之才者在教化，教化之所本者在学校。"自古以来，学校既是培养人才的摇篮，又是为学子成长和未来事业奠定良好品德及文化科学知识的第一基础阵地，更是实施教育的重要场所之一。因此，各个国家，无不致力于教育投资，潜心于学校建设，使学校数量逐步增加，学校规模不断扩大，学校水平连年提高。特别是当今时代，学校的发展，教育水平的进一步提升，已在一个国家发展中处于关键性的地位，教育力亦成为一个国家科技力、生产力的重要支柱，成为一个国家综合实力的重要标志。

柳林小学在近百年的卓尼县小学教育中，一直是执其牛耳者。在柳林小学教育取得重大发展和显著成就的今天，我们组织编写《卓尼县柳林小学校史》是很有必要的，也有责任进一步总结、研究具有鲜明地方特色的教育发展变革的历史，达到借鉴历史经验，开辟我校教育新未来，具有重大的现实意义和深远的历史意义。

百年沧桑，盛世辉煌。卓尼县柳林小学既是一所经风历雨的学校，又是被人们喻之为文化传播的摇篮，更是一所朝气蓬勃的学校，她创建于 1921 年，其前身为卓尼第十九代土司杨积庆创办的一所私塾，1921 年正式命名为卓尼初级小学。后几易其名，于 1983 年正式复名为卓尼县柳林小学。近百年来，柳林小学饱经岁月的洗礼与磨炼，经过历届学校领导和教师的艰苦创业，励精图治，青蓝相接，终于得到了空前的发展，从初创时期的 2 名教师、20 多名学生到今天已拥有 190 名教师、2718 名学生的示范小学，先后为高一级学校及卓尼经济和社会发展输送了数以万计的学子，在推动卓尼历史的进程中发挥了举足轻重的作用。特别是在中国共产党十一届三中全会和党的十八大以来，学校坚持“以人为本，全面发展”的办学宗旨和确立了“德育为首、教学为主、和谐发展、争创一流”的办学目标后，科学管理，大力改善办学条件，加强教师队伍建设，深化教育改革，全面提高教育质量，努力在学以立德、学以增智、学以致用、学以提能、用有所成上取得成效。使学校发展日新月异，办学业绩日益辉煌，为卓尼小学教育做出了巨大贡献，先后被国家、省、州、县党政部门授予“全国优秀少先队集体”“甘肃省教育系统先进集体”“甘肃省中小学德育示范学校”“甘南州教育系统先进集体”“全省田径传统项目学校”“甘肃省家长示范性学校”和“甘南州一类学校”等荣誉称号近百个。也涌现出一批又一批为教育事业辛勤耕耘的好园丁和勇于探索、具有良好习惯的优秀学生。

古人云：“以铜为镜，可以正衣冠；以人为镜，可以明得失；以史为镜，可以知兴替。”编写校史是在历史中回顾过去，在历史中展望未来；弘扬前人的业绩品格，激励后人奋发有为；就是要聚集正能量，增强师生的自豪感、责任感和使命感，去开拓学校更加美好的明天。

一种宝贵的精神财富，必然具有无限的辐射力和神奇的感召力。翻开《卓尼县柳林小学校史》，仿佛看到了历届教育先辈立足讲台、甘为人梯、青蓝相接、弦歌不断；挥洒一腔热血，培养满园新绿，奉献毕生精力，传承知识经典和孕育精英良才的足迹，听到了仁人志士为教育的呐喊，感到了卓尼儿女兴办教育的火热激情。正是这种对文化的渴望追求和执着勤奋，凝聚了一批又一批德才兼备的教师在这里挥洒青春，铸就了卓尼县柳林小学教育的一座丰碑；也正是这种独有的、最宝贵的精神财富，给予柳林小学人以无穷的力量和巨大的鼓舞，使其勇立潮头，孵化孕育，成为卓尼县小学教育改革的桥头堡和教学方法的孵化地，一批批教学能手从这里获得新的灵感，一个个先进的教育理念从这里辐射开来，带动了卓尼县小学教育健康有序的发展，为国家和社会贡献才智。

柳林小学的发展史不仅是卓尼县现代教育的一部分，也是卓尼县现代史不可忽视的一部分。柳林小学百年变迁，为研究我县小学从土司私塾到近代学校、从土司衙门教育到现代教育提供了大量翔实的史料。站在历史的高度审视教育的足迹，回首学校已经走过的道路，使我们深入地了解我们学校的传统和地位，更坚定了我们办好教育的信心和决心。

百年校史，是鲜活的，丰富的，厚重的，它昭示着往者的奠基和创业，也召唤着来者的传承与开拓。在曲折前行又流光溢彩的近百年里，她所集中体现的是筚路蓝缕、艰苦创业的执着追求，是勇为人先、争创一流的进取精神，是以人为本、兼容并蓄的办学理念，是团结凝聚、和谐奋进的人文力量，是励志笃学、荣校报国的理想志向。她的脉搏始终与卓尼大地同频共振，她的呼吸也始终与卓尼昌盛息息相关。我坚信，乘着梦想飞翔，柳林小学的明天将更灿烂。愿学子，厚积薄发、乘风破浪、健康快乐长智慧！愿人师，志存高远、锲而不舍、桃李芬芳乐开颜！愿柳校，崇德求新、和美共进、百年树人创辉煌！愿校史明志，启鉴后人，丰碑不朽！

卓尼县柳林小学校长 靳芳玲

2018 年 9 月

目　录
CONTENTS

第二章

隶属变更　曲折前进（1966—1976 年）

第三章

拨乱反正　恢复发展（1976—2018 年）

第四章

坚持人才兴校　加强队伍建设

第五章

荣膺荣誉　斯美其扬

附录

前言

卓尼县柳林小学前身为卓尼第十九代土司杨积庆在清末民初创办的一所私塾，于1921年被杨积庆正式命名为卓尼初级小学，1922年又被更名为卓尼第一高等小学。1928年改为公立，由国民政府接办。1938年改称卓尼柳林高级小学。1942年划归甘肃省领导，改称省立卓尼柳林中心学校。1966年10月更名为卓尼县永红小学，1974年改称卓尼县城关第一小学。1983年复名为卓尼县柳林小学并沿用至今。

卓尼县柳林小学是卓尼第十九代土司杨积庆在卓尼藏族聚居区创办最早的一所小学，在近百年的历史长河中，几经兴衰浮沉，历经坎坷，培养出了一大批人才，在推动卓尼历史的进程中发挥了举足轻重的作用。尤其是在中国共产党十一届三中全会以来，确立了“以人为本，全面发展”的办学宗旨，紧紧围绕“以人为本，以德治校、质量立校、教研兴校、特色强校、全面育人”的办学理念，以“提高教育质量、培养合格人才、办人民满意的学校”为目标，大力推进高效课堂，全面提高教育质量，积极打造和谐、奋进、环境优雅的人文型、学习型、书香型校园。历届柳林小学师生努力践行“诚实、勤奋、文明、创新”的校训、“敬业、爱生、博学、奉献”的教风、“民主、和谐、求真、向上”的校风,以及“勤学、善思、尊师、守纪”的学风，励精图治，奋发图强，多次被评为省州县的先进集体，也涌现出了许多先进的教职工和优秀学生。

学校整体布局合理，环境优美，历史文化积淀深厚，在一代代柳校人的努力下，学校的各项工作取得了长足的发展。前行之路坎坷而漫长，柳校人始终不忘初心，牢记使命，在平凡的岗位上脚踏实地，兢兢业业，默默地奉献着自己的光和热，把自己的心血和汗水挥洒在卓尼小学教育的这片热土上，谱写了卓尼民族教育的辉煌篇章。

大事记

1921年，卓尼第十九代土司杨积庆把设在唐尕川的私塾迁到关帝庙看楼上（现邮政局院内），命名为“卓尼初级小学”（即卓尼县柳林小学前身），向平民开放，并责成衙门职员率先送子弟入学。当时有学生20余人，多为衙门职员子弟。

1922年，新校舍在卓尼古城堡以南的嘛呢滩上（现校址处）竣工后，杨积庆又将“卓尼初级小学”更名为“卓尼第一高等小学”。聘请临潭县褚庵村雍尊仁先生为校长，并聘请临潭县东山村宗先生和刘先生任教师。当时的学制为七年制，初小四年，高小三年。

1927年，改学制为六年制，开设的课程有国文、算术、修身、自然、历史、地理、体操、音乐、画图等小学课程，还加授藏文。

1928年，学校改为公立，由国民政府接办。

1929年，在“河湟事变”中学校被马仲英部烧毁，迫使学校停办一年多。

1931年，学校迁至博峪村嘛呢子经堂内上课。同时，杨积庆又派人在学校原址上重新修复了中院一幢瓦房，并重新修建了南北30间平房，前院南北各新建了2间单檐瓦房。

1932年，学校重建竣工后，师生便从博峪搬回了卓尼古城南，这时由杨积庆保送到兰州后期师范学习的卓尼第一高等小学毕业生牛应斗、常永华、郝贵先后毕业回到卓尼，并在学校任教。

1937年8月25日，因杨积庆曾接济红军，在鲁达昌策动的“博峪事变”中被害，政局陷入混乱，随即，成立卓尼设治局。11月，在北平蒙藏学校（大专）学习的杨生华回卓尼被任命为“卓尼第一高等小学校长”。

1938年，学校改名为“卓尼柳林高级小学”。

1942年，甘肃省政府教育厅将学校命名为“省立卓尼柳林中心学校”。学校经费由省教育厅拨发，校长也由教育厅任命。任命的第一任校长是临洮人魏琨（1942年秋至1944年）。第二任是岷县人雷文焕（1944年秋）。

1950年春季，卓尼自治区行政委员会任命赵文炯为柳校校长，来含章为教导主任。学校建有校委会、经济稽核委员会、学生会，学生会下设学习股、游艺股和生活股。

1958年12月，中央书记处书记、政治局委员、国务院副总理谭震林莅临卓尼视察了省立卓尼柳林中心小学。

1959年春季，学校师生参加全州文艺调演活动，获得二等奖。

是年3月，校刊《红孩子》报出版，共出刊了6期，到6月份与共青团卓尼中学总支合并为《红色青年》半月报，后因进入困难时期而停办。

1966年5月，“文化大革命”开始。10月，学校改名为“卓尼县永红小学”。

1967年秋季学期开学后，学制由原来的四二制（即初小4年，高小2年）改为五年制。

1972年，洮河林业局职工子弟学校建成后，部分学生被分流到洮河林业局职工子弟学校，学生由674名减少到580名，设13个班，共22名教师。

1974年，卓尼县城关第二小学成立后，学校改名为“卓尼县城关第一小学”。

1977年，学校先后制定了各类规章制度，如《教职工工作学习制度》《小学生守则》等，恢复了“文革”中被取消的一些制度和措施。是年，原本秋季学期毕业的毕业生被安排在次年夏季毕业，故1977年无毕业生。

1978年，取消了“红卫兵”组织和连队编制，恢复了“中国少年先锋队”组织和班级编制。6月3日，学校被卓尼县革命委员会主任办公室确定为全县4所重点学校之一。

1980年，学校党支部被卓尼县机关党委授予先进党支部光荣称号。同时，甘南州人民政府授予学校“交通安全工作”奖。

1983年，卓尼县人民政府决定将校名恢复为“卓尼县柳林小学”，校名沿用至今。

1987年4月，学校工会被县总工会授予“职工之家”称号。

1988年，根据上级安排，学校由原来的五年制改为六年制，故是年无毕业学生。

1993 年 4 月，甘肃省人大常委会副主任杨复兴亲笔写信给县教育局，决定捐款 1000 元作为柳林小学奖学金，每年奖励 10 名优秀学生。

9 月，学校被卓尼县委、县人民政府评为“教育系统先进集体”。

10 月，学校被甘肃省教委、省体委评为“甘肃省田径传统项目学校”。

1994 年春季开学后，学校严格执行甘南州普通中小学收费项目及标准，一至六年级学生每生收取杂费 6 元，学前班每生收取杂费 5 元，取暖费每生 10 元。

9 月，学校被甘肃省委、省人民政府授予“甘肃省教育系统先进集体”荣誉称号。

是年，学校新建的中院南面 4 号教学楼和中院西面一排共 8 间平房随后竣工。

1995 年 3 月，甘肃省教委民教处副处长、师范处处长及省民委文教处领导一行在甘南州教育局局长杨志红和副科长马忠的陪同下来学校进行民族地区教育质量专题调查。

6 月，学校被甘南州教育局评为“甘南州电化教育教学先进学校”。

1996 年秋季，学校从三年级起开设英语课，涉及 12 个教学班，是甘南州最早开设英语课的小学。

9 月，学校被卓尼县委、县人民政府评为“卓尼县先进集体”。

1997 年，学校六年级 3 班在全州小学毕业会考中以优异的成绩荣获全州第一名，受到州县教育局的表彰。

12 月，学校被甘肃省体育运动委员会、省教育委员会评为“甘肃省田径传统体育项目学校”，被甘南州教育局评为“甘南州一类学校”。

1998 年 4 月，学校被甘肃省体委、省教育厅评为“田径传统体育项目学校”；教师刘锋和朱琳被国家体育总局、教育部评为“传统项目学校先进个人”。

7 月，学校被甘南州委、州人民政府评为“全州精神文明建设先进集体”。

9 月，学校被卓尼县委、县人民政府评为“卓尼县教育系统先进集体”。

10 月，甘肃省人大常委会副主任嘉木样·洛桑久美·图丹却吉尼玛莅临学校检查指导工作，对学校的发展给予了充分肯定。

12 月，学校档案室升为机关档案管理省二级。

2000 年 1 月 7 日，按照甘肃省人大常委会咨询员杨复兴生前委托，他的夫人达芝芬为学校捐款 5000 元，杨复兴先后共为学校捐款 1.2 万元。

2001 年 9 月，全校师生为寺台子学校学生杨东海捐助医疗费 1214.3 元。学校与纳浪、洮砚两个学区建立手拉手帮扶关系，先后为两所学区捐赠学习用具、图书、衣物等价值 3500 多元。

2002 年秋季，学校严格执行“一费制”收费制度，每学期每生 50 元。10 月，学校操场东面二层综合教学楼竣工，设有图书馆、阅览室、校医室和计算机室。

2003 年 12 月，全校师生为卓尼县灾区捐款人民币共计 1041.30 元。12 月 26 日，全体教职工参加县上举办的“纪念毛泽东同志诞辰 110 周年”歌咏比赛，荣获二等奖。

2004 年，在全县普通类小学毕业会考中，学校的双科合格率为 100%，在全州普通类小学四年级教学质量检测中，学校荣获教学成绩优异奖。秋季开学后，学校从一年级开始实施新课程，所有教授一年级课程的教师都通过了新课程改革培训。

2004 年 11 月，副校长王增喜因突发脑溢血晕倒在教室讲台上，经抢救无效，离开了他心爱的教学战线。

2005 年 5 月，学校筹集资金对操场进行铺垫、修整。

9 月，“甘南州首届小学校长论坛会”在柳林小学召开。会议期间，参加论坛的州、县领导一行 80 多人，对学校教育教学各项工作进行了观摩交流。

10 月 15 日，玛曲县教育局副局长王玉莲、督导室主任焦考、教研室主任赵伍九及基层学校校长、教导主任一行 27 人莅临学校考察教育教学及管理工作。参观了第二课堂活动室、档案室等。

11 月，学校被甘肃省关心下一代工作委员会、省精神文明办评为“关心下一代工作先进集体”。

2007 年 3 月，学校被甘南州教育局评为“甘南州先进学校”“甘南州教师队伍建设示范性学校”和“甘南州教育科研示范性学校”。

4 月 12 日，卓尼县残联给学校 5 名残疾儿童送来残疾人公益助学金，每生 200 元，共计 1000 元。

5 月，学校被甘肃省精神文明建设指导委员会评为“未成年人建设家长示范学校”。

12 月 7 日下午，由学校团支部、少先队大队部组织，向 23 名贫困生发放了全校学生捐献的衣物，并将全校学生捐款 1726.4 元捐赠给四年级 1 班重病学生李旭。

2008年3月11日下午，中共卓尼县委书记才让当智一行来学校检查指导开学和“两基”工作情况。

5月15日，学校工会组织全体教职工为汶川地震灾区捐款共计人民币3550元。

6月4日,学校全体党员参加了县教育系统组织的“为地震灾区缴纳特殊党费”活动。

8月，学校组织编写的校刊《柳芽》《教学与探讨》和《优秀教案汇编》与师生见面。同时，创作了校徽、校歌，编撰了《腾飞的柳林小学》一书和光盘。8月14日，卓尼县“两基”检查团对学校“两基”工作进行验收。26日，甘南州“两基”检查指导组来学校指导检查验收“两基”工作，学校的“两基”工作顺利通过了州县验收。

9月7日，中共卓尼县委书记才让当智一行莅临学校慰问全体教职工，向全体教职工致以节日的祝贺，同时对学校的发展提出了新的希望。12日，在学校举行了武警8673部队卓尼县爱心捐赠仪式，武警8673部队全体官兵为学校捐赠了15台电脑及15套电脑桌椅。

10月15日，省、州、县领导及专家对学校“两基”工作进行验收并给予了充分肯定。17日，全县“两基”工作验收组汇总会在学校会议室召开。26日，全州第三届“两基”攻坚经验交流观摩团来学校参观学习。

2009年4月，学校被甘南州教育局授予“甘南州示范性学校”荣誉称号，校团支部被团州委授予“五四红旗团支部”荣誉称号。

8月，按照卓尼县委、县人民政府的决定部署，撤销上城门小学并入柳林小学。秋季开学后，学校顺利完成了与上城门小学的合并工作。

9月5日，学校有在校生1768名，教职工114名，设39个教学班，学校的发展跨入了新的阶段。为了缓解学校教学场所紧缺的困难，学校搭建了板房17间，计2917.7平方米；新建了卫生间6间，计198平方米；硬化校园1210平方米，铺设彩砖931平方米。

是月，在校党支部、团支部、少先大队的积极倡议和组织下，举办了“大爱无疆、情系台湾”捐资活动，教师捐款4170元，学生捐款1991.1元。

11月24日，学校为患重病的四年级5班学生宋文杰，六年级8班学生严玉芳举行了爱心捐助，师生共捐9488.2元。此举被驻卓武警第四大队官兵闻讯后，官兵们结合老战士退伍欢送会，又捐资 3648.8 元，以上共捐资 13137 元，全部交到了两位患病学生家长的手中，两位家长在校园、街道宣传栏贴出了感谢信，学校给驻地官兵赠送了“情系教育、爱心无边”的锦旗一面。

是月，副校长杨虎成在夏河县召开的甘南州第四届小学校长论坛会上，他代表学校作了以“抓管理，以人为本；谋发展，质量为先”为题的交流发言。

2010 年 6 月 1 日，甘南州人民政府副州长杨卓玛和州教育局领导莅临学校督查指导教育教学工作。

8 月 18 日，学校召开了新学期开学典礼暨“心系舟曲”捐助大会，全体教师为支援舟曲灾后重建捐款 23100 元，学生捐款 7062.3 元，为从灾区转到柳小就读的舟曲籍学生李扎西才旦同学捐款 2890 元。

9 月 16 日，校党支部组织举行了“情系灾区、奉献爱心”捐助仪式，55 名党员教师以交纳“特殊党费”的方式为舟曲灾后重建捐款 5100 元。

10 月底，洮河林业局职工子弟学校撤并后，有 23 名学生转入柳林小学。经卓尼县委、县人民政府协调，将洮河林业局办公楼所在地（占地约 1548 平方米）划入柳林小学，并修建一幢 4545 平方米的教学楼。

2011 年 3 月，学校安装了监控设备。

7 月，学校组织了近 80 人的合唱队，参加了卓尼县“庆祝中国共产党成立 90 周年”红歌大赛，演唱歌曲《到吴起镇》《祖国颂》，荣获卓尼县红歌比赛第二名。

9 月 15 日，县项目办联系工程队对四、五、六号教学楼楼顶进行彻底维修，并对六号楼下水道除污更换维修，共投入 223 000 余元。

2012 年 6 月，学校荣获 2011 年度教育目标责任书考核县直小学第一名、教科研目标责任书考核第一名、教育综合目标责任书考核第一名。

8 月，学校建筑面积为 5848 平方米新教学大楼竣工投入使用，除五年级师生在六号楼工作学习外，其他年级全部搬入新教学楼，所有教室安装了吸尘板擦器，15 个教室安装了电子白板，全体师生告别了烟熏火燎的燃煤取暖。

9 月 4 日，卓尼县交警支队组织的宣讲团来学校对全体师生进行了“牵手平安行”交通安全宣传教育。

11 月 30 日，甘南州语言文字工作评估团专家莅临学校检查指导语言文字工作。

2013 年 3 月 1 日，全校学生开始发放营养早餐。学校成立了营养膳食管理委员会和领导小组，制定了《食品安全事故应急预案》《学生营养早餐留样制度》等一系列规章制度，同时制定管理人员岗位职责，层层签订工作责任书，使学生的营养膳食发放工作稳步有序进行。7 日，甘肃省卫生厅、省疾控中心和州县疾控中心负责人一行 12 人莅临学校检查一年级学生麻疹疫苗接种情况。

是月，学校荣获 2012 年度卓尼县党建目标责任书考核二等奖、普法目标责任书考核一等奖、禁毒目标责任书考核一等奖、维稳目标责任书考核三等奖、综合目标责任书考核一等奖。

5 月 11 日，全校师生和家长在学校操场聆听了卓尼团县委组织的《知心姐姐》报告会。

7 月 6 日，甘南州人民政府教育督导团莅临学校检查指导工作。

11 月 20 日，甘肃省语言文字工作评审组一行 7 人莅临学校进行评估。

2014 年 3 月，学校全体教职工为患重病的张永飞老师进行献爱心活动，共捐款 9 万多元；向卢晋芳老师老家房屋失火捐款 14 300 元；向安玲老师婆家失火捐款 9600 元。把党组织的关怀、工会之家的温暖送到受灾职工的心坎上，竭尽全力帮助其走出困境。

3 月 13 日，学校召开了党的群众路线教育实践活动动员大会。学校荣获 2013 年度卓尼县教育目标责任书考核一等奖、党建目标责任书考核一等奖。

4 月，学校 2 号、4 号、5 号教学楼开始拆除。学校组建了《柳叶青青》编辑部，并刊印出第一期。

4 月 29 日，在党员活动室召开了“柳林小学党的群众路线教育实践活动学习交流会”。县委第十一督导组、学校全体班子成员、教研组长、年级组长、教师代表参加了会议。

6 月，学校荣获甘肃省语言文字规范化示范性学校。

8 月 19 日，学校召开了“党的群众路线教育实践活动”专题民主生活会。县委第十一督导组组长金国正及成员杨明轩到会督查指导，同时邀请到县纪委副科级检查员何学勇、县委组织部正科级组织员童永红、县教育局党委书记宁学忠全程出席并指导专题民主生活会。

9月，学校选送的《遥远的爸爸妈妈》《让世界充满爱》节目在甘南州教育系统首届师生文艺评比中分别荣获一、二等奖。

是月，学校荣获全省敬老文明模范单位。

10月25日，学校召开了“党的群众路线教育实践活动”总结大会，县委第十一督导组副组长、州派驻卓尼督学杨国瑞、督导组成员杨荭出席了会议，县教育局纪检书记李正荣列席会议，学校领导班子成员、中层领导和全体党员参加了会议。

12月5日，邀请北京青鸟培训专家来学校做题为《如何克服职业倦怠情绪》的专题讲座。

2015年3月，学校荣获2014年县直中小学“党建工作考核”二等奖、“教育目标考核先进学校”一等奖、普通类县直小学“成绩优异学校”和“教研教改示范校”荣誉称号。

4月29日，学校开始拆除1号、3号教学楼。

5月6日，甘南州“两学一做”办公室督查组在县委组织部和县教育局领导的陪同下，莅临学校督查“两学一做”学习教育开展情况。9日，学校积极响应团县委、县妇联的倡议，为柳林中学高三（13）班学生张伟芳、兰州外语学院大三学生刀知日车、卓尼一中九年级（2）班学生都盖九进行了爱心捐款，共捐款8450元。29日，在全体师生庆祝 “六 一”国际儿童节时，县总工会领导向学校单亲、困难职工子女及留守儿童每人发放了500元的慰问金。

6月1日，卓尼县文化馆为学校参加全县书画展的获奖师生送来了获奖证书、奖品和纪念品，并进行了“图书进校园”捐赠活动，赠送了300余册精美的少儿刊物。同时，学校将县文化馆定为“课外综合实践活动基地”，并进行了授牌仪式，为今后全校师生校外文化交流拓宽了平台。

8月30日，甘南州教育局副局长杨学军一行9人在县委宣传部部长马淑芳、州政府驻卓尼督学杨国瑞、县教育局纪检书记李正荣的陪同下，莅临学校督查指导新学期开学工作。月底，学校知行楼和综合楼正式投入使用。

9月，杭州师大中小学师干培训中心的黄芳教授带领浙派名师莅临学校培训交流。

10月20日，卓尼县教育局纪检书记孙成章、校安办主任旦正昂杰等一行4人对学校的安全工作进行了专项督查。

11 月 8 日，福建省平潭自贸区的陈文国先生与母校柳林小学举行了《资助贫困儿童完成学业协议》的签订仪式。陈文国先生委托卓尼县检察院检察官杨华与校方协商，资助五年级 (5) 班何娟娟和二年级 (1) 班尼玛草两名在校贫困学生完成学业。每人每月 200 元人民币，由学校造册发放到资助学生手中。

12 月 10 日下午，卓尼县教育局党委书记李正荣带领教育局全体职工及全县各学区（校）、幼儿园的书记、校长一行 100 余人来我校观摩考察。

12 月 14 日，甘肃省教育厅副厅长赵凯等一行 6 人在县教育局书记李正荣和局长宁学忠的陪同下，莅临柳林小学检查指导工作。

12 月 16 日，甘南州合作第一小学党支部书记李军和恰盖学区校长杨占荣一行 26 人来我校进行观摩交流。

2016 年 8 月，甘南州教育局副局长杨学军、县委宣传部部长马淑芳来校检查指导工作。

9 月，学校教师赴永昌县河西堡小学观摩学习。卓尼县委副书记李新平、副县长郭旭龙及县教育局领导来校检查学校项目建设。

11 月 3 日，学校邀请甘肃省政安防火知识宣传中心田统界教官为全体教职工进行了一场消防知识安全讲座。7 日，甘南州委组织部副部长杨自宏、县委组织部部长梁晓鹏到学校检查党建及“两学一做”学习教育工作。

12 月，甘肃省教育厅副厅长赵凯来学校检查指导工作。

2017 年 3 月 22 日，《甘肃教育》杂志社副主任叶显明、编辑蔡扬宗和高刚在县教育局装备办同志的陪同下，调研检查改薄项目实施以来的变化情况。23 日，甘南州教育局副局长旦正才让带领的州级教育督导评估专家组在县政协副主席马登泰及县教育局局长宁学忠等领导陪同下莅临学校，对学校义务教育标准化学校建设工作进行复评。碌曲县、迭部县兄弟学校的同仁也来学校进行观摩。

4 月 11 日，甘南州检察院未成年人刑事检察办主任王静媛和干事赵丰，及县检察院未成年人刑事检察办主任李建栋和县检察院驻柳林镇监察室主任段喜明等一行 6 人在县教育局副局长郑培勇的陪同下莅临学校开展“法治进校园”巡讲活动。21 日，甘肃卓尼洮砚传习所李海平先生会同甘肃润玉洮砚研究院院长李江平先生、副院长李琴娟女士在学校五楼会议室举行了洮砚捐赠仪式，他们将自己亲手设计、精心雕刻的21方洮砚无偿捐给学校书法室，李海平先生还向学生讲解了洮砚历史的发展过程，现场向同学们展示洮砚制作的方法，学校聘任三位大师为学校校外工艺美术辅导员。

5月12日，甘肃省义务教育均衡发展督导组专家王德安、马波和刘奇国在甘南州委常委、州委秘书长、卓尼县委书记杨武，州教育局副局长旦正才让，卓尼县委副书记杜社明，县人民政府副县长郭旭龙及县教育局相关领导的陪同下，莅临学校对学校义务教育均衡发展工作进行验收评估。

6月1日，在学校隆重举行以“童心向党、喜迎十九大”为主题的“六一”国际儿童节暨表彰大会上，县总工会向8名单亲、困难职工子女及留守儿童每人发放了500元的资助金。

6月11至14日，卓尼县教育局组织各学区校长对县域内33所学校的迎评工作进行观摩交流。14日下午，由县教育局副局长杨勇、郑培勇、侯志海带领的各学区校长一行40余人的观摩团莅临学校观摩交流。

6月23日，中宣部人权事务局宣传处处长李晓军带领人民日报、新华社、新华网、中国日报社等多家媒体记者组成中央新闻采访团，在甘南州委副书记、州委宣传部部长扎西草，州委常委、州委秘书长、卓尼县委书记杨武，州委副秘书长、办公室主任杨振林等领导的陪同下莅临学校，对学校办学特色、办学模式以及环境卫生整治等情况进行了现场采访。

8月31日，甘肃省人大常委会环资委副主任雪毓萍带领陇原环保世纪行记者团一行20余人，在卓尼县人大常委会副主任赵永兴、县人民政府副县长虎元强等领导的陪同下，莅临学校检查环境卫生工作。

10月12日，合作市委常委、组织部部长刘凤云，合作市教育局局长朱潭生带领合作市兄弟学校党支部书记近50人在卓尼县委常委、县委组织部部长梁晓鹏，县教育局党委书记李正荣、局长宁学忠等领导的陪同下莅临学校观摩考察学校党建工作。30日，碌曲县委常委、组织部部长尤文平带领碌曲县兄弟学校党支部书记近30人在卓尼县委组织部副部长乔国卫、县教育局党委书记李正荣等领导的陪同下莅临学校观摩考察党建工作。

11月8日，夏河县、迭部县兄弟学校同仁在卓尼县教育局副局长郑培勇和督导室主任杨建林等领导陪同下，一行 90 多人莅临学校观摩、学习和交流。17 日，学校向 12 名特教学生发放了书包、课外书籍、跳棋、象棋、益智类玩具、学习用具等物品。

2018 年 1 月 16 日，学校与杭州拱宸桥小学举行了结对共建签约仪式。

2 月 4 日，在学校党支部召开的民主生活会上，县委第十六督导组组长杨国瑞带领郑培勇、窦玮平莅会指导，会议由校党支部书记杨虎成主持，学校支委委员及中层干部参加会议。

3 月 8 日，甘肃省安全生产“回头看”第二督查组组长、省安监局综合协调处调研员周景熙一行 3 人，在甘南州安监局局长先木道尔吉，县安监局局长杨军德和县教育局副局长杨勇的陪同下，莅临学校进行了安全生产“回头看”督查。28 日，临潭县人民政府副县长朱成花，州派驻临潭县督学孙玉生，临潭县教育局局长李志文带领临潭县教育系统 90 多人的观摩团在卓尼县人民政府副县长郭旭龙，县教育局局长宁学忠等领导的陪同下莅临学校观摩义务教育均衡发展工作。

5 月 11 日，在卓尼县委宣传部、县教育局、县文明办的积极倡导和安排下，学校在县大酒店广场顺利举办以“阳光下成长”为主题的素质教育成果校外展演活动。16 日，甘南州疾控中心副主任杨龙，州疾控中心卫生科副科长韩义军在卓尼县疾控中心主任安玉文、县疾控中心卫生科科长李小玉的陪同下莅临学校，检查学生营养健康状况。

6 月 8 日，学校开展“普法、禁毒、安全”教育大会暨“四防”（防震、防火、防汛、防踩踏）安全疏散演练活动。卓尼县人民政府县长韩明生亲临现场，进行了“健康人生、绿色无毒”禁毒知识讲座。县地震局、消防大队、防汛办、禁毒办、红十字会等单位参加了这次活动。13 日，综合楼第三层开始加层施工。19 日，甘南州安监局副局长张民俊和卓尼县安监局、县教育局一行 7 人，对学校安全生产月活动情况进行了检查指导。

7 月 12 日，北京师范大学博士生导师倪文东教授一行莅临学校指导书法教学工作。19 日，天津河西区教育专家来学校开展培训。

8 月 30 日，甘南州人民政府教育督导组在州派驻临潭县督学孙玉生的带领下，对学校开学情况进行督查。

9月6日，甘肃省教育厅民族教育处处长牛辉峰、甘肃省教科院院长靳建设、甘肃省食药监局综合处副处长马小平、甘肃省教科院义务教育研究所所长许文婕一行在州县领导陪同下莅临学校检查工作。

10月19日，甘南州委组织部第一督察组在马宗海组长的带领下莅临学校检查指导党建工作。26日，天津市河西区区委书记李学义、常务副区长杜威带领的党政考察团一行24人在甘南州副州长袁新河、卓尼县县长韩明生等领导的陪同下莅临学校进行调研指导工作；当天上午，河西区梧桐小学与学校在录播室成功进行了“同上一节课”的远程网络课堂对接。

10月，卓尼县委、县政府决定将紧邻学校西北方向占地面积约1900平方米的旧县委家属楼拆除后，划拨给学校用以修建运动场，从根本上解决了学生活动场地面积不足的问题。

第一章

发端私塾　艰难缔造（1921—1966 年）

从私塾到卓尼柳林中心学校

星移斗转，岁月荏苒。历史进入了 20 世纪 20 年代后，卓尼第十九代土司杨积庆为了振兴卓尼民族教育，将自己创办的一所私塾命名为“卓尼初级小学”，并用土司衙门经费新建校舍，聘请教师，在责成衙门职员率先送子弟入学的同时，还向平民百姓开放，这是柳林小学发展史上的一段特殊时期。

1949 年 9 月 11 日，洮岷路保安司令杨复兴率部在卓尼和平起义后，柳林中心学校在党和政府的领导下，步入了正轨发展的道路。中华人民共和国成立后，中国的社会制度发生了根本变革，柳林中心学校的教育也逐渐迈入崭新的历史发展时期。

第一节 卓尼私塾的创立及发展

一、卓尼私塾的创立及变迁

卓尼历史悠久，在明朝以前属雍州之域，历属陇西郡、临洮县、洮阳县、河州和洮州厅管辖。明永乐十六年（1418年），朝廷任命洮州卫着藏族头目些地为正千户，并授世袭土司、指挥佥事兼武德将军。从此，卓尼直至中华民国，虽隶属洮州厅，却是由杨土司政教合一制度统辖500多年的48旗，16掌尕的政治宗教中心。这里交通闭塞，经济、文化都很落后，文化教育基本被寺院所垄断，据藏文文献《安多政教史》记载，卓尼土司摩哨贡布（第十一代土司杨汝松）时期，"卓尼大寺僧侣数目，将近万人"。最盛时期僧侣人数达5200人。寺院只为宗教需要培养懂藏文的僧人，在僧人中只有高僧以上学位的人才有一定的文化知识。

禅定寺

清末民初，在全国"五四"新文化运动和甘肃提学司推行劝学所的影响下，卓尼第十九代土司杨积庆对文化教育在振兴卓尼方面的作用有了一定的认识。同时，他出于为卓尼土司衙门培养大小管理人才和对外交往以及行文等事宜的需要，在卓尼禅定寺内创办了一所私塾，从岷县请来一位清末举人担任校长兼教师，杨积庆亲任监督，此即卓尼学校教育的开始。后将私塾又迁至卓尼古城内12掌尕的唐嘎掌尕，责成衙门职员送子女入学，要求其衙门子弟能够阅读书报，会写书信，以备使用。

二、卓尼私塾的开创者杨积庆简介

杨积庆（1889—1937年），字子余，藏名罗藏丹增南杰道吉，系卓尼第十九代土司。1902年破例以侄孙承袭土司之位，并兼护国禅师。1928年被刘郁芬任命为"洮岷路游击司令"，1932年被孙蔚如任命为"洮岷路保安司令"。杨积庆聪明能干，精通藏、汉两文，虽未出过卓尼地境，但每天都看报纸，及时掌握国内外的形势，

第十九代土司杨积庆

他在上海、天津等地设有商行，常有书信、货物来往。他的思想开明，乐于接受新生事物，推广先进技术和文化，嗜好摄影，还在卓尼首次架设电话，组装500瓦发电机。在其任期内，为了巩固政教合一的封建制度和进一步发展地方势力，在经济、政治、军事和文化教育等方面采取了许多改革措施。1935年9月和1936年8月，红一方面军与红二、四方面军长征途中先后到达他所辖的迭部时，杨积庆审时度势，密令部属把迭部崔谷仓储藏的20多万斤粮食偷偷献给红军。这对于行军途中正遭受饥饿困扰的红军将士来说，无疑是雪中送炭。

洮岷路保安司令杨积庆

卓尼杨土司革命纪念馆展厅

红军过卓境后，国民党陆军新编第十四师师长鲁大昌把腊子口战役失利的责任全部推卸到未出动藏兵的杨积庆身上，以“开仓应粮，私通红军”的罪名向蒋介石告状。并为了图谋卓尼，他使用种种阴谋手段，千方百计地拉拢、利诱杨积庆土司的部下，于1937年8月25日策动了“博峪事变”，惨杀了杨积庆及其家属7人。中华人民共和国成立后，党和政府没有忘记杨积庆土司在中国革命最艰难时刻对红军的援助。1950年10月，中央慰问团来甘南时，带来了周恩来总理给杨积庆的感谢信和赠送的彩缎、丝像、金笔等礼品，深谢杨土司当年对红军的援助之情。1994年10月，杨积庆被甘肃省人民政府民政厅追认为烈士后，卓尼县人民政府先后在县城修建了“杨积庆烈士纪念馆”和“卓尼杨土司革命纪念馆”，全国政协副主席杨成武将军为杨积庆烈士纪念碑题写了碑文。2011年12月“卓尼杨土司革命纪念馆”被甘肃省委宣传部和省委党史研究室命名为“甘肃省爱国主义教育基地”和“中共党史教育基地”。

卓尼杨土司革命纪念馆

第二节 从卓尼私塾到卓尼初级小学

一、卓尼初级小学

1921年，杨积庆对文化教育能振兴卓尼有一定的认识，在他的重视和支持下，又将设在卓尼古城内唐嘎掌尕的私塾迁至关帝庙看楼上（现邮政局院内），命名为“卓尼初级小学”（即卓尼县柳林小学前身），在责成衙门职员率先送子弟入学的同时，还向平民百姓开放，收录他们的子弟入学，为卓尼以后发展教育事业打下了坚实的基础，当时有教师1名，学生50多名，但多数仍为衙门职员子弟。当时开设的课程主要是《百家姓》《三字经》和《四书五经》等。

二、卓尼初级小学校舍建设

1921年，卓尼初级小学成立后，杨积庆为了卓尼学校教育的长远发展，又在卓尼古城堡以南，洮河北岸树林和田野之间的嘛呢滩上选定新校址，一面用衙门经费购置建筑用料，从外县驮运砖瓦，一面从临夏请来工匠，又从各旗下抽调民工施工修建校舍。在修建中，杨积庆一日数次亲临工地督工，并亲自为学校购置设备。校园坐西面东，把长方形的校址分为前中后三院，校门正对通往城内的大道。修建了3幢高大宽敞的瓦房，设为6个教室，前2幢中间和两侧有过道通里院。第3幢为楼房，也称“看花楼”。南北各修建15间单檐瓦房为师生宿舍、贮藏室、工友室、伙房等。进校门后，前院是一个大花园，种有松树、榆树、丁香、探春、竹子、牡丹、兰草、芍药、萱草等花卉树木。整体布局合理，相映成趣，使学校掩映在绿杨翠柳和朝晖夕阴之中。其中两棵丁香树系杨积庆由下迭部移来，香味浓郁。中院为学生课间活动场地，看花楼前亦种有各种树木花卉，整个校园房舍掩映在绿树浓荫丛中，让人有清凉舒适，心旷神怡之感。看花楼后面是一大块菜地，由师生共同种植，大部分出产为校工的给养，小部分供住校学生食用。

学校的每间学生宿舍都有统铺木板火床，学生可以用自己烧饭用的火炭暖床，以解决部分学生铺盖单薄难以御寒的问题。另外每间学生宿舍还配发铜脸盆1个、小铜锅1口和麻布门帘1条。教室为筒瓦、砖柱、土坯墙，墙壁用白石灰粉刷，桌椅是连在一起的黄色单人桌椅。前院的北面，一块南北长、东西较窄的长方形场地是学校的操场，临街的围墙都是砖砌的花墙，墙外是高大的柳树和杨树，把操场笼罩在浓荫之下，清凉爽快。

第三节　从卓尼初级小学到卓尼柳林高级小学

一、卓尼第一高等小学

1922年，卓尼初级小学新校舍竣工后，杨积庆便将“卓尼初级小学”更名为“卓尼第一高等小学”。杨积庆土司亲任“学监”，把学校从关帝庙搬进了新校舍。聘请临潭县褚庵村雍尊仁先生为校长，又聘请临潭县宗先生和刘先生任教师（刘、宗二人其名无考），学校经费由土司衙门负担。杨积庆责令辖区内各族、掌尕的头人和总管动员百姓送孩子上学。但由于卓尼属边远藏族聚居区，藏族群众对读书的作用缺乏认识，不愿送孩子上学，有些百姓出于对土司的敬畏，勉强把子弟送入学校，还有些家境富裕的百姓则雇穷人家的孩子顶替上学，曾成为卓尼的笑谈。学生来源基本上是内十二掌尕及衙门职员子弟，当时有教师3名，学生70余名。这时的学制为七年制，即初小四年，高小三年。1927年（民国十六年），将学制改为六年制，开设的课程主要有国文、算术、修身、自然、历史、地理、体操、音乐、图画等小学课程，还加授藏文和古文。

在杨积庆的亲自关怀下，学校还经常开展各项课外活动，组织书法、武术、演讲和游戏等比赛，对学业优秀和比赛优胜的学生颁发笔、墨、纸、砚予以奖励，而且对家庭特别困难的个别学生，杨土司也予以资助。学生的课本都是由土司衙门购买，免费发给学生。但是，读惯古文的先生不适应教“白话文”，在教学中慢慢又对学生教起了《百家姓》《三字经》《四书五经》等。针对这种情况，杨积庆先从岷县请来了由兰州师范毕业的姚先生和唐先生任教，又从临潭新城请来了李玉堂任校长，使学校的教学步入正轨，教育质量不断提高，升学率也比较高。卓尼附近的临潭、岷县学生也闻名纷纷来卓尼上学，学生增加到100多名，其中初级学生70名，高级学生30名。每当学生毕业，学校都要进行隆重的集会，杨土司亲自给毕业生披红戴花，率领他们骑马游街。毕业生家中也大摆喜宴，招待师生及贺喜的亲友来宾。

毕业生中家庭状况较好的自费到兰州、临洮等地上学深造，经济条件差的，杨积庆选其中品学兼优的毕业生资助其生活费派到兰州上师范，以培养本地师资，对其余毕业生量才任用，有的在衙门供职，有的任命为长宪（也称旗长，是杨积庆为了监督土司政令在各旗的执行，在各旗设长宪 1 人，由土司衙门直接委派）。

20 世纪 20 年代从这所学校培养出的佼佼者有曾任洮岷路保安司令部团长杨景华、雷兆祥（解放初这俩人任副县长）、赵国璋、姬从周，司令部秘书张志平、吴国屏，营长杨国华，连长杨礼。曾任柳林小学校长、卓尼设治局教育科长、教育会理事长、省参议员、国大代表等职的马全仁，长宪贾世杰，先后任柳林小学校长、卓尼设治局教育科长、省参议员、国民党中央立法委员、洮岷路保安司令部参谋长等职的杨生华，终生从事教育工作的牛应斗、常永华、郝贵等人。

牛应斗（前排中）、郝 贵（前排右一）、常永华（后排左一）、杨生华（后排右一）

二、公立卓尼第一高等小学

1928 年（民国十七年）以后，卓尼第一高等小学设为公立，由甘肃省教育厅接办，从兰州请来教师，部分经费由省教育厅拨付，当时有学生 100 余名。但由于卓尼是杨土司的管辖领地，学校还是由土司衙门兼管，经费也是通过衙门拨发。不幸的是这所学校于 1929 年（民国十八年）在“河湟事变”中被马仲英部烧毁，卓尼城附近的禅定寺和许多村寨也变成了废墟，广大群众流离失所，无家可归。加之 1927 年遭遇罕见的干旱，1928 年秋又遭连降冰雹，导致饿殍满地，哀鸿遍野，广大群众纷纷离乡逃难，学校教育受到严重摧残。灾难过后，因学校校舍被焚，无处上课，迫使学校停办一年多，直至 1931 年（民国二十年）学校被迁至杨土司外四掌尕之一博峪力赛掌尕——博峪村嘛呢子经堂内上课。当时仅有学生 90 名，其中有高级学生 30 名，初级学生 60 名。

杨土司衙门因遭受“河湟事变”的破坏，经济损失相当惨重。1931 年在原址上重建校舍时，由于省教育厅拨款很少，土司衙门财力有限，所以再也无法恢复原来的面貌，只修复了中院 1 幢瓦房，南北修建了 30 间平房，前院南北各修了 2 间单檐瓦房。这次重修的经费大部分是由各旗下各部落募捐的。

1932 年，学校重建后，师生便从博峪村搬回了卓尼古城以南的原校址内，此时由于学校经费紧张，难以支付外县教师的薪金。恰值此时被杨积庆保送到兰州师范学习的柳林小学毕业生牛应斗、常永华、郝贵先后毕业回到卓尼，杨积庆立即让他们在柳林小学任教，从此卓尼才有了自己培养的教师。当时这些本地教师都没有薪金，生活依靠家庭，教学是给衙门当差，给本地人民尽义务。尽管当时学校的条件很艰苦，但教师们的办学热情很高，使学校工作蒸蒸日上，到 1934 年时，学生发展到 200 名。一届又一届的毕业学生不断考入内地深造。杨积庆为了发展少数民族地区的文化教育事业，曾呈报省教育厅，要求省内的有关学校应优先录取少数民族地区的学生，以便发展少数民族地区的文化教育事业。

1937 年（民国二十六年）杨积庆因曾接济红军，在国民党陆军新编第十四师师长鲁达昌策动的“博峪事变”中被害，卓尼政局陷入混乱，教育也瘫痪了一段时间。这个阶段因生活困难，学校开始只有六七十人，到后来才发展到一百人左右。

1937 年“七七”卢沟桥事变，抗日战争爆发。杨积庆土司与其长子等人在“博峪事变”中遇害后，甘肃省政府认为废除土司制度，改土归流的时机已到，但为了保持后方的安定局面，随即于农历八月十一日让杨积庆八岁的次子杨复兴承袭了洮岷路保安司令之职，10 月建立卓尼设治局（相当于县级行政机关），1939 年，在卓尼设治局内设立教育科，统管设治局教育至 1949 年底。11 月，因“七七”事变北平沦陷，在北平蒙藏学校（大专）学习的杨生华回到卓尼后被任命为“卓尼设治局第一高等小学校长”。杨生华是本校第二届毕业生，曾就读于兰州师范和北平蒙藏学校，有一定的教育理论水平，文化素质好，能书善画，多才多艺，教育有方，威信很高。

8 岁的洮岷保安路司令杨复兴

三、杨生华及其学校教育思想

杨生华（1914—2004 年），又名塞外次仁，卓尼县柳林镇唐尕川村人，甘肃藏族知名学者，诗文书画兼善，1930 年至 1949 年先后在甘肃省第一师范、北平蒙藏学校上学，先后任卓尼柳林小学校长、卓尼设治局教育科科长、洮岷路保安司令部参谋长、杨复兴西席、甘肃省参议员、国民党中央立法委员等职。1949 年 9 月 11 日随同杨复兴在岷县起义后，先后任西北财经委员会委员、西北农林部林业局副局长、甘南藏族自治州人民政府秘书长、政协甘肃省委员会文史资料办公室主任、甘肃省文史馆馆长等职。著有《卓尼土司制度》《卓尼和平解放纪实》《甘南民变中的卓尼》等文。

杨生华

杨生华在任校长的 3 年中，很重视教学质量的提高，经常检查各年级的教学效果，对师生既能严格要求，又能亲切关怀，他把自己多年藏书拿出来供学生读阅，深受师生和家长的爱戴。

1938 年他征得社会上层人士同意后，将卓尼第一高等小学改名为“卓尼柳林高级小学”。卓尼设治局成立后，学校经费由设治局拨付，当时正处于抗战时期，教育经费非常紧张，校长每月薪金只有 25 元纸币，连日常应酬都不够，生活还要依靠家庭（其他教师待遇也很低），但他并不计较待遇，努力团结全体教师，把学校办得很兴旺，教学质量不断提高，学校毕业生出外报考的升学率也很高，在附近各县闻名遐迩，邻县的很多学生纷纷慕名来卓尼上学。

1940 年，省政府派刘修月任卓尼设治局局长后，他很重视发展民族教育，先后在卓尼增设了 10 多所初小和完小，使卓尼的教育事业得到逐步发展。为解决学校因学生增加而出现教室不足的困难，卓尼设治局拨款修建了前院第一幢教室。在修建教室时，杨生华校长发动师生勤俭办学，他自己也带头抬土坯、和泥，还发动学生自制粉笔，解决经费不足的困难。这时，全校共有学生 124 名，男 119 名，女 5 名，教师 6 名，共有 6 个班级。为了培养学生热爱祖国、热爱家乡的感情和刻苦学习、团结一致、坚持抗战的精神，杨生华创作了校歌来激励学生。校歌歌词如下：我卓尼山明水秀洋洋洮水源，柳林深处育英才。叠山左右环，刻苦力学齐迈进。互助兼爱人，神圣抗战救中国，还我大山河。

1940 年秋季，杨生华调任卓尼设治局教育科科长后，由郝贵代任校长。郝贵事业性很强，在当时条件很差的情况下，自制教具，千方百计提高教育质量。不幸积劳成疾，于 1942 年冬季病逝。此后，杨生华科长聘请了临潭眼藏村的杨显宗（毕业于兰州师范）任柳林小学校长 1 年，但因其长期患病卧床，未能正常开展工作。

第四节　从卓尼柳林高级小学到省立卓尼柳林中心学校

一、省立卓尼柳林中心学校

1942 年，国民党中央统一财政收支，边疆教育经费并入国民教育经费内，少数民族学校分别编为中心小学和国民学校。此年甘肃省为谋进一步发展边疆教育，提高边疆教育质量，将卓尼柳林高级小学改为“省立卓尼柳林中心学校”，拨给学校建筑费 31 080 元。学校经费由省教育厅拨发，校长也由教育厅任命，并规定所有学生的伙食、书籍、制服等费由学校予以补贴。当时学校有 4 个班，学生 200 名，教职工 8 名，经费 187 440 元。改为省立后任命的第一任校长是魏琨（临洮人，在 1942 年秋季至 1944 年春季的任期内，虽然教学和用人有方，但终被地方势力排挤而调离学校）。第二任校长是雷文焕（岷县人，大学生，1944 年秋季任职）。在这两任校长的任期内他们为学校招聘了一批临洮、岷县的爱国青年教师。他们在学校中宣传抗日民主思想，教唱革命歌曲如《毕业歌》《大刀进行曲》《流亡三部曲》等。学校还利用课余时间组织师生演出抗日救亡的话剧，以教育群众，团结抗日。在学校中院修建了一个小巧的舞台，卓尼设治局里的群众大会都在这里举行。学校鼓励学生在群众大会上演讲，宣传抗日救国的道理。设治局对演讲学生予以物质奖励，同时，省教育厅每月发给困难学生 8 角钱的助学金，但没有发到学生手中，而是作为全校学生的书费和学费。教师每月发给 100 多斤小麦和 18 元至 30 元纸币。

1942 年，卓尼北山与夏河美武因草山纠纷，双方发生械斗，甘肃省政府派员来卓尼处理，最后以北山群众向临潭保安队赔偿银元 1000 元、马 15 匹、枪 15 支而告结束，但埋下了诱发“北山事件”的隐患。1943 年 8 月“北山事件”发生后，国民党甘肃省政府大肆搜刮北山人民，强征 10 万银圆，将其中 1 万银圆留给卓尼设治局作为教育基金（主要用于学生赴外地求学时每人发 5 块银圆的路费，对有些家庭困难的学生，还资助其生活和学习费用）。当时教育基金由卓尼设治局教育会理事长马全仁管理。

马全仁（1902—1968 年），字静山，1932 年毕业于北平蒙藏学校，历任柳林小学教务主任、校长，卓尼设治局教育科科长、教育会理事长，甘肃省议会参议员等职。1947 年当选为国民大会代表，1949 年 9 月 11 日，卓尼和平起义后回乡，1953 年起在柳林小学任教，在“文革”中遭迫害，于 1968 年 6 月 1 日投河自尽。1980 年 10 月平反，1981 年 5 月 3 日按起义人员对待。

马全仁

二、护校运动

1947 年 10 月 10 日，省立卓尼柳林中心学校学生开展了一场为期三周的护校运动，并冲击了设治局，事情的经过是这样的：10 月初的一个下午，教师们在一起聚餐，派 5 名同学进城买东西，买好东西时已到黄昏，城门关闭了，学生们苦苦乞求卫兵开城门，卫兵对学生们极尽训斥刁难之后，方才开了城门。学生们出城之后，极其气愤，用石块砸了几下城门，又骂了卫兵几句，第二天设治局派人同教育科调查学校中有无中共地下党员指使学生。调查无果后，便扣发了学校教师的口粮和薪金，引起全校师生的不满。到 10 月 10 日在双十节夜例行的提灯会上，学生自发提着灯笼，冲击了设治局警察演出的节目。警察殴打学生，学生奋起反抗。第二天设治局又派人继续调查学校中有无中共地下党员，并下令开除领头闹事的 8 名学生。愤怒的学生又涌到设治局抗议当局迫害学生，学生与前来镇压的警察发生冲突中，打伤警察 1 名，砸坏步枪 2 支，接着学生罢了课。后来由设治局召集学校、地方绅士谈判了三次。当时杨生华以地方绅士的身份竭力周旋，设治局也因在学校没查出中共地下党员，恐犯众怒，便补发了教师的口粮和薪金。这次学潮才算结束。

三、升学途径

20 世纪 40 年代，省立卓尼柳林中心学校在附近的几个县，颇负盛誉，学生出外升学，几乎没有落榜的，如：1947 年报考岷县中学的 11 名学生全部被录取，而且被录取的 1、3、5 名都是柳林中心学校的学生。

当时从卓尼招生的学校有兰州师范、临洮师范、临夏师范、岷县师范、岷县中学、肃州（酒泉）中学、夏河职业学校等，特别是兰州师范和肃州师范还开设藏文，使学生在藏文方面得到了进一步的提高。

四、卓尼和平起义

杨复兴

1949年9月11日，在解放战争的隆隆炮声中，洮岷路保安司令杨复兴接受第一野战军彭德怀司令员派驻军代表任谦，并与国民党省保安司令部副司令周祥初联合，在岷县箭营校场率卓尼党政军警起义。从此卓尼各族人民在中国共产党的英明领导下走上了民族平等、团结进步的新时期。

五、学校教育步入正轨

1950年5月25日，卓尼设治局改设为卓尼藏族自治区。

6月25日，美帝国主义悍然发动了侵略朝鲜的战争，卓尼自治区工委积极响应党中央的号召和贯彻省委“抗美援朝、保家卫国”的指示，发动了一场轰轰烈烈的抗美援朝运动，极大地激发了卓尼自治区人民的爱国热情。卓尼柳林中心学校秋季开学后，学校组织学生上街深入开展“和平签名”运动，并在黑板上进行抗美援朝的时事宣传，发动家长捐钱支援抗美援朝。

20世纪50年代学校部分教师合影

1950年10月1日，中国共产党卓尼自治区工作委员会和卓尼藏族自治区行政委员会正式成立，隶属甘肃省岷县专区。新政权的建立，为民族教育的发展开辟了广阔的道路。中华人民共和国成立后，民族地区的教育事业首次被提到国家和各级政府的议事日程上，党和国家对少数民族教育事业的发展制定了一系列优惠政策，并对民族地区的学生免费提供课本，对家庭困难的学生、孤儿供给其衣食及学习生活费用，并根据民族地区的特点和要求开设藏文课。卓尼自治区行政委员会文教科根据《共同纲领》中规定的教育政策，对全区内的小学进行了改革和恢复，从陇西、天水等地招收了一批教师来卓尼任教。随着教育管理机构及体制的日趋健全和完整，卓尼柳林中心学校的教育步入正轨，使学校的教师不断增加，教育质量不断提高，教学水平在全区的教育事业中名列前茅。

1950年秋季，自治区行政委员会任命赵文炯继续任柳林中心学校校长，来含章任教导主任。学校成立了校委会，以商讨决定重大事项，还成立了经济稽核委员会和学生会等，学生会下设学习股、游艺股、生活股。

中华人民共和国成立后，有了安定工作环境的学校全体教师，愉快地投入到艰苦而繁忙的工作中，他们走村串户发动学生上学，努力提高教学质量。全校师生利用业余时间排练剧目，既宣传了党的政策，也活跃了学校和附近群众的文化生活。每逢年、节庆祝大会，学校组织秧歌队上街宣传演出。同时学校每年举行一次大型运动会，促进了学校的体育活动。由于群众思想觉悟的提高和女干部的增加，家长纷纷把子女送往学校上学。1950 年春季学生增加到了 193 名，教师 7 名，工人 2 名，6 个班级。学制沿用四二制，即初小四年，高小二年。

1950 年冬季，卓尼藏族自治区改为省政府直属。为了发展民族教育，改善办学条件，省教育厅在百废待兴、经济困难的条件下，向学校拨款修建了一幢 10 间单檐瓦房的教师宿舍。

六、甘肃省卓尼简易师范学校

1951 年，卓尼藏族自治区教育科从岷县、陇西等地招收了一批教师，分配给柳校 5 名，并任命石壁为教导主任。同年 8 月，卓尼藏族自治区行政委员会为了培养师资，征得甘肃省教育厅的同意在柳林中心学校里附设了“甘肃省卓尼简易师范学校”，当年招生 1 个班，学生 55 名，到 1953 年夏迁至木耳桥天主教堂。原校长赵文炯被任命为师范学校校长，石壁被任命为柳林中心学校校长，马天同被任命为教导主任。

七、组建少先队及教学改革

1952 年 6 月 1 日，学校建立了中国少年先锋队组织，少先队吸收先进儿童入队，从此红领巾成为优秀学生的标志，也成为人人羡慕、人人争取的目标。少先队积极组织全校少年儿童开展各种有趣活动，使学校充满了生机，课间休息时间校园里歌声嘹亮，舞姿翩翩，男女同学亲密无间。在各年级周会上充分开展批评与自我批评，团结互助的气氛很浓。当时学校马监老师教的体操尤为出色，使学校的体育活动开展得很活跃。

1954 年秋季，校长石壁被调往达子多小学，教导主任马天同被调往新堡小学，纳浪学校校长刘维藩调任柳林中心学校校长，调新堡小学教导主任吴树英任教导主

刘维藩

任。一年后刘维藩调往县税务局，吴树英去进修。1955年秋季又调纳浪学校校长刘宗贤任校长，常守规为教导主任。

刘宗贤，陇西人，中师学历，工作能力强，知人善任，善于调动教师的积极性。当时先后分配了一批卓尼师范第一、二届的毕业生和兰州师范毕业生到柳林小学任教，他们热爱党、热爱社会主义，受过较高的专业教育，朝气蓬勃精力旺盛，和校领导配合改变了旧的满堂灌的教学方法，建立了新的教学制度，实行学校工作、班务工作、教学进度和课时四个计划，上课必须有教案，不经教导处批阅的教案不能上课，并对学校各项工作和活动作了详细分工与安排，使师生精神面貌焕然一新，呈现出一派积极向上、生气勃勃的景象。

同年，赵材由新堡小学调到柳林中心学校任教，担任一年级2班班主任，经过他认真耐心的教育，到三年级时，这个班成为全县的第一个红领巾班，赵材也获得了优秀教师的荣誉。秋季，教育厅通知每学期学生入学要缴纳学费，同时对家庭有困难的学生发放助学金。

1955年，柳林中心学校学生达到282名，教师13名，7个班级。1956年，学生发展到348名，教师13名。

八、开展整风运动与反右派斗争

1957年4月27日，中共中央发出了《关于整风运动的指示》，6月8日，中央发出了《关于组织力量准备反击右派分子进攻的指示》，在这场整风运动和反右派斗争的过程中，学校教师先后有6人被捕，导致教师缺额很大。

杨顺程

九、贯彻落实党的教育方针

1958年1月31日，毛泽东同志提出“教育必须为无产阶级服务、必须同生产劳动相结合，劳动人民要知识化，知识分子要劳动化”的教育思想。同年3月，杨顺程被任命为校长，赵材任教导主任，他俩互相配合，巩固并完善了学校原有的规章制度，教学质量不断提高。卓尼开办师范学校以来，学校毕业生大部分考入卓尼师范，少部分考入岷县、临潭的学校，还有一部分在校的少数民族学生被保送到西北民族学院学习。卓尼师范成立以后，柳校还承担着师范毕业生实习的任务，柳校一系列严格的制度及教学活动成了师范生的第二课堂。让他们在走上工作岗位前，得到良好的实习和锻炼，有些实习生说：“实习一个月，胜读几年书。”

1958 年春季，卓尼师范搞开门办学活动，由毕业生轮流包柳林中心学校三年级甲班的全部课程，该班是全校比较突出的乱班，卓尼师范 1958 级学生运用课本理论，学习老教师的经验，经过一学期的努力，这个班进步很大，成为学校搞勤工俭学的主力。秋季开学后，校长杨顺程被调到县审干室搞外调，学校全盘工作由教导主任赵材负责。

（一）赵材及其教学思想

赵材

赵材（1926—1982 年），甘肃临洮县人，1953 年从临洮师范毕业后到卓尼县从事教育 30 多年，先后在新堡、柳林、阿子滩、城关等小学任教，曾任柳林小学教导主任、校长、城关一校校长，城关一、二校党支部书记。他严格要求自己，坚持勤俭办学，为学校的扩建、修整和教学设备更新方面贡献了自己的力量。在教学中，充分利用图片等直观教具，引导学生进行学习。尤其是在小学低年级识字教学中，他把生字按字形、结构分类，不同的字形采用不同的教法，音、形、义并举，读、写、用结合，使学生易于理解和掌握，在提高教学质量方面取得了显著的效果。他还帮助新教师总结教学经验，改进教学方法。为加强学校管理，主持制定了“教师职责”和“学生守则”。1957 年被评为全省优秀教师，1958 年参加了全国群英会，1966 年被评为省先进工作者，1982 年被树为州优秀教师。

（二）教育与生产劳动相结合，实践了“全民发展”的教育方针

学校注重教育与生产劳动相结合，组织学生参加生产劳动，从事勤工俭学和社会实践活动，以清除他们轻视劳动，尤其是轻视体力劳动的观念，获得生产劳动的基本技能，成为有社会主义觉悟的有文化的劳动者。1958 年卓尼县全民大炼钢开始后，强壮劳力都去参加采矿了，而成熟的庄稼无人收割。按照县委指示，学校组织 80 多名中、高年级的抢收学生队，前往县内的洮北和洮南两个公社抢收庄稼。经两次历时一个半月的抢收，共收割庄稼 393 亩，柳校学生魏发春荣获国务院抢收

庄稼中表现优异的奖状一面，学校荣获县委和人民委员会颁发的“勤工俭学先进单位”锦旗一面。

这年秋季家长因忙于大跃进把一些不足 6 周岁的孩子送入学校，农村食堂吃大锅饭后，一些超龄儿童也来上学，致使学校学生人数猛增，达到 426 名，而教职工只有 8 名，其中一、二、四年级都是 60 人以上的大班，三年级分两个班，尤其是一年级 1 班 120 名学生有时只有 1 名教师授课。各年级的班主任在包干本班语文、算术外，中低年级教师还要兼顾高年级的副科，每人每周任课都在 24 节左右，在中高年级抢收黄田的同时，低年级学生进山采蘑菇、砸滚珠轴承，搞勤工俭学。

（三）大炼钢铁及生活集体化

在当时提出的“大跃进”思想宣传鼓舞下，9 月 10 日，县委发出“全党动员，全民携手，全力以赴，大办地方冶炼工业”的安排，在全县掀起大炼钢铁的高潮。当时，县级各单位的两个炼钢炉也建在柳林小学的后院里，9 至 10 月，校园内车轮滚滚，人声嘈杂，炉火日夜通红。

城镇农村公社化后，学校也进行了生活集体化，行动军事化。10 月，全体学生到学校住宿，教师也和学生同吃同住，成了保育员，学生从食堂吃完饭，直接回学校，师生都不能回家，家长也难得见孩子一次面。由于流行性疾病，第二学期春季取消了住校的规定。秋季，由于学校各项工作开展得扎实，完成了“中心任务”，成绩突出。主持学校工作的赵材被县委指定出席了“全国群英会”。12 月，中共中央政治局委员谭震林视察了柳林小学，勉励广大教师努力工作。

1959 年春季，学校在全州文艺表演活动中，以精彩的表演获得二等奖。

（四）创办校刊《红孩子》报

1959 年 3 月，学校组织教师创办了校刊《红孩子》报，先后共出了 6 期，到 6 月份与共青团卓尼中学总支合并为《红色青年》半月报，后因进入困难时期而停办。

4 月，由学校师生创办搜集的四集民歌编辑完成报审。5 月，从兰州、天水等地自愿支边的教师中分给柳校 3 名，还分配了 1 名代理老师。

1959 年春季，生产队食堂面粉日趋紧张，到了夏季，已经吃不饱肚子，有些学生不想上学了，但学校由于城镇学生较多，每月 26 斤口粮有保障。教学秩序正常，勤工俭学（从木耳沟背烧柴）工作照常进行。

十、频繁的政治运动

1958年，在全国范围内开展了“大跃进”运动，全县掀起了反右倾风等一系列政治运动。加之连续三年的自然灾害，造成国民经济严重失调，人民生活困难，学生辍学现象非常严重，柳校到1962年时学生人数只有267名，教师9名。

尽管群众生活困难，但学校秩序、勤工俭学活动、文娱活动正常进行，从未间断，并于1961年被评为全州的“红旗学校”之一。1961年中央颁布了《农村工作条例（草案）》，解散了生产队的食堂，划分了自留地，开放了自由市场，减免了公购粮。通过省委派工作组“整风整社”落实60条，重新划定阶级成分，退赔兑现1958年没收平调的房屋、财产。1963年，农村经济开始复苏，学生人数逐渐增加。学校因教学秩序正常，各项工作走在前头，成绩突出，被定为省、州、县的重点学校。

20世纪50年代，在国家还较困难的情况下，政府给学校先后拨款修建了前院南北两幢单檐水瓦房，中院一幢两檐水瓦房，翻修了两幢三四十年代修建的两檐水瓦房，改变了教学环境。

十一、在社会主义革命和建设中英勇献身的革命烈士

在1953年剿灭马良股匪、1958年的平叛斗争和1987年对越自卫反击战中，先后有21名曾在学校就读过的学生英勇牺牲，他们均被安葬于卓尼县烈士陵园，每年清明节时，县党政领导、机关工作人员、中小学生及广大人民群众前往祭奠。现将他们的英名摘录如下：

姓　名	籍　贯	牺牲时间	牺牲地点
张学孔	卓尼县城关镇唐尕川村	1953年5月03日	恰盖乡恰龙滩村
陈跃忠	卓尼县城关镇唐尕川村	1958年3月03日	下迭区达拉沟
姬建鼎	卓尼县城关镇下城门村	1958年3月08日	下迭区麻牙村
杨培林	卓尼县城关镇唐尕川村	1958年3月08日	下迭区达拉沟
杨景华	卓尼县城关镇唐尕川村	1958年3月18日	尼巴乡尼巴村

蒙发荣	卓尼县卡车乡洛族村	1958年3月18日	尼巴乡尼巴村
杨德贵	卓尼县木耳乡博峪村	1958年3月18日	尼巴乡尼巴村
季如贤	卓尼县大族乡沟九村	1958年3月19日	上迭区哇巴沟
石温民	卓尼县城关镇上河村	1958年3月22日	上迭区哇巴沟
李富昌	卓尼县城关镇上城门村	1958年3月22日	上迭区电尕寺
李天佐	卓尼县木耳乡龙马沟村	1958年3月22日	上迭区扎尕那学校
赵永福	卓尼县城关镇冰角村	1958年3月22日	上迭区扎尕那
李生奎	卓尼县木耳乡博峪村	1958年3月22日	下迭区达拉沟次哇村
蔡世雄	卓尼县木耳乡畚尼沟村	1958年3月22日	下迭区达拉沟次哇村
蔡世明	卓尼县木耳乡畚尼沟村	1958年3月22日	下迭区达拉沟次哇村
房辉业	卓尼县城关镇唐尕川村	1958年3月22日	上迭区扎尕沟
张耀奎	卓尼县木耳乡博峪村	1958年3月22日	上迭区哇巴乡
李天斗	卓尼县城关镇寺台子村	1958年	不详
王国才	卓尼县城关镇寺台子村	1962年4月10日	大峪牧场
王玉珊	卓尼县木耳乡龙马沟村	1965年10月09日	尼巴乡齐合沟牧场
杨晓红	卓尼县洮砚乡下达勿村	1987年3月	老山前线

第二章

隶属变更　曲折前进（1966—1976 年）

“文化大革命”中的卓尼县永红小学

1966 年 5 月至 1976 年 10 月，中国发生了“文化大革命”，许多忠诚党的教育事业的教师，不是被戴上“资产阶级臭老九”的帽子，就是被打成“牛鬼蛇神”。学校在这一时期基本处于混乱之中，教育管理、教学科研、师资力量、设备基建等各方面的工作都遭受了很大的影响。

第一节 从省立卓尼柳林中心学校到卓尼县永红小学

一、“文化大革命”爆发

1965年11月10日，姚文元《评新编历史剧<海瑞罢官>》一文在上海《文汇报》发表后，成为发动“文化大革命”的导火线。1966年5月16日，中共中央发表了《五一六通知》，以此为标志，“文化大革命”正式开始了。

二、卓尼县永红小学

1966年10月，柳林中心学校申报改名为“卓尼县永红小学”。这期间凡学生名字中带有封建色彩的，也都改为“红、东”等字眼。同月，调张新民任永红小学校长，寇振邦任教导主任。12月，根据当时政治形势和县委的安排，学校做出了“把永红小学真正办成毛泽东思想的大学校”的决定。组织师生成立了毛泽东思想宣传队，到学校附近的生产队教群众读语录，教唱语录歌曲。并在街头巷尾设语录考查站，让过往群众背语录。

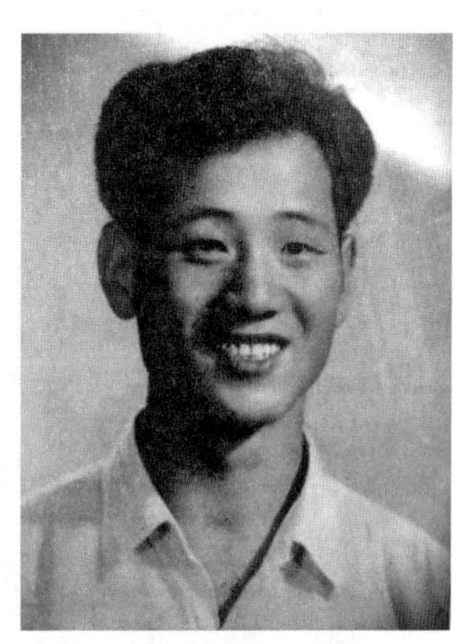

张新民

三、正常教学秩序被打乱

1967年秋季开学后，尽管社会处于派性斗争中，但学校还是继续上课。冬季，根据毛泽东“五七”指示精神，学校提出了如下教学改革方案：

（一）学制方面：

1. 缩短教学年限，小学采取五年制。

2. 普及教育采取十年一贯制。

3. 小学毕业前要参加1至2月的劳动锻炼，取消寒假暑假，农忙季节组织师生下队参加支农学农活动。

（二）招生方面：

1. 小学生入学改为7周岁。

2. 小学生毕业后除少部分回家劳动外，其余一律进入中学学习。

3. 中学招生要贯彻阶级路线。学校首先向工农兵子女开门，废除旧的考试制度，招生采用推荐和选拔相结合的办法。

（三）课程设置：

1. 小学开设：毛主席语录、语文、算术(珠算)、科学常识、军事体育和革命歌曲。

2. 把学习毛主席语录当作必修课程。

（四）考试和升级：

1. 考试科目可考作文、算术，方法由师生讨论决定。

2. 取消分数制，建立评语，废除等级制。

（五）学校建制方面：

取消校长、教导主任、班主任，建立政治处、文教处、后勤处和师生跟班教学辅导组。建立以毛泽东思想红小兵为核心的学生领导联合总部。

20 世纪 70 年代不同民族的学生在校园内学习

四、学校设施建设

学校在20世纪60年代重修了中院北面的18间房屋(办公室、宿舍、水房、库房)，南面修了一幢教室。20 世纪 70 年代在校园后面的菜园中修了两幢（13 间）家属院，维修了中院的一幢教室（7 间）。学校北面的操场因城镇建设的需要划给县农行和民贸公司等单位，从校南树林中划了一块 5 亩土地的操场，又在洮河大桥北岸以东划了一片 3 亩土地作为“少年林”。

第二节 从卓尼县永红小学到卓尼县城关第一小学

20 世纪 70 年代校园内学生做作业

1974 年，随着全县经济的发展和县城城镇人口的迅速增长，卓尼县永红小学的班级学生严重超负荷（当时全校有教师 24 名，5 个年级，10 个班，学生数达 637 名，平均每班学生达到 60 名以上），卓尼县革委会为了减轻永红小学的班级负荷量，解决城镇职工和附近农牧民群众子女入学难的问题，决定由县文教局在上城门左那山脚下筹建了卓尼县城关第二小学后，将卓尼县永红小学改名为“卓尼县城关第一小学”。1975 年 3 月，卓尼县城关第二小学开始招生，当年招收学生 225 名，有 5 个教学班，教职工 12 名。从此卓尼县城关第一小学班级人数得到控制，达到了标准的班级学生负荷量。

第三章

拨乱反正　恢复发展（1976—2018 年）

党的十一届三中全会以来卓尼县柳林小学的改革与发展

1976 年 10 月，党中央一举粉碎了“四人帮”“文化大革命”结束。社会各个领域开始进行拨乱反正，在摸索中前进。1978 年 12 月，党的十一届三中全会做出了把全党重点转移到社会主义现代化建设上来的战略决策，开创了社会主义建设的新时期，教育战线也迎来了春天，进入了一个新的发展时期，着力在全社会营造“尊重知识、尊重人才、尊重教师”的氛围。柳林小学跟全国小学教育战线其他学校一样，在新的征途中，面对内乱遗留的重重困难和累累伤痕，毅然拨乱反正，正本清源，认真贯彻“调整、改革、整顿、提高”的方针，清除了“左”的错误影响，在此基础上恢复和建立健全各级党政领导班子，落实党的知识分子政策、干部政策和统战政策。与此同时，端正办学方针和教育思想，改变领导体制，健全组织机构，平反冤假错案，恢复教学秩序，狠抓校风转变，树立良好的学风，建立各项规章制度和“学分制度”，教学等诸项工作逐步走上正轨，使学校的升学率历年都居全县首位。

第一节 卓尼县城关第一小学复名卓尼县柳林小学

一、制定和完善各项规章制度，恢复班级编制

1974 年卓尼县永红小学更名为“卓尼县城关第一小学”后，班级学生的负荷量得到控制，达到了标准班级的学生负荷量。1976 年秋季，赵材又被调到城关第一小学任校长。1978 年调任王宏业为副校长，王克强为教导主任，朱雪红为副教导主任。

1977 年 11 月，《人民日报》发表了《教育战线上的一场大论战——批判“四人帮”炮制的“两个估计”》一文后，学校党委结合学校知识分子在学校教学中的作用，深入批判了“四人帮”炮制的中华人民共和国成立后 17 年教育战线是“资产阶级专了无产阶级的政”和大多数教师“世界观基本上是资产阶级的”这“两个估计”的谬论，对广大教职工参与拨乱反正和恢复重建工作起到了鼓舞人心、动员群众、组织队伍的作用。

从 1977 年到 1979 年，学校先后制定和完善了各项规章制度，取消了连队编制，恢复了班级编制。1978 年 6 月 3 日，经卓尼县革命委员会主任办公室决定，卓尼县城关第一小学为全县 4 所重点学校之一。

二、恢复卓尼县柳林小学

1982 年初，王克统调任城关第一小学校长，赵材被任命为卓尼县城关第一小学和第二小学党支部书记。调任寇振邦为城关第一小学教导主任。1983 年，卓尼县人民政府决定，将卓尼县城关第一小学又复名为“卓尼县柳林小学”，校名沿用至今。

王克统

第二节 拨乱反正 学校工作步入正轨

一、批判“四人帮”罪行，清除“左倾”影响

1976年10月，党中央一举粉碎了“四人帮”后，学校针对当时出现的思想混乱、派性严重、队伍涣散的现实，学校党委在县委领导下，联系学校实际，组织师生员工揭批“四人帮”篡改党的教育方针对我国教育事业造成的严重破坏，积极进行拨乱反正，落实知识分子政策，努力调动教职工的积极性，为开创学校教育事业的新局面奠定了基础。

二、恢复党政机构，调整领导班子

学校在思想领域进行拨乱反正的同时，对内部组成机构也先后多次进行了恢复、调整，使学校各项工作初步步入正轨。1976年秋季，恢复贯彻“德育、智育、体育全面发展”的教育方针，取消了“红卫兵”组织，恢复了“中国少年先锋队”组织，取消了连队编制，恢复了班级编制。先后逐步恢复了“文革”中被取消、搞乱的制度措施，如《教职工工作学习制度》《小学生守则》等，制订了《学生校内外活动的有关规定》等各种规章制度，使学校的教学工作逐步走上正轨。1980年以来，学校每年的升学率名列全县前茅，学生的精神面貌也发生了崭新的变化。

第三节 坚持抓岗治校 建立学分制度

一、加强制度建设，强化教学管理

1983年，卓尼县柳林小学复名后，学校在原有成绩的基础上，通过总结教训，提高认识，狠抓校风转变，并制定完善符合本校实际的各项规章制度，千方百计提高教学质量。

1983年9月，学校制定了《小学生守则》《小学生守则补充规定》《教职工学习工作制度》《毕业制度》等，以保证教学质量的提高，还建立了学生考勤制度和考试制度。

1984年2月，调任王建功为柳林小学校长。次年，教导主任寇振邦和副教导

主任朱雪红调出后，又调金琦琳为柳林小学教导主任，魏效贞为副教导主任。

王建功

二、建立学分制度

1985年以来，为使学校工作更好地适应为“四化”培养人才的需要，适应新的教育形势，学校在原有规章制度的基础上，初步作了以下几个方面的改革：

1. 建立健全了岗位责任制。学校组织全体教职工经过充分讨论，初步建立了校长、教导主任、班主任、班辅导（科任教师）的岗位责任制，并书写张贴在各年级办公室，以便对照，随时检查工作。并规定在学期末总结时按岗位责任书对教师一学期的工作做出公正的评价，存入业务档案，做到有据可查。

2. 加强思想品德教育。思想品德教育是学校的一项重要工作。每学期初首先抓学生的思想品德和纪律安全教育，充分利用周会课、思想品德课，培养学生树立为“四化”勤奋学习的目的，启发培养学生的爱国主义思想，并根据小学生年龄特点开展了以《小学生守则》为主要内容的“五教”（即“五讲四美、三热爱”教育，社会主义法制教育，爱护公物讲究卫生、维护社会主义公德教育，学英模事迹教育及尊师重教教育）活动。

1986年夏季制定了校训为：“勤奋、活泼、诚实、勇敢。”这8个字成为学生自我鞭策和互相督促的指导思想。1987年8月金琦琳任校长，为了使德育检查定量化，便于督促学生严格要求自己，建立“学分制度”，并在各班推行。让各班根据本班实际订出要求、制成统计表，使每个学生的思想表现可以从计分中反映出来，期末计入思想品德成绩。经过细致耐心的思想教育工作，学生逐渐养成了懂礼貌，守纪律，勤奋学习，刻苦锻炼，拾金不昧，助人为乐的优良品质，良好的校风慢慢形成。1985年和1986年学校被州、县教育系统评为先进集体，校长金琦琳荣获“全国中小学德育先进工作者”称号。

金琦琳

3. 充分发挥教研组的作用，积极探索教改途径。每学期初教研组都定有教研组活动计划，每周活动 1 次，组织教师深入学习教学大纲，要求熟悉教材、备好教案，每周六前批阅 1 次教案，提倡超前备写教案、批阅教案，规定未经批阅的教案不能进课堂。作文每周批阅 2 次，每学期不少于 8 次；数学作业每周收缴 4 至 6 次；大楷每天 1 篇。每学期由校长、教导主任或教研组长组织 2 至 4 次教师各科教案和学生各科作业的检查展阅，并将检查结果计入教师业务档案，还规定学生作业每月与家长见 1 次面，并要求家长签字并提出意见。每次考试卷也要让家长签名或提出希望和意见。

1986 年至 1987 年度在五年级 3 班实行“分档推进教学法”。在班主任、科任教师的不懈努力下，使五年级 3 班的班风正、学风浓，学习成绩稳步提升。1987 年至 1988 年度在三年级 3 个平行班也推广了“分档推进教学法”。

4. 组织必要的教学辅助活动。每学期除组织 6 次公开教学活动外，组织 1 次全校性分年级的数学竞赛、作文竞赛，并将竞赛的优秀作文选登出来，向全校师生展示，并对前三名予以奖励。每次考试各科前三名的试卷都要公布于众。每学期还组织 1 次普通话朗诵和歌咏比赛活动，进行 1 次分年级书法和美术展览。

5. 努力提高教师的业务水平，对年轻教师凡是有进修机会的尽量给予安排。积极组织教师听课、评课，鼓励教师自学业务，学期初要求教师写出各项工作计划，期末写出总结。积极倡导教师学习教育、教学理论，掌握科学的教学方法，搞好教师“双过关”考试和学历“达标”。学年末根据所任课的成绩，真正做到分班、分课用人得当。凡是调进柳校的教师都要经过试讲，试讲合格后方能正式调入。

6. 建立教师业务档案。根据教育形势发展的需要，学校建立了教师业务档案。主要记载教师的教学情况（包括所授学科成绩：及格率、均分以及统考成绩），此外还记载教师的教案审阅次数、作业批阅次数、公开教学评议、出勤和“三操两活动”等情况。

7. 完善奖罚制度：（1）毕业升学奖，开学考试凡学期初的摸底考试及格率每提高 1%，奖 3 元；期中、期末考试中奖励平行班中的第一名。（2）合格率（即升级率）奖，合格率在 85% 以上，每提高 1%，奖 3 元。（3）设立替课报酬，学校规定所有教师的工作量。校长每周 4 节以上，教导主任、教导干事、会计、总务任课每周不少于8节，班主任每周任10节，科任教师每周任19节。在个别教师缺勤时，其他教师替课，超工作量者，由学校负担替课报酬。年终兑现。（4）旷工1天扣日工资50%，迟到8次为旷工1日，旷勤5节为旷工1日，其中包括早操、课外活动、护送路队及开会等。所罚金额当月扣清。病假、事假一年中累计超过30天者，酌情扣发年终奖金或福利。

8. 建立听课制度。学校规定教师每周至少听课1节，校长、教导主任每周至少听课2节，并将听课记录交教导处登记，每周公布，存档备查。

9. 做好每学期2次考试的命题、阅卷和质量分析工作。学校统一命题，集体分科阅卷评比，并将各科教师的成绩填入本人业务档案。

10. 及时进行教学工作的分析总结。每学期期中、期末考试结束后，组织全体教师进行质量分析，且肯定成绩、找出差距，由教研组长整理归纳，汲取经验教训，改进教学方法，制定弥补措施。同时对全校语文、数学课的成绩进行汇总，制成条形统计图供教师比较。

11. 认真搞好毕业班的辅导工作。从第二学期期中考试后，开始组织毕业班的课外辅导，学校随时检查辅导效果和进度，不能流于形式，同时征收一定数额的辅导费，作为辅导教师的报酬。

12. 改革课堂教学，向45分钟要质量，对课堂教学的总要求是“以学生为主体、教师为主导、训练为主线”。

13. 加强学校体育卫生工作，增强学生体质。学校建立了由3名教师组成的体育卫生委员会。主要分管学校每周一次的卫生大检查，星期二、四、六早上不定期的检查，每天的“三操两活动”等。并将所检查的结果，如卫生评分成绩、“三操两活动”的出勤人数、教师组织情况等，每周星期六配合值周教师总结评比后，及时发给流动红旗，并将考勤记入业务档案。

三、加强学校体育，增强学生体质

每学年春季、冬季分别举行一次运动会。1985年元旦，在县体委组织的爬山越野活动项目中，柳校有21名学生获36项奖，名列儿童组总分第一。学校建有业余田径训练队，近几年为省、州体校输送了7名学生。同时对全校学生建立健康档案，每学年初在县防疫站进行一次体检，并与上年度进行对比、分析，针对存在的问题，采取相应的措施，1986至1987年度龋齿、扁桃体肿大、嗅觉异常的发病率比上年度分别降低为3.92%、3.92%、0.59%。

学校把体育课的教学作为主课来抓，学初有教学内容及计划、进度，课前有教案，上课有准备，课堂中有记分册，课后有小结。体育教师杨永东对体育教学一丝不苟，对学生严格要求，于1987年荣获甘肃省中小学体育研讨会体育课三等奖。

1988年4月，在全州体育卫生工作检查验收中柳林小学获学校体育卫生工作总分270分的优秀成绩。

同年11月，遵照教育部的指示和省、州、县教育局的通知精神，对二年级以上学生进行了国家体育锻炼标准的首次达标测试，全校达标率在62%，有22名学生达到了优秀成绩，荣获奖励。

四、加强制度建设，强化校产管理制度

学校为了促进教师在职提高，拓宽知识面，落实和掌握教育方针，了解教育信息，改进教学方法，订购了相关的报刊，开设了阅览室，供广大教师借阅学习。

在总务后勤工作上，建立健全了校产管理制度。值得一提的是，1985年学校制定的校产管理规章制度由县文教局转发全县各级学校推广学习。

学校为了关心教师的生活，提高教师的业务水平，做到少开会、开短会，每开一次会都要解决一定的问题，有事则长，无事则短，让教师有充分的时间钻研业务，鼓励教师自学业务，不断更新知识。不定期举行周末晚会，组织教师举办文体活动，如乒乓球赛、象棋赛、拔河赛等，以调节教师课余生活，使教师保持充沛的精力，积极投入工作。

五、学校建设与教师职称评定

基建方面，1980年修建了前院北面的两层楼20间。1986年修建了前院南面一幢三层楼共27间。在前院中间修建了一座富有民族特色的阅览室3间和办公室2间。4年来县教育局给学校拨了10000元的设备购置费，配发了1台彩色电视机，使学校教具器材缺乏的状况有所好转。

从1987年6月至1988年1月，进行了教师职称评定工作，经过认真学习文件精神，学校成立了“职称评定领导小组”，下设评审、考核两个组。经过两个月严肃、认真的考核、评审，批准小学高级教师8名，一级教师16名，二级教师3名，三级教师3名。教师职称评定工作的顺利开展极大地激发了教师的工作热情。

1988年7月6日，卓尼县城突降暴雨，持续30分钟，山洪挟泥石流从上卓沟直泻而下，整个县城街道被泥水、石头等杂物堵塞，校门内外乱石如山，一、二号楼下的教室、宿舍泥水深达数尺，中院一幢教室、5间宿舍和2间办公室成为危房，其中2间办公室的隔墙倒塌。在严重的灾害面前，全体师生齐心协力进行抗灾自救，仅用了6天时间就清除了校内外的积石和泥沙。一些有专长的教师还利用业余时间把被泥水污损的电器设备修好，使其继续为教学发挥作用。

1986年修建的2号教学楼

六、校长负责制的建立

1989年以来，随着教育改革的不断深入，国家对教育的投入进一步加大。在上级主管部门的大力支持下，学校的校容校貌、教学条件不断改善，学生人数不断增加，教师队伍不断壮大，教学质量稳步提高。同时，由于试行了校长负责制，学校在管理权、人事权等方面有了一定的自主权，使办学效益有了明显提高，并采取了以下具体措施：

1. 确立了校务委员会领导下的校长负责制，学校的一切重大事项交校务委员会讨论决定。

2. 对领导班子部分成员进行了调整，精减了总务后勤人员。

3. 加强党支部建设，充分发挥党支部的监督、协调作用。

4. 把提高教学质量摆到首要地位，把稳定教学秩序、提高教学质量作为各项工作的中心。

12月，州教育局考核评估组对学校申报的州级教师队伍示范性学校、州级教育科研示范性学校进行了考核评估，有力地推进了学校在教师队伍建设和教育科研能力工作方面的提高。

1990年9月，学校有16个教学班，602名学生，37名专职教师，其中特级教师1名，高

甘肃省教育系统先进集体

级教师 8 名，一级教师 11 名，二级教师 5 名，三级教师 12 名。学校被甘肃省委、省政府评为全省教育系统先进集体。同年，校少先大队部被团中央和国家少工委评为学赖宁先进大队部。学校自建校以来，共培养了 4000 余名合格毕业生。

张建炳

1991 年 8 月至 1996 年 1 月，张建炳任柳林小学党支部书记兼校长。后调至卓尼县教育局任党总支书记、副局长，卓尼县旅游局局长职务，2007 年 11 月至 2011 年 8 月再次担任柳林小学校长。

1996 年 1 月，刘锋任柳林小学校长，同年 5 月任柳林小学党支部书记。这期间，学校全面实施素质教育，提升学生的综合能力。2002 年 9 月，刘锋调至卓尼县教育局任副局长，2008 年 8 月，任卓尼县教育局党支部书记。

刘 锋

1997 年 9 月，为适应学生综合素质的提高，学校在五、六年级开设英语课，以培养学生的英语交流能力。

2002 年 9 月，杜树兰任校长兼党支部书记，2007 年 10 月离任，2009 年 4 月退休。

杜树兰

2005 年开始，中央和地方财政实施“两免一补”资助政策，即国家对农村义务教育阶段贫困家庭学生就学施行“免杂费、免书本费、逐步补助寄宿生生活费”。2006 年学校开始全部免除农村义务教育阶段学生的学杂费。2007 年，学校家庭经济困难学生均享受到了“两免一补”政策。国家实施的此项惠民政策，使学校的所有适龄儿童真正实现了“学有所教”，因家庭贫困而失学的现象从此一去不返了。

七、贯彻执行“两基”攻坚计划

跨入 21 世纪，随着国家改革开放和西部大开发的不断深入，国家经济实力不断增强，人民生活水平不断提高，对教育的投入也不断增加，同时，群众对教育的要求和期望也在不断提高，学校有了较大的发展。尤其是学校贯彻执行国家教育部提出的“两基”（即基本普及九年义务教育和基本扫除青壮年文盲）攻坚计划之后，学校领导班子重新调整思路，改变办学策略，静下心来抓教学，再次找到了学校发展的立足点。

2009 年春季学期，学校提出了“抓管理、提质量、建队伍、创一流”的发展战略。校领导班子不断充实，师资力量不断增强，副校长杨虎成、靳芳琴分别参加了全县第二批深入学习实践科学发展观活动交流会、全州首届教师培训工作经验交流会。

在全州小学毕业考试中，学校以语、数、英三科总分第一、均分第一和及格率第一的优异成绩让人们又一次看到了柳林小学奋进的潜力、腾飞的希望。

同年 8 月 5 日，学校为了迎接“两基”国检的验收和认定，全体教师提前返校，并于 8 月 6 日上午召开了“两基”迎国检工作安排会，进行了全面扎实地部署。8 月 16 日全体学生开学报到，学前班按上级有关文件精神停止招生。按照县委、县政府学校布局调整的要求，撤并上城门小学后，除个别教师被调整到县一中和藏中外，大部分教师和全体学生被并入柳林小学。秋季开学后，一年级开设了英语课。截止 9 月 5 日，经初步统计，全校在校学生达 1768 名，设 39 个教学班。以切实抓好“两免一补”政策的落实，全校有 1554 名学生享受到每生 600 元的借宿生生活补助，至此柳林小学的发展再次跨入新的阶段。同时，学校在校党支部、团支部、少先大队的积极倡议和组织下，112 名教师 1217 名学生为遭受“莫拉克”台风袭击的台湾同胞举办了“大爱无疆、情系台湾”捐款活动，据统计教师捐款 4170 元，学生捐款 1991.1 元。11 月 24 日又为患重病的四年级 5 班学生宋文杰，六年级 8 班学生严玉芳举行了爱心捐款，师生共捐 6488.2 元，以上捐资共计 12649.3 元。

八、基本建设迅速发展，办学宗旨和理念进一步提升

截至 2009 年 8 月底，学校占地面积达到 11382 平方米，建筑面积为 6613 平方米，有 6 幢教学楼，其中 2 幢综合教学楼。学校绿化面积 150 平方米，硬化面积 3728 平方米。设有德育室、舞蹈室、音乐室、美术室、仪器室、实验室、团队室、微机室、档案室、图书室、阅览室、多媒体室、2 个计算机室。图书室藏书 10900 多册，生均约占 12 册（含学前班），夏季硬化了体育活动场。

2010 年 3 月 1 日，在册教职工达到 113 名，截至 3 月 10 日在校生达到 1892 名，下设含 5 个学前班在内的 41 个教学班。为了努力构建和谐校园，确保校园稳定，力促教育教学可持续发展，学校把维护稳定当作重中之重，遵照县委、县政府有关文件精神，强化了校领导带班、值班制度，并将双休日也纳入值班范围，进一步明确了国旗护卫人员职责。

2011 年 9 月至 2012 年 1 月，杨虎成任代理校长。

杨虎成

2012 年 2 月卓尼县委、县人民政府任命杨虎成为学校党支部书记，靳芳琴为校长，王坤、王云、吴林祥为副校长。在上级党政部门和教育局领导的关怀和支持下，在学校新一届领导班子的努力下，建筑面积为 5284.4 平方米的新教学大楼知远楼竣工投入使用，除五年级师生在 6 号楼工作学习外，其他年级全部搬入新教学楼，所有教室都安装了吸尘擦板器，15 个教室安装了电子白板，各教学楼全部通上了暖气，告别了烟熏火燎、脏乱污染的取暖方式，新的学习环境洁净、舒适、环保，在宽敞明亮的教室，师生共同学习，相互促进，一起成长。此时学校占地面积 12 384 平方米，建筑面积 11 884 平方米。同年 11 月 30 日，甘南州语言文字工作评估团专家来学校检查指导语言文字工作。

靳芳琴

近年来，学校坚持以邓小平理论、“三个代表”重要思想和党的十八大精神为指导，全面贯彻落实党的教育方针，立足于质量、安全、稳定三个支撑点，确立了“以人为本，全面发展”的办学宗旨。紧紧围绕“以人为本，以德治校，质量立校，教研兴校，特色强校，全面育人”的办学理念，以“提高教育质量，培养合格人才，办人民满意的学校”为目标，大力推进高效课堂，全面提高教育质

书法室

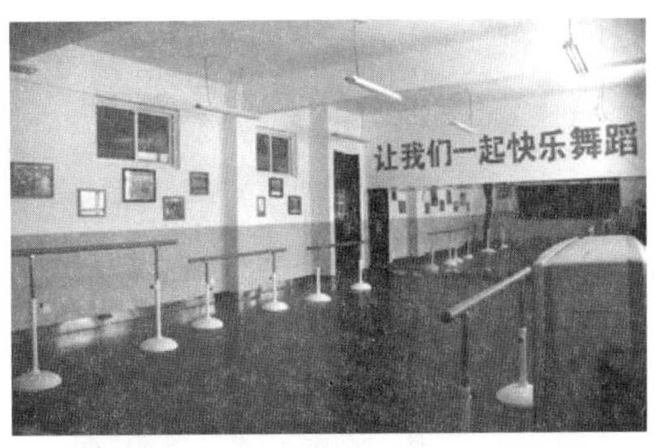

舞蹈室

量，积极打造和谐、奋进、环境优雅的人文型、学习型、书香型校园。同时，建立了9个兴趣小组（书法组、电钢琴组，阅读组、象棋组、舞蹈组、合唱组、体育组、绘画组和综合组）；建有4网（区域网、广播网、监控网、宽带网）；创办2报（柳芽报、柳叶青青）；1站（红领巾广播站）；设有图书阅览室、多媒体教室、多功能体验馆、计算机教室；图书室藏书21953册，生均10.4册。有47个教学班，2105名学生，163名教职工，其中，教师本科学历44名，专科学历98名，学历达标率为100%，约60%的教师获得过省、州、县各级的学科带头人、骨干教师、优秀教师等荣誉称号。

九、学生营养膳食发放工作

2013年3月，学校开始向学生发放营养餐，有2105名学生享受营养早餐，学校同时还成立了营养膳食管理委员会和营养膳食领导小组，制定了《食品安全事故应急预案》和《学生营养早餐留样制度》等一系列规章制度，并制定管理人员岗位职责，层层签订工作责任书。使营养早餐工作做到日登记、周公示、月小结，确保不因个人的疏忽大意出现问题，做到周周见公示，月月见报表，使学生的营养膳食发放工作稳步有序进行，把党的这项惠民政策真正落到了实处。

营养早餐

第四节 突出办学特色 提升办学水平

卓尼县柳林小学近年来确立了“以人为本，全面发展”的办学宗旨，紧紧围绕“以人为本，以德治校，质量立校，教研兴校，特色强校，全面育人”的办学理念，把学校发展方向定位于学校有特色、教师有特点、学生有特长，结合教学资源，积极开展特色办学活动。

美术社团

一、开展丰富多彩的第二课堂

学校为了突出办学特色，开设了书法、美术、象棋、乒乓球、舞蹈、钢琴与合唱等兴趣小组，一学期共计595个课时，利用活动课和课外活动时间认真开展活动。并对9个兴趣活动小组从地点、时间、计划、制度和辅导教师等方面作了详细安排，使每个学生都有展示和发展的平台，为学生全面发展奠定了基础。

二、组织教职工开展政治理论和业务学习

学校党支部积极组织全体教职工开展了“八项规定”、“六项禁令”、习总书记系列重要讲话、2013年师德师风建设主题教育活动“十查十看”、党的十八大报告、甘南州中小学党建工作规范、省委“双十条”规定，及习近平总书记视察甘肃省时的讲话精神、教育发展规划纲要、甘南州委书记魏建荣《在全州学习贯彻省委藏族聚居区工作会议精神座谈会上的讲话》等一系列政治理论学习，并加强了有关业务知识的学习。学校要求每位教师每年集中学习16次，撰写心得体会4篇，记写学习笔记2万字以上。

教师政治业务学习笔记

三、创新评教方式

评教活动

实施家长和学生评教活动。每年都发放不少于890份的家长评价表，公开征求家长对学校各项工作的意见和建议，并认真进行了梳理、分析、总结、整改。家长评教活动的开展，不但贯彻了学校教育“以学生为本、服务于学生”的宗旨，还提高了学校的管理水平，促进了教师教育教学工作和学校的和谐发展，使学校的教育教学管理水平上了一个新台阶。

四、教育教学改革

学校对教师的教学采取了集体备课→分散上课→教学反馈改革，这种教学形式不但增强了教师的团队合作精神，也充分发挥了学科组的集体智慧，既有助于教师相互借鉴，相互启发，优化教学方案，更减轻了教师负担，增强了课堂效率，提高了教学质量，而且也是促进教师自我成长的有效途径。

五、“两免一补”政策

学校严格落实国家“两免一补”（即国家对农村义务教育阶段贫困家庭学生免书本费、免杂费和补助寄宿生生活费）政策的严格资格审查，实行班主任摸底、学生互查、上报学校、学校审查、公示等程序。按照文件要求将寄宿生生活费发放到家长手中。2013 年有 1730 名学生共享受 1 427250 元，每生 825 元的寄宿生生活费，有 2105 名学生享受 631500 元营养早餐改善计划补助。

“两免一补”

六、凸显育人“四化”创意目标，精心打造十大特色文化

2013 年以来，学校强力推进高效课堂改革，坚持“低起点、小步走、点改革、面推进、多交流、创高效”，以转变教师教学观念，改变课堂教学模式，以“任务单”为载体，突出学生学习的主体性，培养学生自主学习能力，以“先学后教、合作探究当堂达标”的教学模式，突出“预学、研讨、点拨、提升”，在检查学习效果中，体现活页作业的针对性、科学性、有效性，使学校的课堂教学改革成效凸显。

班级文化

2014 年学校提出了以“内容育人化”“设计艺术化”“班级特色化”和“墙壁活力化”的文化创意“四化”目标，精心打造了十大特色文化：

1. 各具特色、彰显班级活力的班级文化。

2. 发挥学生特长，展示学生活力的楼梯文化。

3. 突出年级特色，切合年龄特点的楼道主题文化：一楼为行为习惯教育主题，二楼为励志教育主题，三楼为名人故事主题，四楼为国学经典主题。

4. 以五彩绚丽梦想，快乐无限校园为主题的墙面文化：利用五彩颜色，装扮空白墙面，突出知识性、古典型、教育性。

5. 庄重大气的室内文化：学校充分利用悠久的历史文化和丰富的内涵，精心设计图书室、会议室等，让其成为学校的景点文化。

墙面文化

大厅文化

6. 古朴典雅的建筑文化：学校充分利用大屋顶、校门等古建筑资源，整体进行设计、装点，打造出了学校的标志性文化建筑。

7. 优美怡情的环境文化：建成了绿色、红色和黄色搭配的花园色带。

8. 内涵丰富的楼梯口文化：将四层楼梯口分层次地设置成了一楼多彩校园、二楼缤纷教苑、三楼大美中国、四楼魅力学府为主题的文化墙面。

9. 特色鲜明的活动室文化：努力让每一个活动室都成为学校的一个景点，并根据功能不同，采用师生活动照片进行装扮，突出特色。

10. 存史育人的校史馆文化：将学校近百年来的发展史和取得的辉煌，通过文字、图片和实物等形式展现在学生面前，让学生知晓历史，懂得感恩，增强学校学子的自豪感。

学校逐步形成了具知识性、艺术性、教育性为一体的育人氛围，营造了健康向上的校园育人文化，提升了学校的文化品位。

截至 2015 年 9 月，学校占地面积 12384 平方米，建筑面积 12880.4 平方米，学生人均活动场地近 3.6 平方米。

手工制作

截至 2018 年 9 月，学校有教职工 190 名，教学班 56 个，在校学生 2718 名，教职工中高级教师 15 名，一级教师 60 名，国家级优秀教师 1 名，省级优秀教师 2 名，省、州级骨干教师、学科带头人、青年教学能手 38 名。

七、突出“五化”建设，开展特色活动

学校拥有一流的现代化教学设施，达到电子白板全覆盖，建有监控网、宽带网，有心理咨询室、实验室、仪器室、图书阅览室、录播室、书法绘画室、电钢琴室、舞蹈室、卫生室、合唱室、体验馆和计算机室。加大建设力度，突出校园“绿化、美化、硬化、童趣化、人文化”五化建设。使如今的柳校校园既古朴典雅，又极具现代气息，处处洋溢着活泼向上的人文情趣。

近年来，学校从以下四个层面开展特色活动：

1. 校级课外综合实践活动：以体育（乒乓球、跳绳等）、绘画、电子钢琴、舞蹈、书法等组成校级兴趣活动小组。

2. 班级课外综合实践活动：以国学经典诵读、艺术（影视）欣赏、传统体育项目（踢毽子、打沙包、石子棋等）、口语交际训练、手工制作、剪纸、游戏等组成班级课外综合实践活动。

3. 以基地为依托的教育活动：相继建成14个综合实践基地，即科技知识、法治教育、气象知识、体能拓展、爱国主义教育、孝亲敬老教育、交通安全教育、防震减灾、消防安全教育、生活体验教育等实践基地。

成立防震减灾实践基地

4. 阳光体艺大课间活动：以年级为单位，开展踢毽子、跳皮筋、花样跳绳、呼啦圈、韵律操、锅庄舞、手语操等活动。

第五节 健全基层组织 构建和谐校园

近30多年来，学校坚持以邓小平理论和“三个代表”重要思想为指导，牢固树立和落实科学发展观，坚持党要管党、从严治党的方针，紧密围绕学校中心工作，抓好基础组织促发展，求真务实、开拓创新，不断提高办学治校能力，积极构建和谐校园，努力为学校事业又好又快发展提供坚强有力的思想保证和组织保障。

一、加强基层组织建设

1985年以来，学校建立健全了岗位责任制。组织全体教职工，经过充分讨论，初步建立了校长、教导主任、班主任、班辅导（科任教师）的岗位责任制，并书写张贴到各年级办公室，以便对照和随时检查工作。

1989年以来，随着教育改革的不断深入，国家加大对教育的投入，在上级主管部门的大力支持下，校容校貌、教学条件不断改善，学生人数不断增加，教师队伍也在壮大，教学质量稳步提高。学校正式试行校长负责制，并逐步落实了管理权、人事权，使学校在管理方面有了一定的自主权，办学效益有了明显提高。

1995年，春季开学后，学校加强内部管理，注重校风建设，建立健全各项行之有效的规章制度，教学秩序不断好转，教学科研不断深入，学校管理向制度化、规范化、科学化迈进。学校坚持“校长负责制”“教职工聘任制”和“岗位目标责任制”；重视学校周边环境治理；校舍、校产的管理；建立健全校舍校产档案；实行“校舍、校产管理责任制”。

1997年，学校在社会治安综合治理工作中，采取上下齐抓共管的措施，有效地预防了各类意外事故和违法犯罪事件的发生，出色地完成了责任目标。在县文教局对全县签订目标责任书的6个学校的社会治安综合治理工作全面考核中，柳校以总得分100分的成绩在6所学校中获第一名。

2002年，学校确立了“德育为首、教学为主、和谐发展、争创一流”的办学目标，继续健全和完善各项规章制度，建立健全量化目标管理体系。成立了教学业务考核小组，由校领导、教导主任和工作责任心强、业务能力好的教师组成，每学期末和学年末对全校教师从“德、能、勤、绩”四个方面做出全面考核、评估，记入教师业务档案，作为职称评聘，评优选先的依据，同时兑现奖罚。

二、建立健全学校内部组织机构，改进思想政治教育工作

2012年春季，卓尼县委、县政府为学校专门设置了党支部书记一职，实行党组织领导下的校长负责制，加强了党的领导职能。

（一）校委会

1989年学校重新确立了校务委员会，校委会主任一般由学校领导兼任，委员由中层班子和职工代表组成，学校的一切重大事项交校务委员会讨论决定，以发挥

学校的民主管理职能。

2012 年学校校务委员会成员：

杨虎成　校党支部书记

靳芳琴　校长

王　坤　副校长

王　云　副校长

吴林祥　副校长（兼工会主席）

牛永刚　党政办主任

胡　盛　教务主任

杨淑梅　教务副主任

赵　玲　政教主任（兼妇委会主任）

安学武　总务主任（兼营养办主任）

李　靖　总务副主任

牛彦荣　校团支部书记

卢秉礼　少先大队辅导员

（二）学校管理机构

自实行党组织领导下的校长负责制后，学校各项机构设置日臻完善，下设党政办公室、政教处、教导处、信息中心、总务处、语言文字办公室等机构，根据各自的职能协助校党支部书记、校长，开展学校各项管理工作。

党政办公室 2012 年 2 月，根据学校发展和实际工作需求，设置了党政办公室，由牛永刚担任主任。2014 年 3 月增设副主任一职，由牛世信担任。党政办主要协调处理学校党支部和行政管理事务，促进学校各处室发挥整体效能，具体职责是：

1. 主要负责执行党和国家的各项路线、方针、政策，传达上级主管部门的各类文件及指示精神，统筹、协调全校性规章制度的制定工作，组织拟定学校改革和发展规划，起草学校党支部和行政工作的各类文件、工作报告、计划和总结等文书，做好上传下达和学校信息汇总、上报工作；

2. 组织安排党政联席会议、党支部会议、校长办公会议、校委会议、专题会议及全校性工作会议，搞好学校教职工会议考勤；

3. 对送审的预备党员协助党支部把好审批关，办理转接党员的组织关系，收缴党费；

4. 负责学校党政公文处理、登记、拟办、传阅和立卷归档工作；

5. 做好全校各类文书档案的收集、整理、立卷、归档、保管和提供利用工作；

6. 负责党支部印章、学校印章的管理及使用，机要文件和重要信件等管理工作；

7. 统筹协调学校综合性工作，负责学校教职工职称晋升、职称评聘与年度考核工作，教职工及学校各类奖惩登记工作；

8. 根据学校的工作需要，编写《学校规章制度汇编》；

9. 负责学校突发事件的组织、协调等应急处理工作；

10. 积极开展对外联络工作，努力为学校建立良好的公共关系和畅通的对外办事渠道；

11. 搞好信息管理，做好调查研究，当好校领导的参谋和助手，为党支部工作和行政管理工作服务。

政教处 2010 年 8 月，学校正式成立了政教处，县教育局任命王云为政教主任，张凤英为副主任。2012 年 2 月，县教育局任命赵玲为政教主任，王凌云为副主任，具体职责：

1. 负责学校德育工作，做好班主任管理，进一步开展学生思想政治、心理健康教育，指导团、队工作，培养学生干部；

2. 与各处室协同开展形式多样的普法安全教育、思想政治教育和社会实践教育活动，抓好校外德育基地建设；

3. 组织开展健康教育，搞好学校环境卫生；

4. 做好借宿生、留守儿童的管理和建档工作；

5. 组织建立家长委员会和家长学校，构建学校、家庭、社会三结合的德育工作网络。

教导处 1976 年秋季，调任王克强为教导主任，朱雪红为副主任。在教学管理中，通过采取抓备课、抓上课、抓辅导、抓成效等措施，使学校校风、教风、学风有了明显的好转。教师能认真教学、大胆管理学生，学生能遵守纪律，专心听讲，独立完成作业，大多数学生好学上进，教学质量不断提高。此后，教导处的职能不断完善，学校教导处协助主管校长全面贯彻党的教育方针，组织全校教学工作，具体职责是：

1. 制定全校教学工作计划，建立教学常规和正常的教学秩序，保证教学计划的执行；

2. 组织进行学科质量调研，期中、期末检测及考后质量分析，做好教学成绩的统计、奖惩工作，做好学期、学年和专项活动的总结工作；

3. 严格学籍管理，做好学生的编班、报到注册、升留级、转学、休学、复学、毕业、奖励、处分等教务工作，建立并管理好学生总名册、学籍卡、毕业生登记表、学籍存根等学籍档案工作；

4. 参与优秀学生和优秀干部的评定、表彰工作；

5. 领导教研组工作，指导教研组制定具体的教研计划，领导各教研组的教学研究活动，总结交流教学经验；

6. 组织教师学习和贯彻《新课程标准》，制定教学计划，研究教学内容，提高教学质量；

7. 检查教师教学和学生的学习情况以及教学计划的执行情况，经常听课，检查教师的教案备写和学生的各科作业；

8. 开展评教活动，了解教师在教学过程中存在的问题，帮助教师不断改进教学；

9. 组织教师外出学习和进修，开展校本培训活动，检查进修计划的执行情况，交流学习进修、培训的经验，分享成果；

10. 组织开展校本教学研讨活动，安排各种公开课、校际交流课、校级综合实践课的开设工作，并积极开展教学工作的对内宣传和对外宣传报道工作；

11. 协助校长组织好学校体育工作，开展好全校性的体育运动会；

12. 加强师生保健工作，定期对学生进行体质监测工作，建立学生健康档案。

总务处 总务管理工作是学校管理工作的重要组成部分，是学校教育教学工作得以顺利进行的基础和保障，是确保学校安全与稳定的重要环节，是实现学校工作管理育人、服务育人、环境育人的重要阵地，也是事关广大师生切身利益的直接渠道。从 2002 年开始，学校总务工作由朱琳负责，2006 年，由闫喜勤负责，2007 年 3 月由文旭林负责。2012 年 2 月，学校总务处正式成立，安学武任主任，李靖任副主任。2013年3月，国家向西部农村中小学学生发放营养餐，学校成立了营养办，由安学武兼任主任，负责学生营养餐发放工作。总务处坚持为教学服务，为教育科研服务，为师生生活服务的思想，管理育人、服务育人，具体职责是：

1. 负责学校的用水、用电、供暖、消防、基建、设施等方面的后勤保障工作；

2. 负责校产的使用登记、添置和维修，做好校舍、设施的修建、维护工作，消除安全隐患，确保校舍安全；

3. 贯彻勤俭办学的方针，严格执行国家财经纪律，健全账务制度，加强财务管理；

4. 按计划订购和发放学生作业本及教师办公用品和班级用品，负责购买图书、资料、教具、仪器、体育器材；

5. 办好学生食堂，加强食堂的管理与监督；

6. 负责门卫等安全保卫和防盗工作；

7. 美化、绿化和净化校园。

信息中心 进入21世纪，随着学校教育信息化的加速推进，信息技术为学校方方面面的工作注入了新的动力，学校工作正朝着信息化方向推进。2014年3月，学校建立了信息中心，石永红任副主任，开展学校的信息技术工作，信息中心就是学校信息化道路上的“加油站”和“助推器”，主要职责是：

1. 负责学校校园网络建设、管理、应用、安全维护与信息化设备维护工作；

2. 推动学校现代远程教育、信息技术与学科教学深度融合的研究、实验、实施；

3. 负责学校办公用计算机、多媒体教室教学设备的管理与维护，保障校园广播系统与学校监控系统正常运行；

4. 建设与管理好学校校园网站，记录网络安全运行情况，处理网络故障及突发事件；

5. 制定与落实学校信息技术发展规划。

语言文字办公室 2013年3月，为推动学校通用语言文字的规范化、标准化工作，使国家通用语言文字在校园建设中更好地发挥作用，成立了语言文字工作办公室，吴志峰任副主任，主要职责是：

1. 贯彻落实国家有关语言文字工作方针政策，在全校师生中推行国家颁布的语言文字各项标准和规范；

2. 拟订全校语言文字工作计划及有关规章制度，并负责监督执行；

3. 组织全校师生员工做好语言文字的规范化、标准化，大力推广普通话，推行规范汉字；

4. 协调组织全校汉字书写、教师口语、普通话等语言文字类课程的教改、教研及科研活动。

（三）党群组织

党支部 2012 年 3 月，为了加强学校党的基层组织建设，上级党委专门增设了党支部书记一职，任命副校长杨虎成为党支部书记，党支部委员由杨虎成、靳芳琴、王云、王坤、吴林祥组成，学校实行党组织领导下的校长负责制。2014 年 11 月，因王坤调任卓尼县藏族小学校长，从卓尼一中调来邢学平任副校长和支部组织委员，主要职责是：

1. 认真学习贯彻执行党的路线、方针、政策和上级党委的决议以及教育行政部门的指示，对学校各项任务的完成起保证监督作用；

2. 领导学校思想政治工作，建立和健全思想政治工作制度，按照上级安排组织教职工学理论、学政治。认真贯彻执行党的知识分子政策，掌握党内外人员的思想状况，做好经常性的思想政治工作。按建党方针，积极做好在知识分子中发展党员的工作；

3. 积极支持和协同学校行政领导搞好学校管理，落实各项责任制，调动教职工的积极性，保证教学任务的完成；

4. 领导学校工会、教代会和少先队组织，充分发挥各群众组织的职能作用；

5. 关心教职工的学习、工作和生活，争取各方面的支持和配合，切实解决他们的一些实际问题。经常深入教学第一线，善于听取群众意见，协同学校行政干部不断改进工作；

6. 定期召开支部委员会和支部大会，讨论决定本校的重大事情，充分发挥党员的先锋模范作用，团结组织党内外干部群众，努力完成本校的各项工作任务；

7. 搞好党政领导班子建设，经常与支部委员和同级行政负责人保持密切联系，交流情况，积极支持学校领导的工作，保证行政负责人行使自己的职权，不包办代替他们的工作，充分发挥他们的积极性；

8. 抓好党支部的思想建设，通过多种途径提高党员觉悟，搞好党风建设，充分发挥党支部的战斗堡垒作用；

9. 定期检查支部工作计划、决议的执行情况和出现的问题，随时向支部大会和上级党组织报告工作。

工　会　学校工会是党支部联系广大职工的桥梁和纽带，是全校教职工自愿结合的群众性组织。2012 年 8 月，由副校长吴林祥兼任学校工会主席，胡盛任副主席，赵玲任妇女委员，后喜凤任组织委员，石永红任经济审查委员。2016 年 8 月，学校选举吴林祥副校长任工会主席，安学武、钱忠进两人任副主席，主要职责是：

1. 检查、督促教职工大会决议的执行和落实；

2. 代表和组织教职工依照法律参与学校民主管理，组织会员参与学校重大问题的决策、规章制度的制定和修改，充分发挥全校教职工民主参与、监督的作用；

3. 维护教职工的合法权益，实事求是地反映教职工的意见和要求，维护教职工的政治权益、经济权益和文化权益不受侵犯；

4. 紧紧围绕学校的中心工作和上级工会的要求，教育广大职工不断提高自身的思想道德、业务素质和科学文化素养，并引导他们自觉遵守国家的政策、法规和学校的规章制度，为学校发展贡献智慧和力量；

5. 发挥工会积极分子的作用，经常组织开展各项有益于身心健康的文体活动，丰富教职工的业余文化生活，办好“工会之家”；

6. 负责工会档案的归档，工会会费的管理和使用，做好各类报表的填报，物品保管及使用等工作；

7. 会同有关部门做好教职工婚事的操办、困难帮扶、住院探望和丧事慰问等工作，全心全意为教职工服务；

8. 完成学校和上级工会交办的其他任务。

共青团、少先队组织　由于学校学生年龄较小，学生中无共青团员，学校成立的团支部主要针对刚刚参加工作的青年教师，组织他们开展共产主义理想和社会主义信念教育，及爱国主义、集体主义、世界观、人生观、价值观、成才观教育，增强青年教师的凝聚力和干事创业的决心。1978 年取消了“红卫兵”组织，恢复了“中国少年先锋队”组织。团队负责人每学期都要组织少先队员参加学雷锋社会实践活动，上街清除滨河东路两边人行道、绿化带中的垃圾，用实际行动体现“雷锋精神”。在清明节开展扫墓活动，纪念革命烈士，缅怀先烈的丰功伟绩，教育学生继承先烈遗志，弘扬民族精神，牢固树立爱国奉献精神。

1995 年 3 月，闫克荣任学校团支部书记，黎虹任学校少先大队辅导员；1997 年 3 月，靳芳琴任学校团队负责人；2003 年 3 月，张丽萍任学校团队负责人；2012 年 3 月，牛彦荣任学校团支部书记，卢秉礼任少先大队辅导员；2016 年 8 月，卢秉礼任学校团支部书记兼少先大队辅导员。

妇委会 学校妇委会是学校党组织领导下的女教职工的群众组织，是妇女联合会的基层组织，是学校党政组织与女教职工联系的桥梁和纽带，代表维护学校女教职工的利益和要求。2013 年 3 月，赵玲任学校妇委会主任，主要职责是：

1. 代表维护女教职工、女学生的合法权益；

2. 搞好妇女管理工作，制定妇女工作计划，每年至少召开一次全校妇女大会；

3. 推动并参与有关妇女发展政策制度的制定和落实，维护妇女合法权益，代表妇女发挥参与民主管理、民主监督作用；

4. 代表组织女教职工、女学生参与民主管理、民主监督，及时反映女教职工、女学生的意见、建议和要求，全心全意为女教职工、女学生服务；

5. 发现、树立优秀妇女典型，及时向党组织和上级妇联组织报送，宣传表彰女教职工、女学生先进典型；

6. 协助计划生育部门做好计划生育工作；

7. 完成学校及党支部布置的其他有关妇女工作的任务。

教代会 学校教代会由校委成员和 6 名年级组长、4 名教研组长组成。教代会是教职工反映问题、讨论学校管理与措施的机构，在学校行政领导的领导下，依据法律法规、规章和有关政策，在本校权限范围内行使以下职权：

1. 听取讨论校长的工作报告和学校的发展规划、改革方案、教职工队伍建设等重大事项；

2. 讨论通过教职工奖惩、考核办法等与教职工有关的基本规章制度，由校长颁布施行；

3. 讨论决定教职工福利管理使用的原则和方法，以及其他有关教职工的集体福利事项；

4. 民主评议、监督领导干部；

5. 制定、修改学校教代会实施办法，监督该办法的执行；

6. 向教职工进行民主管理的宣传教育，组织教职工代表学习政策、业务和管理知识，提高教职工代表素质；

7. 接受和处理教职工代表的申诉和建议，维护教职工的合法权益。

三、进一步建章立制，创建平安和谐校园

2008 年，学校成立了校园安全工作领导小组，统一领导全校安全工作。学校设有校园治安综合治理工作机构，先后成立和制定完善了 50 余个符合学校实际、反映学校安全保卫工作规律、涵盖学校安全保卫与综合治理工作的领导小组和规章制度。学校于 2009 年结合“依法治校”工作，把法制教育和安全教育纳入学校德育工作。同时，聘请县司法局干部杨世龙担任法制副校长。2010 年 5 月 11 日，学校聘请县法院办公室主任薛永明同志为法制副校长，县法院警官关睿同志为法制辅导员，充实了学校德育组织。

学校先后制定完善了《卓尼县柳林小学放学站队安排及要求》《卓尼县柳林小学借宿学生管理及寻访检查制度》《卓尼县柳林小学师生到校及值周制度》《卓尼县柳林小学学生伤害事故责任界定和处理办法》《卓尼县柳林小学学生上下楼方案》《卓尼县柳林小学周一升旗仪式队列安排及要求》《班主任会议制度》《班级工作管理制度》《德育工作常规》《国旗下的讲话制度》《团支部服务承诺制度》《学生素质目标完成检测制度》《政教主任职责》《卓尼县柳林小学德育工作目标实施方案》《卓尼县柳林小班级日常管理考核制度》《卓尼县柳林小学德育工作考核制度》《卓尼县柳林小学班主任岗位职责》《卓尼县柳林小学班主任工作考核制度》《卓尼县柳林小学德育工作例会制度》《卓尼县柳林小学德育工作五年规划目标》《卓尼县柳林小学家访制度》《卓尼县柳林小学禁毒工作制度》《卓尼县柳林小学普法工作制度》《卓尼县柳林小学团队工作制度》《卓尼县柳林小学文明创建规划》《卓尼县柳林小学预防校园暴力应急预案》《卓尼县柳林小学家长学校管理制度》《卓尼县柳林小学留守儿童结对帮扶制度》《卓尼县柳林小学深入开展节约教育活动方案》《卓尼县柳林小学先锋引领行动宣传方案》《卓尼县柳林小学深入开展节

约教育活动方案》等管理制度并汇编成册。学校为了创建平安和谐校园，还先后出台了《卓尼县柳林小学预防学生拥挤踩踏事件应急预案》《卓尼县柳林小学预防地震应急预案》《卓尼县柳林小学预防交通安全事故应急预案》《卓尼县柳林小学消防安全应急预案》《卓尼县柳林小学预防校园暴力应急预案》《卓尼县柳林小学"营养早餐"食品卫生安全应急预案》《卓尼县柳林小学处置卫生防疫事故应急预案》《卓尼县柳林小学楼道及楼梯疏散安全工作应急预案》《卓尼县柳林小学预防洪涝灾害应急预案》《卓尼县柳林小学维稳安全工作应急预案》《卓尼县柳林小学维稳反自焚专项斗争工作预案》《卓尼县柳林小学防恐工作应急预案》《卓尼县柳林小学重特大事故和突发事故应急预案》《卓尼县柳林小学防止校园欺凌事件应急处置预案》和《卓尼县柳林小学突发事件总体应急预案》等 15 个应急预案和工作预案。学校每学年初与全体教职工签订《卓尼县柳林小学德育工作目标责任书》，确保了学校德育工作有规可依，有章可循。

第六节 优化资源配置 完善教育体系

21 世纪以来，学校坚持以服务学校发展为重点，以师生满意为标准，切实推进教育信息化，为构建数字校园提供了有利条件，全面提升公共服务平台与保障体系的质量、水平和效益，办学条件得到极大改善。

一、建设校园信息平台

学校以创建教育信息化为契机，充分发挥了信息技术在学校管理与教育教学中的资源和引领作用，逐步提高了教师运用多媒体辅助教学的能力。同时，不仅激发了学生的学习兴趣，而且极大地促进了学校信息技术的发展。

学校根据现代远程教育的教学模式与学习方式，按照教育部、省、州、县要求，积极响应倡导教师努力进行教学实践，充分发挥现代远程教育的优势，将电视机、DVD 进行教学或辅助教学。并对教师提出了必须熟悉和把握光盘资源的内容、结构，将光盘播放与课堂讲授有机结合，积极改进教与学的方法和过程，为学校信息技术的发展提供了有利条件。

2000年，学校购置了第1台电脑，并成立了专门的打字室，主要运用于学校各个部门的打字，由罗映南老师担任打字员，这是学校信息技术形成的雏形。为了全面开展信息技术教育工作，学校先后派石永红和罗映南两名老师参加了省、州、县曾多次举办的信息技术培训，达到了分级培训、层层推进的目标。

学校第一台电脑

2002年，通过二期义教项目和农村现代远程教育项目为学校配置了33台联想台式计算机，为学校开展计算机课打下了良好的基础。此年秋季，郝明老师调入学校后，与罗映南、石永红老师一起担任学校各个部门的打字员兼信息技术教师。学校也开始从四年级起开设了信息技术课，涉及16个教学班，本校也成为甘南州最早开设信息技术课的小学，从此，信息技术教学登上了柳林小学教育的舞台。

当时教材以应用软件教学为中心，以学习操作使用软件的方法顺序为主线，教学的目的是让学生掌握计算机软件使用技术。教材的发展趋势是编排生动活泼、图文并茂、彩色印刷、操作细分、循序渐进，从四年级开始到六年级完成。作业及考试内容由罗映南、石永红和郝明3位老师自定。

2003年，学校为适应信息化教学的需要，又前后购置了复读机、电视机、VCD、DVD、教学光盘、索尼摄像机、奥林巴斯照相机、速印机等教学设备，再加上国家实施的一系列重大工程和政策措施，为学校的教育信息化发展奠定了坚实基础，学校的信息基础设施体系也初步形成。

2004年，学校为教导处购置了摄像机1台。

2005年，购置了实物投景展示台、多媒体机等。

2006年至2008年，学校为党政办购置数码相机、复印机和42英寸电视机1台。

2008年，校长张建炳想方设法筹措资金，建立了2个计算机室，配置了21台计算机，使学校3个年级16个班的学生上机难得到了缓解。

2009年，根据学校需要又购置了42英寸电视机1台、复印机1台，幕布、投影25台，投影仪7台。为适应教学需要，学校为二至六年级每级配置了1台投影仪，为一年级配置了2台投影仪，推动了学校信息化教育再上新台阶。

在“两基”攻坚中，学校的“四新一亮”工程达到标准。在经费非常紧张的情况下，学校挤出资金为多媒体教室铺上了地毯，由石永红老师专门负责为学校教师制作课件，及多媒体教室设备的操作提供辅导。

此时，学校的许多老师在甘肃省教育科学研究所、甘肃省电化教育中心、中国教师研修网、甘南州教育局、中央电化教育馆、卓尼县教育局等机构举办的各类活动中荣获一、二、三等奖，信息化教学在柳林小学得到了不断拓展和深入。

截至 2009 年 8 月，学校设有多媒体室和两个计算机室。随着信息技术的发展，特别是新课改理论的推出，为了提高信息技术教学，许多教师自己购买了计算机，开始学习制作 PPT，尝试用多媒体课件来教学，以提高教学质量。他们也充分利用学校的多媒体室、计算机室等信息化平台提高个人的多媒体教学能力。

2010 年 10 月底，由于洮局职工子弟学校撤并，23 名学生被转入柳林小学，以及大量基层乡镇学校学生的转入，使学校校舍不足的问题愈加严重，面对这种状况，学校暂时停止了信息技术课程及现代远程教育技术。但是，学校为适应信息技术的发展，又购置了索尼摄像机、索尼单反相机、两台多媒体一体机等。

2011 年，学校又购置了 7 台计算机、采集卡和刻录机，同时，县教育局仪器站为学校配置了 1 台 EVD、8 台电子白板、两台计算机，1 台 TCL 平板电视，还为学校配发了 1 个计算机教室。

2012 年，校长靳芳琴想方设法筹措资金，为学校购置了电子白板两台、多媒体会议室设备 1 套、笔记本电脑两台。县教育局项目办又为学校配置了 6 台计算机，暂时缓解了师生用机紧张的局面。秋季开学后，建筑面积为 5848 平方米的新教学大楼竣工投入使用，学校为所有教室安装了吸尘擦板器、配备了点读机，为 15 个教室安装了电子白板，使计算机室正常投入使用。

二、学校信息技术进一步发展

随着新课程改革的不断推进，多媒体手段的运用也越来越走进学校的日常教学。多媒体技术在教育教学中的广泛应用，是信息技术发展的必然，也是 21 世纪教育发展的一种潮流。运用新颖、先进的多媒体信息技术，可以在知识的抽象性和学生思维的形象性之间架起一座桥梁，优化课堂结构，改革陈旧教育教学的方式方法，使知识能多层次、多角度、直观形象地展示在学生的面前，极大地提高了学生的学习效率。多媒体这一现代化教学手段的运用，不仅激发了学生的学习兴趣，而且极大地促进了学校信息技术的发展。

此时，学校建有校园网，数字教育资源不断丰富，信息化教学的应用不断拓展和深入。学校的信息技术课程不再由专人担任，而是分配到所有的数学教师身上，带动所有的教师都将信息技术这门工具运用好。

2013 年，根据学校发展，县教育局又为学校统配了 62 台计算机，此时学校的电子白板数已达到 48 台，是由装备办配的、教育局统配的、学校自购的、县电教馆配发的。学校的师机比、生机比已得到了进一步的提高。

2014 年，学校为适应教育信息化发展而设立了信息中心，其主要职责是负责学校的信息技术教育工作以及学校电教设备的维护、校园网络的管理与维护、教师信息技术培训、国家农村远程教育资源的接收分发、学校信息技术发展规划的制订与落实等工作。12 月，学校建立了高清录播室，购置了 20 张电脑桌，为每个办公室配备了电脑。

电脑制作画

2015 年，校长靳芳琴积极争取项目，分批为学校的 12 个班级建成了高标准触控一体机教室，为每个办公室配发了 2 台计算机，为各处室每人配置了 1 台计算机，为学校实现“互联网 +”教育创新的发展提供了坚实的物质基础和硬件设施，也在高效课堂建设中发挥了重要作用。

2015 年至 2016 年，借改薄项目（即农村义务教育薄弱学校改造计划）之东风，学校的教育信息化建设得到了较快发展，到 2016 年 7 月，信息化的软硬件设施已初具规模，共拥有多媒体教育教学设备 51 套，各类计算机 320 台，校园视频监控设备 1 套，远程教育资源接收系统 1 套。接入百兆光纤，全校实现了因特网共享和网络班班通。

2018 年寒假，校长靳芳琴带领学校骨干教师远赴杭州参观学习，并通过杭州师大中小学师干培训中心黄芳教授的牵线搭桥与杭州市拱宸桥小学成功签订结对协议。

总之，学校信息化在促进教育公平和实现优质教育资源广泛共享、提高教育质量和建设学习型社会、推动教育理念变革及培养创新人才等方面发挥了重要作用。

第七节 加大投入力度 改善学生待遇

学生待遇是学校教育教学管理工作的一项重要内容，是切实维护学生的合法权利和依法治校的一个重要环节，也是提高教育教学质量的一项重要措施。因此，学校自建校以来，就十分重视学生待遇。

跨入 21 世纪以来，随着国家改革开放和西部大开发的进一步深入，学校对学生的各项待遇也逐年增加，学校对学生的待遇管理工作有了更加全面的认识和了解，一方面认真熟悉各项学生待遇的具体细节和流程，及时掌握相关文件精神，做好各类款项的摸底、填表、审核、发放及资料的整理归档工作，另一方面对学生的待遇管理加大规范，抓好落实，力求准确、及时、无误。

一、落实“两免一补”，关爱残疾儿童

2001 年开始，国家为进一步完善城乡义务教育经费保障机制，加快城乡义务教育一体化、均衡化发展，促进教育公平，提高教育质量，统一城乡义务教育并实行“两免一补”政策（学校对城乡义务教育学生实行免除学杂费、免费提供教科书，对家庭经济困难寄宿生补助生活费，统称“两免一补”）。学校免除学生学杂费标准，按照中央确定的生均公用经费基准定额执行。

随着国家帮扶力度逐年加大，学生入学人数逐年上升，学校结合本校实际，认真落实义务教育阶段学生免除学杂费、免费提供教科书的同时，对家庭经济困难学生给予生活费补助等政策。招收辖区内残疾儿童随班就读，对在校的残疾学生予以生活、学习上的照顾，尽量争取各方资助。

二、营养早餐全覆盖

从 2013 年春季学期起，学校贯彻落实国务院“农村义务教育学生营养改善计划”以来，推行以学校食堂为主的供餐方式，学生营养改善计划在全校范围内得到全面覆盖。学校营养早餐每学期每个学生每天补贴发放情况：

2013 年春季学期至 2014 年春季学期每生每天补贴 3 元；2014 年秋季学期至

2018 年秋季学期每生每天补贴提高到 4 元。

三、借宿生生活补助费发放

发放寄宿生生活补助

2010 年，学校为认真贯彻落实农村义务教育阶段家庭经济困难学生资助政策，保证贫困学生顺利完成学业，从 2010 年春季学期开始对借宿生发放生活补助费。2010 年春季学期至 2011 年秋季学期每生发放生活补助费 600 元，2012 年春秋两季学期每生发放生活补助费 700 元，2013 年春秋两季学期每生发放生活补助费 825 元，2014 年春季学期每生发放生活补助费 957.5 元，2014 年秋季学期每生发放生活补助费 952.4 元，2015 年春季学期每生发放生活补助费提高到 1052.7 元，2015 年秋季学期至 2018 年秋季学期每生发放生活补助费又提高到 1084 元。

四、发放“杨积庆助学金”

按照 2016 年 5 月 20 日校务会议要求，经过对学校四、五、六年级组摸底、政教处审核，四年级（5）班学生柏应红、五年级（4）班学生申喜红和六年级（1）班学生李梅 3 名同学品学兼优，家庭贫困，符合享受“杨积庆助学金”资助条件。经 5 月 27 日校务会议研究决定，同意以上 3 名同学享受 2016 年度“杨积庆助学金”资助，资助金额为每人 500 元。

为学生发放杨积庆助学金

第八节 加强学籍管理 服务教育教学

一、学籍管理工作进一步规范

学籍管理是学校教育教学管理工作的一项重要内容，是保证正常的教学秩序、切实维护学生的合法权益和依法治校的一个重要环节，也是提高教育教学质量的一项重要措施。因此，学校自建校以来，就十分重视学生的学籍管理，从学生入校到学生毕业，每年都建立了比较完整的学籍档案。但是，早期的学籍档案都是纸质的，随着时间的流逝，很多学籍档案没有完整地保存下来，造成了早期学籍档案的缺失。

随着社会的发展，学生人数的逐年增加，自2000年以来，学校借信息技术逐步进入校园的东风，建立电子学籍档案，同时纸质的学籍档案也留档保存，进一步规范了学籍管理。

2013年9月1日起，全国已经初步建立中小学生学籍信息管理系统，学校积极响应上级的号召，将全校所有学生录入全国中小学生学籍信息管理系统，该系统为每名学生建立全国唯一的、跟随一生的学籍编号，从小学一直沿用至研究生教育乃至继续教育，并在全国范围内实现学生转学、升学等动态跟踪管理，对解决农村“控辍保学”、进城务工人员随迁子女入学、留守学生等教育热点、难点问题提供了有力支撑。使学校的学籍管理迈上了更加正规的步伐。

随着学籍管理工作的进一步规范化，为了更好地做好学籍管理工作，学校要求学籍管理员对学生学籍管理工作必须有全面的认识和了解，熟悉学籍管理的具体细节和流程，及时掌握学生学籍的变动情况，做好资料的整理归档工作，及时完成上级教育主管部门布置的各项工作，力求正确、及时、无误。

二、学籍管理工作日臻完善

（一）领导重视，专人负责

学校领导高度重视学生的学籍管理工作，专门购置了学籍管理所需的电脑、激光打印机等先进的设备，为学籍管理工作提供了方便，使学籍管理不断地向现代化迈进。同时成立学籍管理工作领导小组，指定专人负责学生的学籍管理工作，并经常督促检查学籍管理工作，使学校的学籍管理日益规范化。

（二）加强学习，提高能力

加强业务学习，提升业务素质是学校学籍管理人员的主要工作，他们每年都认真学习相关的学籍工作文件，规章制度，学籍试行办法等资料，以此来不断提高学籍管理工作的能力。

（三）结合实际，建立制度

俗话说："没有规矩，不成方圆。"学校逐步建立了《学籍管理制度》《控辍保学制度》，以及学生异动的（转出、转入、休学、复学等）各项制度、办法。为学校的学籍管理工作提供了制度保障。

（四）依法办事，严格执行

学生的转学、休学等严格按照《甘肃省中小学生学籍系统管理办法》执行。学生转学必须凭转学证明，转出学生必须由本人或学生家长申请，且有接受学校的相关证明，经学校领导批准，教导处（学籍管理员）方可办理转学证明。凡因病或其他特殊原因休学的学生必须由本人持相关的医学证明书面申请，经学校领导批准，报上级教育主管部门审核同意后方可办理休学、复学手续。凡办理了转学、休学、复学手续的学生，学籍管理员必须及时注明转学、休学、复学的时间、原因。未办理转学、休学手续，自动不到校学习的流动生，要配合班主任及时做好学生、家长的思想教育工作，防止学生辍学。

（五）严格审查新生入学条件

新学年开始后，学校立即成立一年级报名工作领导小组，并指定专人严格审查一年级新生入学资料（本人及父母亲户籍信息、疫苗接种证等），并严格按照上级要求按时给一年级新生注册学籍。同时，每学期开学后一个月内及时对异动学生进行网上申请，以确保学籍系统数据的准确性。

（六）及时做好小升初的毕业工作，确保每一位小学毕业生都能按时到高一级学校接受下一阶段的学习。

第九节 注重教育质量 创建文明学校

卓尼县柳林小学自1921年建校以来，历经90多年风雨沧桑，不断成长壮大、健康稳步发展。特别是2012年以来，学校在上级主管部门的正确指导下，坚持以党的十八大重要思想为指导，牢固树立科学发展观，全面贯彻落实党的教育方针、政策法规。坚持“以人为本，全面发展”的办学宗旨和“德育为首、教学为主、和谐发展、争创一流”的办学目标，秉承“诚实、勤奋、文明、创新”的校训；“敬业、爱生、博学、奉献 ”的教风；“民主、和谐、求真、向上”的校风；“勤学、善思、尊师、守纪”的学风；“关爱、互助、乐学、共勉”的班风；“实事求是、作风正派、严于律己、团结开拓”的领导作风；打造“校本化”特色。把提高师生的综合素质，把加强学生养成教育、爱国主义教育和民族团结教育作为学校德育工作重点。一切立足于学校实际，立足于学校长远发展，立足于校内资源的开发和利用， 办品牌学校、成功学校、人民满意的学校，精心打造全州优质的百年名校。

一、健全组织，加强对德育工作的领导

学校进一步建立和完善了由书记、校长、副校长、法制副校长、政教主任、教导主任、团队负责人、年级组长、班主任、品德教师、学生家长代表组成的德育工作领导小组。逐步形成一纵一横相结合的德育管理体系，即从校长到最基层班级的纵向联系；政教处、教导处、团队、班主任、学科教师之间的横向联系，并构建了环环紧扣的五条链：一是构建了支部书记、校长总体抓，分管校长具体抓，法制副校长配合抓的高层负责制，党支部发挥政治核心作用的德育领导链；二是构建了政教处、教导处、团支部、少先大队、年级组、班主任、学科教师协调配合层层负责的德育队伍链；三是构建了班委会、队委会充分发挥作用的自我教育链；四是构建了学校、家庭、社会有机结合的育人渠道链；五是构建了课堂教学、课外兴趣活动、主题班（队）会、专题教育、社会实践活动五位一体的德育教育阵地链。使学校德育工作从组织上做到上下协调、左右联动、指挥灵活、步调一致、信息畅通，充分发挥了德育管理的效能。形成了党、政、团、队齐抓共管的教育格局，从组织上保证了学校德育工作的顺利实施。

二、完善制度，确保德育工作管理的有效实施

（一）完善制度。学校逐步建立和完善了《卓尼县柳林小学德育工作例会制度》《卓尼县柳林小学德育科研工作制度》《卓尼县柳林小学德育工作自评制度》《卓尼县柳林小学班主任考核制度》《卓尼县柳林小学德育工作考核制度》《卓尼县柳林小学家访制度》《卓尼县柳林小学班级工作管理制度》《卓尼县柳林小学学生操行评定制度》《卓尼县柳林小学团队工作考核制度》《卓尼县柳林小学学生综合素质评价制度》《卓尼县柳林小学德育工作常规》《卓尼县柳林小学值周制度》《卓尼县柳林小学楼梯、楼道安全督查制度》《卓尼县柳林小学门卫制度》《卓尼县柳林小学维稳制度》《卓尼县柳林小学班主任职责》《卓尼县柳林小学团队工作职责》《卓尼县柳林小学教师课堂常规》《卓尼县柳林小学体育、卫生工作规定》《卓尼县柳林小学信访工作制度》《卓尼县柳林小学社会治安综合治理目标管理领导责任制细则》和《卓尼县柳林小学德育工作五年发展规划目标》等规章制度，保证德育工作有规可依，有章可循，确立学生素养全面考核的发展性评价机制，加强育人过程管理和环节监管，构建活而不乱，文明有序的教育常态。

（二）落实制度。学校在德育实践活动中，坚持照章办事，依章管理，坚持德育管理制度化、德育活动科学化、教育方式人文化、跟踪教育经常化的工作原则。并强化对计划落实情况的督查，提高德育工作情况检查的频度和效度，经常了解和督促各学科德育渗透教育。完善和健全班主任工作的考核制度和奖励制度，落实班级常规工作的检查、考核和奖励，充分调动全体班主任的工作积极性和创造性，增强工作的责任心。

三、优化队伍，提高德育工作能力

（一）学校把提高教师综合素质作为创新发展的根本，确保拥有一支敬业爱岗、严谨治学、精心育人的德育队伍，在全体教师中实施“双培双带”工程（即把骨干教师中的先进分子培养成党员，把党员培养成教育教学骨干；党组织带领党员发挥先锋模范作用，党员带领教职工不断前进），落实“135”（即一年入门，胜任工作；三年出师，独当一面；五年成才，成为骨干）的培养目标，贯穿“练师能、塑师表、修师德、铸师魂”的教育，提高教师职业道德水平，树立“教书育人、管理育人、服务育人”的思想，利用教职工学习机会，组织全校教师学习最新理论，培养全校

教师新理念，结合近年来全县开展的党的群众路线教育实践活动等各项主题教育活动，集中整顿教育。组织广大教师认真学习《义务教育法》《教师法》《未成年人保护法》《民族区域自治法》《国旗法》《集会游行示威法》和《中共中央国务院关于进一步加强和改进未成年人思想道德建设的若干意见》等法律法规，重点学习精神文明建设的文件材料，调动了广大教师工作的积极性、主动性和创造性。

（二）将班主任队伍建设作为教师队伍建设中的重点来抓，定期组织班主任集体学习，通过“班务工作座谈”“优秀班主任评选”“优秀班集体评比”“班主任工作经验交流”和“班主任论坛”等形式，不断促使他们有创新和针对性地开展班级德育工作，从而大大调动了班主任的工作热情。

四、创办特色，促进文明建设工作

（一）重视学科渗透，发挥课堂主阵地作用

通过组织师生了解革命烈士卓尼土司杨积庆自 1921 年创建柳林小学至今 90 多年的发展史，有意识地挖掘家乡悠久的人文传统和丰厚的文化积淀，激发师生热爱学校、热爱家乡的美好情感。要求《品德与社会》学科教师根据学校制定的民族团结教育课程计划，在课堂教学中认真穿插民族团结教育，培养学生树立正确的民族观、宗教观，增进民族团结意识和自觉维护社会稳定的责任感。要求其他学科教师要在传授学科知识，培养学生能力的同时，根据学科特点和学生实际，发挥学科优势，让学生在探索中获得真知，在实践中品味成功，激发学生学习兴趣，培养良好的学习习惯、生活卫生习惯、文明礼仪习惯、交通安全习惯，使学生学习方法得当，学习态度端正，在提高科学素养的同时获得人文素养、道德素养的提升，为学生的终身学习和发展奠定坚实基础。

（二）注重自我完善，发挥班级主渠道作用

积极倡导学生主体作用的发挥和班级管理特色的形成，充分发扬教育民主，创设宽松、和谐、开放的教育环境，使学生在教师指导下主动、积极参与，达成师生间双向交流的过程。放手让学生组织实施班级常规管理，让学生在自我管理中培养做人的尊严感、道德感、责任感。各班级确定富有个性化的班训，由学生自主设计班徽，制定班规班约、探索特色鲜明的管理方法，如班委轮换制、班长组阁制、一日小班主任制等。

（三）拓展工作途径，强化结合型教育力度

学校始终坚持“以人为本、全面发展”的办学宗旨，根据学生的身心特点，以精神文明建设为载体，将德育工作寓教于感人至深、丰富多彩的特色活动之中，通过德育教育“七结合”，全面提高学生道德素质和人文素养。

1. 坚持传统教育与常规教育相结合

清明节扫墓

将革命传统教育与重大节日、传统节日、纪念日相结合，通过每年的清明节去杨积庆烈士纪念馆和县革命烈士陵园扫墓。利用每年的建党节、国庆节、母亲节、植树节、教师节、环境保护日、安全活动月、开学典礼、毕业典礼等节庆活动对学生进行养成教育、感恩教育、爱国教育。通过定期不定期检查、评比督促强化常规管理，使各项制度真正得以落实。

文明礼仪宣传活动

2. 坚持阶段性教育与经常性教育相结合

坚持以“六个学会”（学会做人、学会生活、学会学习、学会劳动、学会审美、学会健体）进行良好习惯教育。通过每周一的升旗仪式和国旗下讲话、班会、主题队会以加强经常性的《小学生一日常规》《小学生守则》《小学生日常行为规范》的文明礼仪教育。通过值周领导、值周教师和值周学生的考勤检查，及时发现并解决学生中的违纪违规行为。在规范教育制度化、经常化的同时，组织开展 “讲理想重品行作表率促和谐”“三个离不开”教育和“爱祖国反分裂保稳定促和谐”教育，通过主题教育阶段工作的稳步推进，进一步提高全校师生对“反对民族分裂、维护社会稳定”重大意义的认识。通过经常性教育活动与阶段性教育活动的有机结合，极大地促进了学生良好行为习惯和学习习惯的养成。

普法、禁毒安全教育

3. 坚持法制教育与纪律教育相结合

充分发挥法制副校长和法制辅导员的作用，定期开展法制报告、法制讲座，坚持开展“珍爱生命、远离毒品”“崇尚科学、反对邪教”专题教育和“三别”（向粗鲁告别、向陋习告别、向坏事告别）、“四带”（把礼仪带进校园、把微笑带给同学、把孝敬带给长辈、把谦让带向社会）、“五无”（地上无纸屑、墙壁无脚印、桌面无刻画、出言无脏话、行为无违规）教育。同时加强门卫工作，实行封闭式管理，形成学生迟到有人查、出入校门有人问，杜绝社会闲杂人员干扰教育教学现象的发生。通过法制教育和纪律教育双管齐下，互相促进，使学生的法制观念和纪律意识明显增强。

4. 坚持赏识教育与严格教育相结合

开展体育活动

通过大兴赏识教育、成功教育之风，及时发现学生的闪光点，提高学生学习积极性，增强自信心。在推行赏识教育的同时，不能放松对学生的严格要求，要求广大教师努力做到严而有信、严而有法、严而有恒、严而有度，赏识而不放纵学生的过错，严格而不伤害学生的尊严，从而培养学生的自我约束能力和自我管理能力。赏严并用的教育方式，为精神文明工作的顺利开展起到事半功倍的效果。

家校联系大会

5. 坚持学校教育与社会、家庭教育相结合

为了更好地形成社会、学校、家庭三结合的教育网络，促进学生健康发展，学校定期组织召开“家校联系会”“家长座谈会”和“家长开放日”等活动，及时与社区、片警、家长取得联系，进行交流，并通过学校领导信访接待安排，发放“致家长的一封信”和“问卷调查”等，广泛征求家长的意见建议，重点解决学生校外的违纪违规问题。通过这些举措的推行有力促进了学校教育和社会、家庭教育的结合，形成合力，使学校、社会、家庭三结合的教育网络功能得到最大限度的发挥。

6. 坚持环境教育与艺术教育相结合

注重营造环境育人的良好氛围，通过校训、校徽、校歌、名人画像、“红领巾广播”、中队宣传橱窗、黑板报、阅报栏、校园文化长廊、楼道文化、班级文化园地、阅览室、团队活动室、人性化的宣传标语等浓郁的校园文化氛围和音乐、舞蹈、绘画、书法、体育等富有特色的兴趣活动，营造健康向上的校园育人文化氛围，加强对学生的艺术教育和环境教育。艺术教育与环境教育的有机结合，实现了教育的良性互动，形成了校训明确、校纪严明、校风优良、教风严谨和学风端正的良好局面。

参观书法展

7. 坚持心理健康教育与安全教育相结合

学校在心理健康教育方面采取了有效的措施，将心理健康教育作为班（队）会的重点内容，有针对性地开展与学生的谈心活动，使学生与教师、学生与学生之间敞开心扉，消除疑虑，化解矛盾，和谐相处，凸显教育效果的持久性和彻底性。在做好心理健康教育的前提下，开拓性地做了学生的安全教育工作，通过推行安全责任制，学校与全体教师签订各项目标责任书、与学生家长签订安全协议书，为全校学生进行校方安全责任保险，组织专人定期不定期排查校园内的安全隐患并及时予以解决。推行“安全事故”一票否决制，即哪个班出现学生安全事故，对分管领导、责任教师依据相关制度进行处理。推行自下而上的汇报制度，及时发现和解决安全隐患。加强学生放学途中的路队护送管理工作，将责任落实到每个护送点、每位教师。通过组织学生及时观看有关安全教育图片，使学生在血淋淋的实例中受到教育，在心理上筑起安全防线。并邀请县上的交警、民警和卫生防疫部门的业务骨干给师生做安全教育讲座。坚持每学期组织两次全校师生参加的“紧急疏散安全逃生”演练活动。以创建“平安校园、稳定校园、和谐校园”为契机，扎实安排维稳工作，确保校园和谐稳定。心理健康教育与安全教育相互渗透，相互促进，共同为学校教育教学工作的顺利开展和教育教学质量的稳步提高起到保驾护航的作用。

安全知识竞赛

（四）丰富活动载体、凸显特色化育人氛围

加大宣传力度，营造良好的育人氛围。大力加强宣传力度，利用卓尼县广播电视台、学校黑板报、阅报栏、中队宣传橱窗、“红领巾”广播站、宣传标语、主题班（队）

会、国旗下的讲话、学习园地等宣传形式，形成全方位、多渠道、多层次的宣传教育网络。努力做到“步步有实招，招招见实效”。开展一系列丰富多彩的特色活动，养成以教育为主题，开展学习习惯、生活习惯、做人习惯的教育活动，以“八荣八耻”教育为主题，开展“知荣辱、促成长”活动，并将“八荣八耻”分解为看得见，做得到，具有时代特点的若干小点。如“以艰苦奋斗为荣、以骄奢淫逸为耻”，具体化为：1. 不挑吃穿，不浪费粮食，不买零食吃；2. 用完水后关好水龙头，做到人走灯灭；3. 爱惜书本和学习用具；4. 合理使用零花钱，学会理财；5. 过节俭、有意义的生日；6. 不攀比吃穿等。组织开展“作文”“口述作文”“数学”“英语朗诵”“英语单词默写”等学科知识竞赛和“食品卫生、安全、健康教育”知识竞赛，“祖国在我心中”和“爱国主义教育”知识竞赛，书画竞赛以及“安全常识、生活常识、交通常识、健康常识”竞赛。开展主题演讲比赛、歌咏比赛、眼保健操比赛、手工制作比赛。组织开展“我是小小税法宣传员”宣传活动、“向国旗敬礼，做一个有道德的人”网上签名寄语活动，各中队宣传橱窗评比活动。组织教职工开展基本功竞赛，排球、篮球和乒乓球等比赛，举办教职工“爱生爱岗爱校”演讲比赛。定期举办“法制专题讲座”“法制教育报告”“千名教师进万家”和骨干教师送教下乡活动。组织师生向地震灾区、受灾群众、患病师生“献爱心捐助”活动和“展示师德风采、树立教育新风”为主题的师德教风系列活动。定期召开主题队会，推行队干部竞选，重视小干部队伍建设，成立红领巾“路队监督员”检查组，发挥队组织自我管理和教育作用。结合开学典礼进行纪律安全教育，结合毕业典礼进行感恩教育活动。学校与全体教职工签订了《德育工作目标责任书》《交通安全工作目标责任书》和《综合治理目标责任书》，并与全校学生家长签订了《小学生安全协议书》。激励全校教师的工作积极性和进取心，增强教书育人的责任感和使命感，形成树先进、学先进、赶先进的良好局面，营造教书育人、管理育人、服务育人的良好氛围。

奉献爱心活动

第十节 改善教育环境 创建绿色学校

学校在上级教育主管部门的正确领导和大力支持下，紧紧围绕“以人为本，以德治校，质量立校，教研兴校，特色强校，全面育人”的办学理念，以“提高教育质量，培养合格人才，办人民满意的学校”为目标，大力推进新课程改革，全面提高教育质量，积极打造学习型、书香型、特色化的绿色校园，实施绿色教育，创建绿色学校。

一、把环境教育列入学校的重要议事日程

近年来，学校始终将环境教育纳入工作议事日程，特别是2008年9月成立了环境教育领导小组后，更是做到有规划、有目标、有落实。每学期在制定学校工作计划时，都把全校的环境教育工作列为重要的一条。学校的办公室、政教处、教务处、总务处、少先大队部等处室都制定了相应的措施，把环境教育渗透到学校工作的每个方面，让环境教育的理念牢牢树立在全校师生心中。

二、建立健全环境教育组织

健全的组织建设，强有力的领导，是学校更好地进行环境教育的有力保证。学校建立了由校长担任组长的“绿色学校”领导小组，成立了由政教处主任担任组长的“环境保护绿色小组”和由团支部、少先大队负责人担任组长的“青年志愿者协会”以及以班干部为主体，按班级编成小分队的“护绿大队”等机构。

三、有长远的规划

学校根据自身的发展情况，制定了环境教育五年发展规划(2010—2015年)，该规划较全面、详实地描绘了学校环境教育的蓝图，为学校今后的工作指明了方向。

四、打造绿色教育

（一）加大课堂改革，打造绿色课堂

1.集体备课。由主备人印制教案并装订成册，分发给年级每位教师，各任课教师可根据集体备课的备课提纲和各班的学情，融入自己的教学风格，进行实施、总结和反思，最终形成对某一教学内容的最优秀的教学设计。这一改革告别了传统手写式教案，既减轻了教师的负担，同时又达到了绿色办公的要求。

2.课堂改革。努力打造高效课堂模式，在课堂上让教师少讲，学生多练，当堂达标。

3. 多样化的活动。以升旗、开学典礼、学生表彰大会及重大节日、重大纪念日、重要活动为契机，开展“弘扬民族精神月”、红歌传唱及《弟子规》《三字经》《增广贤文》《千字文》等国学经典诵读比赛等活动，点亮了学生感恩的心灯，教育学生尊重他人，关爱他人，爱家乡，爱祖国。

（二）保障学生健康，减轻学生负担

1. 学校为了使学生的营养早餐餐具保持清洁卫生，不混淆，防止疾病传染，为每个学生定做了统一的餐具袋。

2. 严格控制课外作业量。由于本校借宿学生较多，中午放学后要做饭、午休，因此一至五年级教师中午给学生不留书面家庭作业，学生不背书包回家，力争做到“0”作业制。教师不得布置大量重复性、机械性的抄写作业，不得罚抄、罚读等。

3. 由于小学生的文化水平和对作业本的管理能力参差不齐，作业本的使用与保管就存在着很大的问题。为了改变学生这一现象，学校采用活页作业，让学生当堂完成作业，教师当堂订正。这样既减轻了学生课业负担，又提高了课堂效率。

（三）丰富多彩的课外综合实践活动

为了实现学校 3+3+5x1>1 学生培养计划，即课外综合实践活动（语数外 3+ 音体美 3+ 班级活动 x 校级活动 > 学生 1）、1+1>1 教师发展计划（一门专业学科 1+ 一项特色活动 1> 教师 1），以丰富校园生活，促进学生全面发展为指导，创设生动活泼的育人环境。在规定时间内组织学生参加丰富多彩的课外综合活动，激发学习兴趣，发展个性特长，促进学生身心健康、全面发展。在活动中，使学生学到技术，掌握技能，培养学生的综合能力。不仅将“绿色教育”概念渗透到各科的日常教学中，而且贯穿于课外综合实践活动中。学校充分利用“爱鸟周”“植树节”“地球日”“世界环境日”“无烟日”“绿色 9・15 行动”“卫生示范周”和“主题活动月”等活动，定期举办环保书画比赛、绿色校园黑板报、手抄报设计比赛，以及摄影、征文、演讲等比赛，大大促进了学校绿色教育工作。

（四）工作有计划、有总结、有培训、有实效

每学期由政教处负责制订绿色教育专项工作计划，做到学期初有计划、学期中抓落实、学期末有总结，环境教育工作富有实效。利用讲座、网络等多种方式对教师进行培训，初步形成了各学科教师为主体的环境教育教研队伍。把环境教育与

文明办公室、文明班级、文明个人等评优选先工作紧密结合起来，充分利用“环保小标兵”“绿色班级”和“绿色课堂”评比等形式，借助校园广播、宣传橱窗、黑板报、专栏、学校网站等媒介深入广泛开展环境教育工作，成效显著。每学年至少举行一次大型环保知识讲座，邀请县环保局领导或专家作专题讲座，现场提问，形式活泼，效果显著。并举行一次环保金点子征集活动和开展环保教育讨论活动，全员参与，使全校师生环保意识日益增强。每个教研组都针对本组学科特点，紧密结合环保知识，在常规课堂教学和各种考试中渗透环保知识。

（五）重视校园的“四化”建设

学校自开展“绿色校园”活动以来，投资近300多万元，对学校的1000多平米场地实施了精心的绿化、美化、亮化、净化，打造园林式校园。在整体布局中讲究建筑造型与色彩的搭配，讲究树木与场地的和谐，讲究整体与个体的协调，各种大小建筑与花草树木自然融为一体，既有丰富的景观层次感，又有鲜明的校园特色。另外，2012年，学校实行了“关爱师生健康”工程，共计投入资金200多万元，落实了以下5个项目：

1. 告别烟尘。已停止使用生活火炉而改用更环保低能耗的供暖设备；

2. 告别生水。自来水已引至学校，每个楼层使用多功能自动饮水机，水质达到相关规定的直接饮用水标准；

3. 告别传统黑板擦。教室内统一使用擦板机，使师生的粉尘污染降低到最低；

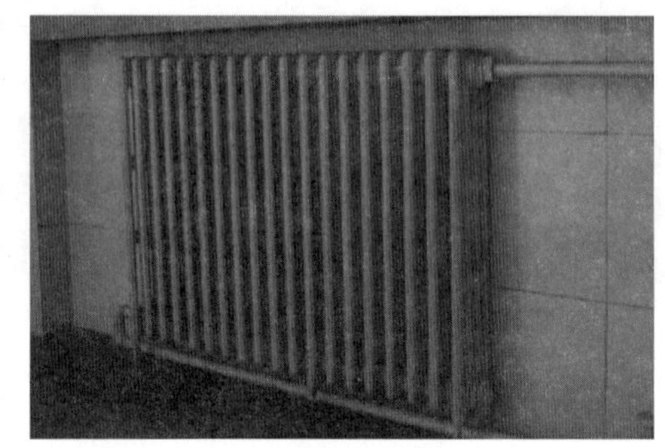

环保供暖设备

4. 告别传统教学。“班班通”多媒体终端设备已达到全覆盖，各年级各班充分利用电子白板和实物展台，发挥了现代多媒体教学资源的优势，与普通黑板这一传统教学手段相结合，为绿色课堂提供了有力保障；

5. 垃圾处理。学校一直注重垃圾和废物的分类回收工作，设置了垃圾分类回收站，每天有专人分类处理垃圾。

省二级机关档案室

（六）有规范的档案管理

1999 年 12 月，学校档案室被评定为省二级档案室；2018 年 10 月，学校档案室接受了档案评估专家组省一级档案室的评估。档案室设备设施一流，配有专职的档案管理人员，每学期开展环保教育的文件、材料、图片等均能做到及时分类归档。

第四章

坚持人才兴校　加强队伍建设

从全面实施人才强校战略到大力加强人才队伍建设

21 世纪以来，学校牢固树立了“人才资源是第一资源”的观念，坚持稳定、培养、使用和引进相结合的思路，实现了从高度重视师资队伍建设到大力加强包括师资队伍在内的人才队伍建设的转变，全面实施人才强校战略，努力建设一支数量充足、结构合理、素质优良的学校教师人才队伍，为学校事业发展提供了坚强有力的人才支撑。

第一节 坚持教学改革 培养创新人才

一、教学中的集体备课改革

完善集体备课。备课程序是主备人备课（由本年级的骨干教师承担）→集体备课→主备人修改→备课组长定稿→审核→分散上课→教学反馈。这种备课形式不但增强了教师的团队合作精神，而且更充分发挥了学科组的集体智慧，有助于教师相互借鉴，相互启发，优化教学方案，减轻了教师负担，增强了课堂效率，提高了教学质量，是促进教师自我成长的有效途径。

二、课堂教学和新课程改革

（一）2013 年以来，学校强力推进高效课堂改革，坚持“低起点、小步走、点改革、面推进、多交流、创高效”，以转变教师教学观念，改变课堂教学模式，以“任务单”为载体，突出学生学习的主体性，培养学生自主学习能力，以“先学后教、合作探究、当堂达标”的教学模式，突出“预学、研讨、点拨、提升”，在检查学习效果中，体现活页作业的针对性、科学性、有效性。充分体现了课堂教学改革势在必行，成效凸显。

（二）2014 年春季学期，学校紧紧围绕“以人为本、以德治校、质量立校、教研兴校、特色强校、全面育人”的办学理念，以“提高教育质量，培养合格人才，办人民满意的学校”为目标，继续推进新课程改革，形成了“七步走”集体备课模式（主备人备课→集体备课→主备人修改→备课组长定稿→审核→分散上课→教学反馈）、“三定”教研模式（定时间、定地点、定中心发言人），实行了活页作业。

三、教学课程改革

1996 年秋季学期，学校从三年级起开设英语课，涉及 12 个教学班，也是甘南州最早开设英语课的小学。2009 年秋季学期开学后，一年级开设了英语课。从此，英语教学全面登上了学校教育的舞台。

四、激发学困生自主学习能力的改革

2010 年 4 月，学校语文教研组举办了主题为《如何激发学困生学习潜能》的研讨会；数教组开展了主题为《在小学数学课堂教学中如何培养学生自主学习能力》的研讨活动。学校以微型课题研讨为抓手，紧密结合学科实际开展研讨，对提高教育教学质量，坚定教师努力转变学困生的决心起到了促进作用。2014 年 10 月，学校语数教研组分别开展了“如何转化学困生”课题研讨活动。

五、实施教育教学奖罚办法和教师解聘办法的改革

2010 年 10 月 20 日，为了进一步加强学校管理、提高办学效益、激发教师的创新意识、竞争意识，全面调动广大教职工投身教育、奉献教育的积极性和责任感，稳步推进学校教育事业的发展，经校领导班子多次研究，并广泛征求教职工意见，由教导处制定出台了《柳林小学教育教学奖罚办法》和《柳林小学教师解聘办法》。

六、采取“走出去，请进来”的教师改革措施

（一）学校根据上级文件精神和学校所需专业积极派出教师外出培训学习，返校后总结经验给本校教师进行二次培训，以提高教学质量。2016 年秋季学期，学校贯彻上级教育部门教师交流精神，派出安学武、王燕、唐春娣、侯林红、王春梅、张翼、卢振芳和辛亚丽 8 名教师到乡下学校交流，同时从乡下学校抽选袁海林、安玉芳、李晓亚、张小军、田翠霞、马芳芳和刘文俊 7 名教师到本校交流。全校教职工人数为 183 名，其中女教师 132 名。

浙派名师莅临学校培训指导工作

（二）2015 年 9 月 16 日，经校长靳芳琴联系协调，由县教育局主办，柳林小学承办的“浙派名师”甘南行卓尼站送教送培活动中，有 21 名“浙派名师”不远千里来卓尼，为参加本次活动的全体教师开展培训活动，使参训教师享受了一顿丰盛的文化大餐。9 月 16 日上午 8:00—9:00，在学校的五楼会议室召开了“浙派名师”甘南行卓尼站柳林小学启动会，参加会议的有县教育局的分管领导、部分职工以及全县以汉为主各学区校骨干教师 50 多名。会议由县教育局副局长杨勇主持，校长靳芳琴在启动会上致以热情洋溢的欢迎词，浙派名师代表也介绍了他们甘南行卓尼站的感受和此行的目的。本校教师范巧巧、李晓燕和杨晓红分别展示了语文、数学和品德与社会的示范课。浙江省平湖市百花小学的华中伟老师为本校六年级学生讲授了一节语文拓展课，浙江省新昌县南岩小学的杨晓玲老师为本校五年级学生讲授了一节数学课——《可能性》，浙江省兰溪市实验小学的徐

燕南老师为本校五年级学生讲授了一节品德与社会课——《规则之美》。名师们讲授的课各具特色，本校3名老师的示范课体现了年轻教师在教学设计和课堂教学中大胆的尝试和转变，从她们身上看到本校教师对教学的探索。而名师团3名老师的教学环节设计巧妙，注重对学生能力的培养。示范课后，本校全体教师和名师团进行了课堂效果互动座谈。下午，由名师团的沈晔和徐燕南老师分别进行了《从对话中心的课堂到任务中心的课堂》和《爱在左，责任在右——我的班主任工作例谈》的专题讲座与交流。在长达三个半小时的讲座中，无人离席，教师们笑声不断，收获的是轻松愉快，更收获了宝贵的知识与文化。这次送教送培教研活动不仅使柳林小学全体老师及全县兄弟学校的老师享受了名师课堂的精彩之美、理念之美，同时也为柳林小学全力推进高效课堂，加快教师专业成长指明了方向。

第二节 建立激励机制 优化师资队伍

一、建立充满生机与活力的竞争激励机制和教师岗位责任制

1985年以来，为使学校工作更好地适应为“四化”培养人才的需要，初步建立了校长、教导主任、班主任、班辅导（科任教师）的岗位责任制，张贴在各年级办公室，以便对照，随时检查工作。

从1987年6月至1988年1月，进行了教师职称评定工作，经过严肃、认真的考核、评审，批准小学高级教师8名，一级教师16名，二级教师3名，三级教师3名。

二、教师队伍结构进一步改善

1990年9月，学校有专职教师37名，其中特级教师1名，高级教师8名，一级教师11名，二级教师5名，三级教师12名。

2009年8月，按照县委、县政府学校布局调整的需求，撤并上城门小学，大部分教师和全体学生并入柳林小学，教师数从原来的93名增加到115名。

2010年，学校有教职工142名。

2012年，学校春季学期有教职工148名，其中女教师104名；秋季学期有教

师 167 名，其中女教师 117 名。

2013 年，学校春季学期有教职工 163 名，其中女教师 115 名，秋季学期有教师 171 名，其中女教师 112 名。

2014 年，学校春季学期有教职工 172 名，其中女教师 124 名，秋季学期有教师 177 名，其中女教师 127 名。

2015 年 9 月，学校有教职工 184 名，其中中学高级教师 3 名，小学高级教师 72 名，省级骨干教师 4 名，省级青年教学能手 3 名，州级学科带头人、骨干教师、青年教学能手 29 名，县级学科带头人、骨干教师、青年教学能手 29 名。

2016 年，学校有教职工 184 名，其中女教师 133 名。

2017 年，学校有教职工 181 名。

2018 年秋季，学校有教职工 190 名。

第三节　拓展培训途径　提升教师素质

一、实施教师培训改革工程

19 世纪 80 年代开始，国家高度重视在职教师的培训工作，上级教育主管部门主动争取培训项目。近 30 年来，学校领导和教师先后参加过中欧项目、中英项目、国培计划、课题申报、网络在线学习等多种形式的培训。学校每学期都会派出一定比例的教师外出参加各级各类培训，创新教师教学方法，更新教育理念，提升专业水平。截至 2016 年底，共有 251 人（次）外出参加了不同类型的培训。参加培训的教师返校后将学到的新理念、新方法及个人的心得体会向学校汇报，并再次对在校教师进行培训，通过转化培训成果，有力提升了教育教学质量，使学校的教学工作既能传承优秀传统，又能保持与时俱进。2012 年以来，学校大力开展教师培训，采取请进来、走出去、骨干教师示范引领、校本培训四种模式，使教师能够不断充电，更新知识，开阔视野，并鼓励教师将学习成果运用到实际教学中，督促全体教职工自觉树立终身学习的理念。

二、历年外出培训教师名单

姓名	性别	培训方式	培训学校（地点）	培训时间	培训专业	培训结果
杜亭寿	男	集中	卓尼县进修学校	1989.8—1990.7	小学初等教育	合格
王秀英	女	集中	甘肃省教育培训中心（兰州榆中县）	2005.11.18—21	全省参与式培训与教师专业发展	合格
李明生	男					
张建梅 王晓英 王秀英 靳芳琴 王　云 杨淑梅 孙晓娟 李明生		集中	藏巴哇、柏林、洮砚、卡车、扎古录、大族、城关、申藏	2005.11.14—23	中欧甘肃基础教育项目2005年县级教师巡回辅导培训	合格
全体教师（70人）		集中	卓尼县教育局电教馆	2005.12.1—20	中欧甘肃基础教育项目2005年校本培训安排	合格
孙晓娟等24人		集中	卓尼县教育局电教馆	2008.9.4—16	甘南州2008年“125”全员培训计划	合格
王　昕 唐春娣	女	集中	卓尼县职业技术学校	2012.7	教育技术能力建设初级培训	合格
王秀英（大）	女	集中	福建师大	2013.10.13—26	骨干教师语文学科	合格
张春花	女	集中	省委党校	2013.8.11—13	小学数学教材培训	合格
靳芳琴	女	集中	杭州大学	2013.10.10—23	国培校长培训	合格
吴林祥	男	集中	苏州教育学院	2013.9.9—22	骨干教师综合实践	合格
杨淑梅	女	集中	陕西师范大学	2013.11.7—16	骨干教师数学	合格
潘喜春	女	集中	甘南师范	2013.11.17—27	非师范类教师	合格
吴润喜	男	集中	甘南师范	2013.11.29—12.9	新教师岗前培训	合格
牛永刚	男	集中	兰州城市学院	2014.3.14—17	“十二五”课题研究申报培训	合格
梁琴秀	女					
吴润喜	男					
唐春娣	女	集中	甘南师范	2014.4.8—11	“荧光支教”项目英语	合格
王秀英（小）	女	集中	甘南师范	2014.4.15—17	“荧光支教”项目英语	合格
陈丽荣	女	集中	甘南师范	2014.5.6—8	“荧光支教”项目音乐	合格
何伟霞	女	集中	省委党校	2014.5.15—17	小学英语教材培训	合格
杨梅芳	女	集中	省委党校	2014.8.13—15	小学数学教材培训	合格

杨 滢	女	集中	天水师院	2014.10.10—12.8	国培计划中西部项目和幼师国培项目集中培训英语	合格
王 云	男	集中	福建师大	2014.11.3—25	国培计划中西部项目和幼师国培项目集中培训语文	合格
罗双花	女	集中	兰州城市学院	2014.11.3—16	国培计划中西部项目和幼师国培项目集中培训体育	合格
安 玲	女	集中	兰州东郊学校	2014.11.9—22	国培计划教师“影子”实践研修项目（语文）	合格
魏润梅	女	网络研修	教育部基础教育课程教材发展中心	2014.5	甘肃省第五期网研小学语文	优秀
魏润梅	女	网络研修	教育部基础教育课程教材发展中心	2014.5	甘肃省第五期网研班主任	优秀
赵 霞	女	网络研修	教育部基础教育课程教材发展中心	2014.5	甘肃省第五期网研小学科学	优秀
后喜凤	女	网络研修	教育部基础教育课程教材发展中心	2014.5	甘肃省第五期网研小学美术	优秀
王晓英	女	网络研修	教育部基础教育课程教材发展中心	2014.5	甘肃省第五期网研小学音乐	优秀
尹兰萍	女	网络研修	教育部基础教育课程教材发展中心	2014.5	甘肃省第五期网研小学语文	优秀
石 磊	男	网络研修	教育部基础教育课程教材发展中心	2014.5	甘肃省第五期网研小学数学	优秀
李大苗	男	网络研修	教育部基础教育课程教材发展中心	2014.5	甘肃省第五期网研小学体育	优秀
潘喜春	女	网络研修	教育部基础教育课程教材发展中心	2014.5	甘肃省第五期网研小学思品	合格
蔺新隆	男	网络研修	教育部基础教育课程教材发展中心	2014.5	甘肃省第五期网研小学心理健康	合格
苏凌云	男	网络研修	教育部基础教育课程教材发展中心	2014.5	甘肃省第五期网研小学综合实践	合格
吴润喜	男	观摩	卓尼县教育局	2015.5.11	酒泉体育教学实地考察观摩	
辛亚丽	女	集中	西北师大	2015.5.18—22	特岗教师岗前培训	合格
靳芳琴	女	集中	天津外国语大学	2015.5.11—22	2015“国培计划”校长培训	合格
王春梅	女	集中	西北师大	2015.5.22—6.5	特岗教师岗前培训（非师范）	合格
胡鹏霞	女	集中	西北师大	2015.5.28—6.1	特岗教师岗前培训	合格
宗海琴	女	集中	兰州城市学院	2015.6.9—18	甘肃省民族地区小学英语骨干教师培训	合格

曹剑雄	男	集中	省委党校	2015.11.9—18	足球进校园活动	合格
杨淑梅	女	集中	陇东学院	2015.12.1—15	国培（2015）乡村教师访名校小学数学骨干教师培训	合格
严廷秀	女	集中	甘肃省兰州实验小学	2015.12.7—13	金色教苑“影子”研修项目（语文）	合格
石永红						
张丽萍	女	集中	甘肃省兰州实验小学	2015.12.13—26	金色教苑“影子”研修项目（语文）	合格
后喜凤	女	集中	城市学院	2015.12.17—30	国培（2015）乡村教师访名校小学美术骨干教师培训	合格
邢学平	男	集中	湖南第一师范学院	2015.12.14—30	国培（2015）校长培训	合格
段竹兰	女	集中	城市学院	2016.1.7—27	小学生心理咨询培训	合格
梁琴秀	女					
蔺新隆	男					
丁雪峰	男	集中	甘肃民族师范学院	2016.3.7—5.7	国培（2015）中西部项目甘南州教师培训团队研修	合格
严廷秀	女	集中				
宁生祥	男	集中				
梁世龙	男	集中	兰州城市学院	2016.3.8—3.10	“十三五”课题研究申报培训	合格
牛世信	男					
李　靖	男					
王冠兰	女					
赵　玲	女					
吴林祥	男	集中	临夏	2016.4.11—15	“甘肃省督学能力提升三年行动计划”培训	合格
靳芳琴	女	网络研修	卓尼县柳林小学	2015.1—12	干部在线学习	优秀
王　云	男	集中	兰州	2016.5.28—6.8	学校安全教育	合格
卢秉礼	男	集中	兰铁五十五中	2016.7.10—11	“一师一优课”省级骨干培训	合格
王　云	男	集中	兰州长城宾馆	2016.7.14—18	2016年“国培计划”信息技术能力提升及工程管理者、省级骨干培训	合格
石永红	女					

夏淑珍 魏艳文	女	集中	甘肃省新闻出版广电培训中心	2016.8.22—24	一年级道德与法治教材培训	合格
杨晓红	女	集中	兰州八一宾馆	2016.8.26—28	一年级语文新教材培训	合格
吴林祥 王 云 李国华 严廷秀 曹剑雄 赵 霞		集中	兰州水电四局招待所	2016.9.5—8	信息技术应用能力提升	合格
石永红等 159 人		网络研修	卓尼县柳林小学	2016.8—12	信息技术应用能力提升	
丁雪峰	男	集中	甘肃民族师范学院	2016.9.23—30	国培（2015）中西部项目甘南州教师培训团队研修	合格
严廷秀	女					
宁生祥	男					
王 云	男	集中	甘肃民族师范学院	2016.9.26—27	校园安全教育培训	合格
牛永刚 吴润喜 李大苗 包建文 安刀知	男	集中	甘肃民族师范学院	2016.10.8—11	2016 年全国国际跳棋辅导员培训	合格
魏智文	男	集中	兰州市安宁区培黎小学	2016.10.15—16	中国教育梦—海峡两岸小学语文名师本真课堂暨阅读写作教学观摩活动	合格
宗红红	女					
包元贞	女					
吴喜红 张倩娟 胡永霞	女	集中	兰州市安宁区培黎小学	2016.10.22—23	中国教育梦—海峡两岸小学数学名师本真课堂教学观摩活动	合格
范海霞 魏润梅	女	集中	兰州市安宁区培黎小学	2016.10.29—30	“中小学英语教师情景教学、体验式教学、听说技能提高培训”	合格
扈文华	男	集中	兰州市二十七中	2017.3.17—19	“十三五”课题研究申报培训	合格
姜俊丽	女	集中	甘南师范	2017.4.11—13	卓尼县 2017 年“网一起”培训音乐	合格

胡永霞	女	集中	甘南师范	2017.4.18—20	卓尼县 2017 年“网一起”培训美术	合格
曹剑雄	男	集中	甘南师范	2017.4.25—27	卓尼县 2017 年“网一起”培训体育	合格
全体教师（153）		集中	柳林小学会议室	2017.4.14	甘南州书协书法培训（夏世龙）	合格
魏 霞	女	集中	甘肃广播电视大学	2017.6.18—24	《道德与法治》教材培训	合格
蔺新隆	男	集中	职业技能鉴定指导中心	2016.12.30	心理咨询师三级	合格
王 云	男	集中	西北民大	2017.6.12—15	“全国学校美育公益大师班—走进西部”活动	合格
黄兰芸	女	集中	甘肃民族师范学院	2017.7.12—18	2015“国培计划”培训	合格
严廷秀	女					
宁生祥	男					
丁雪峰	男					
录目加	女	集中	白银宾馆	2017.8.11—13	语文新教材培训	合格
李晓亚	女	集中	白银宾馆	2017.8.13—15	道德与法制新教材培训	合格
石永红	女	集中	合作二中	2017.9.13—15	信息技术应用能力提升培训	合格
卢广怀	男	集中	合作一小	2017.9.18—19	书法教材培训	合格
陈宝玉等 17 人		集中	兰州实验小学 水车园小学 东郊小学	2017.9.11—15	观摩学习	合格
黄兰芸	女	集中	兰州长城宾馆	2017.9.24—28	国培计划（2016）—中小学教师工作坊研修主持人培训	合格
严廷秀						
李彩霞						
曹剑雄	男	集中	北京华清酒店	2017.10.15—21	甘南州教师校园足球专项培训	合格
石永红	女	集中	西北师大	2017.10.15—20	信息技术能力提升培训	合格
蔺新隆	男	集中	兰州	2017.10.21—30	心理咨询教师培训	合格
后喜凤	女	集中	兰州	2017.10.30—11.10	美术兼职教研员培训	合格
吴润喜	男	集中	兰州七里河小学	2017.11.2—9	国培 2017 体育学科培训	合格

齐永平	男					
马 胜	男					
杨 洁	女	集中	北京华清温泉酒店	2017.9.20—27	尼江地区教师培训（第一期）	合格
牛生瑞	女					
李培萍	女					
后巧娃	女					
吴润喜	男					
张巧玲	女	集中	北京华清温泉酒店	2017.11.8—15	尼江地区教师培训（第二期）	合格
雷 莉	女					
赵兰梅	女					
余秀花	女					
祁鲁萍	女					
尹春芳	女	集中	北京华清温泉酒店	2017.12.24—31	尼江地区教师培训（第三期）	合格
朱丽萍	女					
李晓霞	女					
何伟霞	女					
杨海花	女					
李炳珍	男	集中	北京华清温泉酒店	2018.4.4—11	尼江地区教师培训（第四期）	合格
李彩芳	女					
卢广怀	男					
王英俊	女	集中	重庆市北碚区．贝克酒店、安娜时尚酒店		小学语文教师培训	合格
黄兰芸	女	集中	深圳市	2018.7.17—23	甘南基础教育培训师培训	合格
杨梅芳	女	集中	山东曲阜	2018.9.11—20	小学数学教师培训	合格
安淑芳	女	集中	兰州	2018.8.20—22	2018 年度“三科”统编教材培训	合格

石永红	女	集中	兰州	2018.7.1—5	甘南州双语教师培训	合格
吴润喜	男		兰州城市学院	2018.6.10—19	甘南州第七期双语教师培训	合格
雷　莉	女					
张巧玲	女					
后巧娃	女					
赵兰梅	女					
安学武	男	集中	兰州	2018.6.22—25	2018年甘肃省青少年科学调查体验活动骨干教师培训	合格

第四节　深化体制改革　推行职称评定

一、深化体制改革，首次推行教师职称评定工作

学校从1987年6月至1988年1月，对教师进行了职称评定工作。成立了“职称评定领导小组”，下设评审、考核两个组。经过严肃、认真的考核、评审，首次评聘小学高级教师8名，小学一级教师16名，小学二级教师3名，小学三级教师3名。

1990年9月，学校有专职教师37名，其中特级教师1名，小学高级教师8名，小学一级教师11名，小学二级教师5名，小学三级教师12名。

2000年底，学校有在岗教职工51名，小学高级教师6名，小学一级教师17名，小学二级教师9名，小学三级教师17名，未评2名。

2002年，学校成立了教学业务考核小组，由校领导、教导主任和工作责任心强、业务能力好的教师组成，在每学期末和学年末对全校教师从“德、能、勤、绩”四个方面做出全面考核、评估，作为职称评聘，评优选先的依据。

2009年，学校评聘中级职称12名；2010年，学校评聘初级职称4名；2011年，学校评聘初级职称22名。

二、进一步贯彻落实教师职称制度改革

2012年2月，根据学校发展和实际工作需求，设置了党政办公室，牛永刚任主任，

2014年3月，党政办公室又增设副主任一职，牛世信任副主任。以专门统筹协调学校综合性工作，负责学校教职工职称晋升、职称评聘与年度考核工作，教职工及学校各类奖惩登记工作。12月，学校评聘小学高级职称8名，初级职称22名。

2013年，学校评聘初级职称6名。

2014年秋季，学校有教职工176名，其中副高职称3名，中级职称53名（其中当年评聘19名），初级职称103名，未评17名。

2015年10月，根据“甘人社厅发〔2015〕19号”文件精神，学校为进一步贯彻落实甘肃省中小学教师职称制度改革扩大试点工作，加强教师队伍建设，完善教师专业技术职称（职务）评价标准，学校初步完成了专业技术职称（职务）过渡登记相关工作。中学高级教师过渡为高级教师；中学一级教师、小学高级教师过渡为一级教师；中学二级教师、小学一级教师过渡为二级教师；中学三级教师，小学二、三级教师过渡为三级教师。是年，评聘一级教师3名，二级教师3名。

2016年，学校评聘二级教师4名。

2017年，学校有教职工181名，其中高级教师3名，一级教师72名，二级教师83名（其中当年评聘4名），未评23名。

2018年春季，学校有教职工178名，其中高级教师15名（其中当年评聘12名），一级教师60名，二级教师80名，未评23名。秋季开学后，新调入教师12名，教职工人数达到190名。

第五章

荣膺荣誉　斯美其扬

师生携手齐奋进　共谱柳校新华章

柳林小学自1921年创办之后，在最初的几年中教学成绩显著，社会影响大，并在卓尼附近的岷县、临潭等县中校誉日馨，就读学生日增，规模不断壮大，一直都是卓尼小学教育中的翘楚。党的十一届三中全会以来，学校确立了“以人为本，全面发展”的办学宗旨，使学校的各项工作取得了长足的发展。建校90多年来，柳林小学为国家培养了近万名优秀学子，为国家民族、桑梓故乡的经济发展繁荣、社会文明进步做出了不可磨灭的贡献。

承各级领导悉心关怀，经历届师生携手奋进、发愤图强，不但学校曾多次被评为国家、省、州、县的先进集体，教师在国家、省、州、县教学比赛中屡获嘉奖，学生在学科竞赛、小制作、小发明等方面有多人次获奖，而且教师撰写的近百篇教学经验和论文在国家、省、州等刊物上发表并获奖。

第一节 学校获得的荣誉

获 奖 名 称	授 予 单 位	获奖时间
勤工俭学先进单位	县委、人委	1958
红旗学校		1961
计划生育先进单位	县计划生育领导小组	1979
先进集体	州政府	1980.8
交通安全先进单位	州政府	1980
先进党支部	县级机关党委	1980
卫生模范单位	县爱卫委员会	1981
先进集体	团州委	1982.1
“五讲四美”活动中获得“先进集体”	县委、县政府、团县委	1982.6
民族教育先进集体	县委、县政府	1985.9
职工之家	县总工会	1987.4
连续四年被评为先进党支部	县机关党委	1989—1992
连续四年被评为先进集体	县总工会	1989—1992
甘肃省学赖宁红旗大队	省教委、省少工委、团省委	1990.6
全省教育系统先进集体	省委、省政府	1990.9
全国学赖宁红旗大队	团中央、全国少工委	1991.6
县廉政建设先进集体	县委、县政府	1991.5
教育系统先进集体	县委、县政府	1993.9
全省田径传统项目学校	省教委、团省委	1993.10
先进党支部	县委、县政府	1994.3
先进集体	州教育局	1994.4
先进集体	省委、省政府	1994.9

先进党支部	县机关党委	1995.3
先进集体	县委、县政府	1995.9
先进集体	县委、县政府	1996.9
一类学校	州教育局	1997.3
优秀少先大队	团州委、州少工委、州教育局	1997.5
省体育传统项目学校（田径）	省体委会、省教委会	1997.12
先进党支部	县机关党委	1997.3
交通安全示范学校	县交警大队	1997.4
1997 年小学毕业会考第一名	州教育局	1998.2
综合治理先进单位	县教育局	1998.3
精神文明建设先进集体	州委、州政府	1998.7
交通安全文明学校	州公安局、交警大队	2000.3
安全文明单位	州综治委员会、州精神文明办	2001.2
交通安全文明单位	州交警大队、州驾校培训处	2001.4
“三五”普法先进单位	省委、省政府	2001.6
第六少先中队被命名为\全州优秀少先中队	州少工委	2001.6
交通安全文明单位	省文明办、省公安厅、省教育厅	2002.2
妇女小组被评为全州先进妇女小组	州妇联	2003.1
学校被评为五四红旗团支部	团州委	2003.5
先进学校	州教育局	2004.3
五四红旗团支部	团州委	2005.4
全州普通类小学四年级数学质量检测优异奖	州教育局	2005.4
校工委被评为“全省关心下一代工作先进集体”	省机关工委、省精神文明办	2005.11
全县妇联系统先进集体	县妇联	2006.4
先进基层党组织	县委	2006.6

“四五”普法先进单位	州委、州政府	2006.8
全州先进学校	州教育局	2007.3
甘南州教师队伍示范性学校	州教育局	2007.3
甘南州教育科研示范性学校	州教育局	2007.3
2006 年度综合考核优秀奖	县教育局	2007.3
语文组评为“巾帼文明岗”	州妇联	2007.4
“五四”红旗团支部	团县委	2007.4
庆“五四”卓尼县委首届“移动通信杯”舞蹈大赛第一名	团县委、县移动通信公司	2007.4
学校被评为“未成年人建设、家长示范学校”	省精神文明指导委员会	2007.5
在卓尼县纪念《道路交通安全法》实施三周年比赛中获优秀组织集体奖	县交警大队、县教育局	2007.6
2007 年综合治理和禁毒工作先进学校	县教育局	2008.3
2007 年校舍校产管理工作综合考核先进学校	县教育局	2008.3
2007 年度人口与计划生育工作综合考核先进学校	县教育局	2008.3
2007 年度“两基”工作先进学区（校）	县教育局	2008.3
示范性学校	州教育局	2009.4
2008 年人口与计划生育目标管理责任书综合考核第一名	县教育局	2009.4
2008 年教育系统禁毒工作目标责任书考核第一名	县教育局	2009.4
2008 年县直小学教育目标责任书考核第一名	县教育局	2009.4
2008 年度党建目标责任书考核一等奖	县教育系统党总支	2009.4
优秀基层党组织	县委组织部	2009.7
优秀少先大队	团州委、州教育局、州少工委	2009.11
甘南州德育工作示范性学校	州教育局	2010.2
甘南州校园文化建设示范性学校	州教育局	2010.2
2009 年计划生育目标责任书考核一等奖	县教育局	2010.3

2009年综合治理目标责任书考核第一名	县教育局	2010.3
2009年小学毕业三科合格率均分第一名	县教育局	2010.3
2009年校舍校产目标责任书考核三等奖	县教育局	2010.3
2009年普法工作目标责任书考核第一名	县教育局	2010.3
2009年节能减排目标责任书考核第一名	县教育局	2010.3
2009年党建目标责任书考核一等奖	县教育系统党总支	2010.3
2009年目标考核责任书一等奖	县教育局	2010.3
2009年维稳工作目标责任书考核第一名	县教育局	2010.3
省第十一届青少年书信文化大赛优秀组织奖	省委宣传部、省教育厅、团省委、省少工委	2010.4
甘南州教育系统“先进集体”	州委、州政府	2010.9
2010年开展教育整顿工作“先进集体”	县教育整顿工作领导小组	2010.9
“关爱地球·关注未来”省第二届少年儿童邮票个性化设计大赛优秀组织奖	省委宣传部、省教育厅、省邮政公司	2010.12
五(7)中队获“全国优秀少先队集体”称号(宁生祥)	共青团中央、教育部、全国少工委	2011.10
第十中队获“优秀少先中队”称号	团州委、州教育局、州少工委	2011.12
2011-2012年度“五四红旗团支部”	团县委	2012.4
2011年度教育目标考核县直小学第一名	县教育局	2012.6
2011年度科研目标考核第一名	县教育局	2012.6
2011年度教育综合目标考核第一名	县教育局	2012.6
“青春同心、共建和谐”卓尼县迎七一党团知识竞赛一等奖	团县委	2012.6
甘肃省师德建设先进集体	省教科文卫工会委员会	2012.9
甘南州2012年度优秀少先大队	团州委、州教育局、州少工委	2012.12
甘南州语言文字规范化示范性学校	州语委、州教育局	2013.2
目标责任书考核党建二等奖	县教育局	2013.3
目标责任书考核普法一等奖	县教育局	2013.3

目标责任书考核禁毒一等奖	县教育局	2013.3
目标责任书考核维稳三等奖	县教育局	2013.3
目标责任书考核综合一等奖	县教育局	2013.3
县直中小学“我的中国梦”主题演讲比赛小学组优秀组织奖	县教育局	2013.4
县直中小学幼儿园“迎州庆、庆六一”文艺汇演优秀表演奖	县教育局	2013.5
“两基”工作先进单位	州委、州政府	2013.8
目标责任书考核教育教学一等奖	县教育局	2014.3
目标责任书考核党建二等奖	县教育局	2014.3
目标责任书考核党建二等奖	县教育局	2014.3
甘肃省语言文字规范化示范性学校	省教育厅	2014.6
选送的《遥远的爸爸妈妈》在甘南州教育系统首届师生文艺评比中荣获一等奖	县教育局	2014.9
选送的《让世界充满爱》在甘南州教育系统首届师生文艺评比中荣获二等奖	县教育局	2014.9
中小学德育示范学校	省委宣传部、省文明办、省教育厅	2015.3
拔河比赛优秀组织奖	县妇联	2015.3
优秀少先队大队	团省委、省教育厅、省少工委	2015.4
防震减灾科普示范学校	州地震局、州教育局、州科协	2015.4
平安校园	州教育局	2015.4
2014年度全县妇女工作“先进单位”	县妇联	2015.4
教育目标责任书一等奖	县教育局	2015.4
党建目标责任书二等奖	县教育局	2015.4
2014年度全县中小学成绩优异	县教育局	2015.4
2014年教研教改示范校	县教育局	2015.4
语言文字规范化示范校评估中取得优异成绩	县教育局	2015.4
传统体育项目学校（田径）	州体育局	2015.6

教育系统“先进集体”	州委、州政府	2015.9
第一届小学生规范汉字听写大赛团体二等奖	县教育局	2016.5
省级防震减灾科普示范学校	省地震局、省教育厅、省科协	2016.8
2016 年度教育目标责任书考核县直小学一等奖	县教育局	2017.3
在 2016 年小学毕业水平考试中普通类成绩优异的县直小学	县教育局	2017.3
2016 年度党建目标责任书考核县直学校三等奖	县教育局	2017.3
在全国 2015—2016 学年度“一师一优课、一课一名师”活动中获得优秀组织奖	县教育局	2017.3
先进基层党组织	县委	2017.7
党建示范点	县委	2017.7
食品安全示范学校食堂	州食药监局	2017.9
卓尼县首届中小学教师电子白板应用技能大赛优秀组织奖	县教育局	2017.11
省级健康校园	省卫计委、省教育厅、省食药监局	2017.12
2017 年度全县小学普通类教学成绩（县直）一等奖	县教育局	2018.3
2017 年度教育目标责任书考核（县直）小学第二名	县教育局	2018.3
2017 年度党建目标责任书考核小学第二名	县教育局	2018.3
五四红旗团支部	团州委	2018.5
优秀少先中队	州团委、州教育局、州少工委	2018.5
全州小学生国学经典诵读大赛中我校参赛的“诵读国学经典·做美德少年”获优秀组织奖节目获第一名	州教育局、州语委	2018.9
依法治校示范校	州教育局、州司法局	2018.11

第二节 教师获得的荣誉

姓名	获奖名称	授予单位	获奖时间
赵 材	甘肃省优秀教师		1955
	甘肃省先进工作者		1966
	优秀教师	州教育局	1982
杨 茂	先进工作者	州委、州革委会	1978.3
王爱菊	全国优秀班主任	中华人民共和国国家教育委员会	1984
王维民	先进工作者	州教育局	1982.8
蒲国安	优秀园丁	州委、州政府	1982.10
金琦琳	全国中小学德育先进教育工作者	中华人民共和国国家教育委员会	1988
齐东生	优秀辅导员	省教委、省机关工委、团省委	1990.6
杜淑兰	优秀园丁	州委、州政府	1990.9
	优秀教育工作者	州委、州政府	1997.9
	民族团结进步模范个人	州宗教局、县政府	1999.12
	甘肃省特级教师	甘肃省人民政府	2000.12
	优秀教育工作者	县委、县政府	2004.9
	优秀党务工作者	县委、县政府	2007.7
	巾帼十杰	县妇联	2008.4
安 健	学赖宁优秀指导员	省教委、省工会	1990.8
魏效贞	优秀园丁	州委、州政府	1988.9
	甘肃省特级教师	省教委、省工会	1990.12
	关心下一代成长先进个人	省机关工委	1992.1
	关心下一代成长先进个人	省机关工委	1992.1
张建炳	甘肃省优秀园丁	省委、省政府	1991.9
	先进工作者	州教育局	1982.8
	优秀园丁	州教育局	1989.9

祁玉萍	优秀辅导员	省教委、省少工委、团省委	1993.1
靳芳琴	优秀辅导员	省教委、省少工委、团省委	1997.3
	首届中小学青年教学能手	州教委	2001.8
	优秀园丁	县委、县政府	2002.3
	甘肃省第二届青年教学能手	省教育厅	2003.1
	小学骨干教师	州教育局	2003.6
	巾帼建功先进个人	县妇联	2006.3
	十大杰出青年	县委、县政府	2008.4
	甘肃省骨干教师	省教育厅	2009.7
	巾帼建功先进个人	县妇联	2010.4
	甘肃省优秀教师	省委、省政府	2010.9
	巾帼建功标兵	县妇联	2011.4
	优秀教育工作者	州委、州政府	2017.9
	义务教育均衡发展工作中授予“先进个人”	县政府	2018.3
朱　琳	传统项目学校先进个人	国家体育总局、教育部	1998.4
刘　峰	传统项目学校先进个人	国家体育总局、教育部	1998.4
	精神文明先进个人	州委、州政府	1998.7
	优秀校长	州教育局	2001.4
	优秀共产党员	州教委	2001.7
杨虎成	甘肃省先进教师	省委、省政府	1998.9
	优秀教师	州教育局、州基金会	1999.9
	甘肃省中小学青年教学能手	省教育厅	2001.7
	首届中小学青年教学能手	州教委	2001.8
	优秀园丁	县委、县政府	2002.3
	甘肃省骨干教师	省教育厅	2004.3

杨虎成	全国优秀教师	教育部	2004.9
杨淑梅	甘肃省第二届青年教学能手	省教育厅	2003.1
	小学骨干教师	州教育局	2003.6
	第二届青年教学能手	州教育局	2003.6
	优秀党员	县育系统党总支	2007.7
	巾帼十杰	州妇联	2013.6
	师德标兵	县委、县政府	2013.9
	甘肃省骨干教师	省教育厅	2016.5
李桂红	优秀园丁	县委、县政府	2002.3
	第二届青年教学能手	州教育局	2003.6
	优秀少先队辅导员	团州委、州教育局、州少工委	2003.7
	优秀少先队辅导员	省教育厅、省少工委	2004.5
	小学语文兼职教研员	县教育局	2010.7
	第四批骨干教师	州教育局	2011.9
王　坤	优秀教师	县委、县政府	2000.9
	小学骨干教师	州教育局	2003.6
	2006 年优秀共产党员	县委	2007.7
	希望工程 20 年优秀乡村教师	中国青少年发展基金会	2009.1
	希望工程园丁奖	团省委、省青少年发展基金会	2009.9
	“两基工作”先进个人	州教育局	2009.10
	2009 年优秀党务工作者	县委	2010.7
	“两基工作”先进个人	州委、州政府	2013.8
张丽萍	优秀园丁	县委、县政府	2002.3
	优秀团干部	团县委	2004.4

张丽萍	优秀少先队辅导员	省教育厅、省少工委	2009.4
	第一届优秀班主任	省教育学会	2011.1
	第四届青年教学能手	县教育局	2011.10
	第七届青年教学能手	州教育局	2013.7
	第二届学科带头人	县教育局	2013.12
	优秀共产党员	县教育局	2017.7
王　云	优秀团干部	团州委	2003.5
	优秀教师	县委、县政府	2004.9
	优秀共产党员	县教育系统党总支	2008.7
	第一届小学数学学科带头人	县政府	2010.6
	小学数学兼职教研员	县教育局	2010.7
	甘肃省师德标兵	省教科文卫工会	2010.9
	优秀共产党员	县委	2011.7
	第四批骨干教师	州教育局	2011.9
	骨干教师	省教育厅	2014.12
	师德先进个人	州教育局	2016.9
孙晓娟	普初验收“先进工作者”	县委、县政府	2000.1
	第一届青年教学能手	县教育局	2003.6
	优秀教师	县委、县政府	2003.9
	十佳春蕾园丁	州妇儿工委	2004.5
	第三批小学骨干教师	州教育局	2004.12
	巾帼建功先进个人	县妇联	2006.3
	全国孝亲敬老之星	“敬老爱老助老”活动组委会	2012.3
牛彦荣	优秀共青团干部	团县委	2011.5
	优秀共青团员	团省委	2012.5

石永红	第四届青年教学能手	县教育局	2011.10
	第一届骨干教师	县教育局	2013.12
	甘肃省骨干教师	省教育厅	2016.5
牛永刚	优秀教师	县委、县政府	2005.9
	第四届青年教学能手	县教育局	2011.10
	优秀教师	县委、县政府	2012.9
	第七届青年教学能手	州教育局	2013.7
	教学成绩优异奖	县教育局	2013.9
	优秀园丁	州委、州政府	2014.9
	甘肃省骨干教师	省教育厅	2018.4
	优秀共产党员	县委、县政府	2018.7
黄兰芸	第二届青年教学能手	县教育局	2005.9
	骨干教师	州教育局	2009.5
	教学新秀	县教育局	2010.7
	青年教学能手	省教育厅	2014.6
	名教师	州教育局	2017.9
朱成花	优秀辅导员	团州委、州教育局	1991.6
张海霞	优秀共青团员	团州委	1999.5
包文辉	首届中小学青年教学能手	州教委	2001.8
	优秀教师	县委、县政府	2004.9
	第三批小学骨干教师	州教育局	2004.12
安　玲	优秀团员	团州委	2003.5
	县级优秀教师	县委、县政府	2009.9
	第一届骨干教师	县教育局	2013.12
	教学成绩优异奖	县教育局	2014.9

安　玲	骨干教师	州教育局	2017.9
王晓英	优秀团干部	团州委	2003.5
谈红芳	县级优秀教师	县委、县政府	2001.9
	优秀园丁	县委、县政府	2002.3
	第二届青年教学能手	州教育局	2003.6
文旭林	优秀教师	县委、县政府	2003.9
	优秀少先队辅导员	团州委、州教育局、州少工委	2005.5
李春屹	第三届青年教学能手	州教育局	2005.6
李　鸿	第三届青年教学能手	州教育局	2005.6
王秀英	第三届青年教学能手	州教育局	2005.6
	小学语文兼职教研员	县教育局	2010.7
冯玉川	骨干教师	州教育局	2009.5
	第一届小学数学学科带头人	县政府	2010.6
	小学数学兼职教研员	县教育局	2010.7
	第四批骨干教师	州教育局	2011.9
	优秀教师	县委、县政府	2012.9
	“两基工作”先进个人	州委、州政府	2013.8
王桂英	第一届小学语文学科带头人	县教育局	2010.7
	优秀园丁	州委、州政府	2010.9
董海燕	第四批骨干教师	州教育局	2011.9
卢秉礼	首届“十佳才艺之星”	县委宣传部、团县委、县教育局、县文广局	2011.4
	第二届“十佳才艺之星”	团县委	2012.5
	优秀少先队辅导员	团州委、州教育局、州少工委	2012.12
	师德标兵	县教育局	2014.9
	青年五四奖章	团州委、州青年联合会	2016.5

卢秉礼	优秀团干部	团州委	2018.5
范海霞	第四届青年教学能手	县教育局	2011.10
	第七届青年教学能手	州教育局	2013.7
	第一届骨干教师	县教育局	2013.12
	优秀教师	县委、县政府	2016.9
侯林红	第二届青年教学能手	县教育局	2005.9
	第七届青年教学能手	州教育局	2013.7
	第二届学科带头人	县教育局	2013.12
后巧红	教学新秀	县教育局	2010.7
	优秀少先队辅导员	团州委、州教育局、州少工委	2014.3
宁生祥	第一届骨干教师	县教育局	2013.12
	三八红旗手	县妇联	2014.3
	优秀园丁	州委、州政府	2015.9
	名班主任	州教育局	2017.9
李　靖	小学数学兼职教研员	县教育局	2010.7
	优秀教师	县委、县政府	2012.9
	第五届青年教学能手	县教育局	2013.7
	师德先进个人	州教育局	2015.9
杨　玲	巾帼建功先进个人	州教育工会	2016.3
后喜凤	第五届青年教学能手	县教育局	2013.7
	骨干教师	州教育局	2016.8
严廷秀	第四届青年教学能手	县教育局	2011.10
	教学成绩优异奖	县教育局	2012.9
	骨干教师、学科带头人	州教育局	2016.8
宗红红	好女儿	州老龄委、州妇联	2017.3

何伟霞	优秀教师	县委、县政府	2013.9
	教学成绩优异奖	县教育局	2015.9
	优秀教师	州委、州政府	2017.9
李培萍	第五届青年教学能手	县教育局	2013.7
	骨干教师	州教育局	2017.9
张燕妮	师德标兵	州教育局	2017.9
牛世信	民族团结进步模范个人	县委、县政府	2017.5
	师德先进个人	州教育局	2018.9
胡　盛	优秀教师	县委、县政府	2000.1
张建梅	第一届青年教学能手	县教育局	2003.6
	第一届小学语文学科带头人	县政府	2010.6
	第一届小学语文学科带头人	县政府	2010.6
钱忠进	优秀教师	县委、县政府	2003.9
	小学语文兼职教研员	县教育局	2010.7
	优秀共产党员	县委、县政府	2010.7
	优秀教育工作者	县委、县政府	2015.9
王红玉	优秀教师	县委、县政府	2003.9
蒙凤英	优秀教师	县委、县政府	2004.9
胡秀芬	优秀教师	县委、县政府	2000.9
闫喜庆	优秀教师	县委、县政府	2001.9
闫　萍	第二届青年教学能手	县教育局	2005.9
李明生	优秀教师	县委、县政府	2005.9
陈丽荣	第三届中小学青年教学能手	县委、县政府	2007.9
扈文华	教育系统优秀共产党员	县教育系统党总支	2009.7
	优秀共产党员	县教育局党委	2011.7

蔡坚强	教育系统优秀共产党员	县教育系统党总支	2009.7
牛建平	县级优秀教师	县委、县政府	2009.9
	优秀共产党员	县教育局党委	2011.7
李大苗	学习教育整顿工作先进个人	县委、县政府	2010.9
马　胜	教学新秀	县教育局	2010.7
徐　红	小学语文兼职教研员	县教育局	2010.7
齐永平	小学数学兼职教研员	县教育局	2010.7
	第四届青年教学能手	县教育局	2011.10
	第二届学科带头人	县教育局	2013.12
张主进	小学数学兼职教研员	县教育局	2010.7
李　根	优秀教师	县委、县政府	2012.9
王冠兰	教学成绩优异奖	县教育局	2012.9
张永飞	第五届青年教学能手	县教育局	2013.7
梁世龙	第五届青年教学能手	县教育局	2013.7
王晓英	第五届青年教学能手	县教育局	2013.7
梁琴秀	教学成绩优异奖	县教育局	2013.9
	优秀教师	县委、县政府	2014.9
吴林祥	先进教育工作者	县教育局	2014.9
	义务教育均衡发展工作中授予“先进个人”	县政府	2018.3
闫　芳	教学成绩优异奖	县教育局	2014.9
李道知	师德标兵	县委、县政府	2015.9
陆慧珍	优秀教师	县委、县政府	2015.9
魏智文	教学成绩优异奖	县教育局	2015.9
张巧玲	教学成绩优异奖	县教育局	2015.9
邢学平	优秀教育工作者	县委、县政府	2016.9

邢学平	优秀党务工作者	县教育局	2017.7
苏发存	优秀教师	县委、县政府	2016.9
李彩霞	优秀共产党员	县教育局	2017.7
安美芳	优秀教师	县委、县政府	2017.9
	教学成绩优异奖	县委、县政府	2017.9
穆晓花	教学成绩优异奖	县委、县政府	2017.9
赵　玲	民族团结进步模范个人	县委、县政府	2018.5
	师德先进个人	县委、县政府	2018.9
杨　洁	优秀教师	县委、县政府	2018.9
杨梅芳	优秀教师	县委、县政府	2018.9
杨梅芳	优秀教师	县委、县政府	2018.9

第三节　学生获得的荣誉

姓名	获奖名称	授予单位	获奖时间
王敏帆	草原十佳少年	团州委、州教育局	2003.5
杨　璇	优秀少先队员	州委、州政府	2003.9
贾昱晟	“电信杯”草原好少年	州委、州电信局	2003.9
付　蓉	优秀春蕾儿童	州妇儿工委	2004.5
李昭辉	优秀少先队员	团州委、州教育局	2010
王举政	优秀少先队员	团州委、州教育局	2010
王举政	陇原百名好少年	团省委、省教育厅、省少工委	2010.5
林宏伟	陇原百名好少年	团省委、省教育厅、省少工委	2010.5
珠毛吉	优秀少先队员	团州委、州教育局	2012
孙毓彤	优秀少先队员	团州委、州教育局	2013

第四节 教师教学案例、论文著作篇目

姓　名	获奖荣誉或获奖篇目	发表刊物	获奖等次	授奖单位	获奖时间
杨虎成	思想品德案例		二等奖	州教研室	1999.5
孙永栋	语文案例		二等奖	州教研室	1999.5
杨虎成	《培养健康的兴趣爱好》		三等奖	省教科所	1999.9
杨淑梅	《小学数学运算定律 教学探试》	《小学教学参考》	一等奖	小学数学参考编辑部	2000.12
闫　萍	《优化课堂教学，激发学习兴趣》	《中国创新教育文选》	三等奖	全国教育教学论文组委会	2001.10
孙永栋	《浅谈在小学作文教学中如何发挥学生的潜能》	《华夏教育论文集锦》	二等奖	中国长城教育学会	2001.11
杨淑梅	《小学数学课的五种导入》	《二十一世纪教育改革与发展文献》	二等奖	华南师大东方杂志社	2001.12
张建梅	《一堂体现素质教学的课》	《中华教育文库》			2001.12
靳芳琴	《数学练习中如何培养学生的思维能力》	《中华教育文库》			2001.12
王秉兰	《浅谈小学数学知识记忆的几种方法》	《中国当代教育文集》	一等奖	中国教育教学丛书编委会	2001. 12
杨虎成	《浅谈作文教学中的情感教学》		二等奖	中国教育协会小语会	2001. 4
张海霞	《语文教师的课堂语言艺术》	《甘南教育》2001年第一期			2001. 5
谈红芳	《浅谈新课导入的几种方法》	《甘南教育》2001年第一期			2001. 5
杨虎成	《关于上好思想品德课的几点思考》	《卓尼教研》2001年第一期			2001. 5
杨虎成	《精心设计学习园地 唤起学生竞争意识》	《卓尼教研》2001年第一期			2001. 5

谈红芳	《谈作文教学改革》	《卓尼教研》2001年第一期			2001.5
谈红芳	《浅谈＜咏柳＞一课的教学》	《卓尼教研》2001年第一期			2001.5
靳芳琴	《通分》教学案例		二等奖	州教委	2001.6
杨淑梅	《小数点位置移动引起小数大小变化》案例		二等奖	州教委	2001.6
王秀英	《我家还缺啥？》案例		二等奖	州教委	2001.6
胡　盛	《名数的改写》案例		三等奖	州教委	2001.6
谈红芳	《谈教师“下水”》	《新世纪中国教育文选》	一等奖	中国教育丛书编委会	2002.3
张建梅	《班级管理中后进生转化的几点体会》	《卓尼教研》2002年第一期			2002.4
李桂红	《小学语文教学怎样进行审美教育》	《卓尼教研》2002年第一期			2002.4
徐玉英	《浅谈小学识字教学的几种方法》	《卓尼教研》2002年第一期			2002.4
谈红芳	《高大的皂荚树》案例	《卓尼教研》2002年第一期			2002.4
杨虎成	《燃烧与灭火》案例		二等奖	省教科所	2003.12
杨淑梅	《浅谈提高数学课堂效率之途径》	《卓尼教研》2003年第一期			2003.4
张海霞	《浅谈小学数学课结尾的几种方法》	《卓尼教研》2003年第一期			2003.4
杨虎成	《培养学生写字兴趣的几种做法》	《卓尼教研》2003年第二期			2003.6
杨淑梅	《掌握基本方法提高解题能力》	《卓尼教研》2003年第二期			2003.6
杨虎成	《培养学生写字兴趣的几点做法》		三等奖	州教育局	2003.6

王秀英	语文《田忌赛马》案例		二等奖	州教育局教研室	2003.6
杨虎成	自然《燃烧与灭火》案例		二等奖	州教育局教研室	2003.6
闫　萍	音乐《渴望春天》案例		三等奖	州教育局教研室	2003.6
杨虎成 李　鸿 李春屹 包文辉	《评语、等级、分数在评价学生中应该如何运用》		一等奖	教师报编辑部	2004.5
王英俊	《培养学生读书质疑的能力》		二等奖	州教育局	2005.4
陈丽荣	《谈如何开展小学班主任工作》		二等奖	州教育局	2005.4
孙晓娟	《培养学生动手操作能力的几点做法》		三等奖	州教育局	2005.4
李春屹	《浅谈如何设计课堂作业》		三等奖	州教育局	2005.4
董海燕	《新理念下激发兴趣提高课堂效率之我见》		二等奖	新课程教材研究所、小学数学课程教材 研发中心	2006.5
扈文华	《新课程概念教学之我见》		二等奖	新课程教材研究所、小学数学课程教材 研发中心	2006.5
靳芳琴	《小学六年级数学试卷》期中期末		二、三等奖	省小数会	2006.9
张丽萍	语文课堂实录		一等奖	州教育局	2007.1
冯玉川	数学课堂实录		一等奖	州教育局	2007.1
黄兰芸	英语课堂实录		一等奖	州教育局	2007.1
王　云	音乐课堂实录		一等奖	州教育局	2007.1
陈丽荣	《角的初步认识》教学设计		优秀奖	中欧甘肃基础教育 项目办公室	2007.3
范玉莲	《浅谈如何利用信息技术提高小学生写作的水平》		一等奖	州教育局	2007.6

张春花	《浅谈如何培养小学生学习信息技术的兴趣》		二等奖	州教育局	2007.6
谈红芳	《浅谈多媒体手段在语文教学中的运用》		三等奖	州教育局	2007.6
钱忠进	《浅谈现代教育技术在小学数学教学中的运用》		三等奖	州教育局	2007.6
王秀英	《多媒体教学进入课堂的点滴感受》		三等奖	州教育局	2007.6
王春兰	《多媒体教学手段在小学语文教学中的优势》		三等奖	州教育局	2007.6
安晓燕	《运用现代信息技术使课堂更精彩》		三等奖	州教育局	2007.6
张丽萍	《金色的草地》信息技术教育教学课件		三等奖	州教育局	2007.6
王　云	《火车开了》音乐教学设计		三等奖	省教育厅	2007.6
范玉莲	《浅谈如何利用信息技术提高小学生写作水平》		一等奖	教育部课程教材研究所小学语文课程教材研发中心	2007.6
杨淑梅	《新课程理念下的概念教学点滴谈》		二等奖	中国教育教学研究会	2008.6
学校数教组	《探究如何转化学困生》	《卓尼教研》2008年第1期			2008.3
李桂红	《第一场雪》	《卓尼教研》2008年第2期			2008.7
张丽萍	《我喜欢的一本书》	《卓尼教研》2008年第2期			2008.7
丁雪峰	课堂实录《打沙包》		三等奖	省教育厅	2008.1
石永红	《小学生科学课教学应注重培养学生创新精神》		优秀奖	《实验教学与仪器》杂志社	2008.4
王英俊	《浅谈如何才能使实验在科学课中起作用》		优秀奖	《实验教学与仪器》杂志社	2008.4
赵　霞	《小学科学创新教育初探》		优秀奖	《实验教学与仪器》杂志社	2008.4

扈文华	《浅谈实验在科学教学中的作用》	《实验教学与仪器》			2008.4
黄兰芸	指导学生李宏义在英语能力竞赛中获四年级组一等奖		指导奖	州教育局	2008.5
范海霞	指导学生李昭辉、张宏君在英语能力竞赛中获六年级组一等奖		指导奖	州教育局	2008.5
杨淑梅	《新课程理念下的概念教学点滴谈》		二等奖	中国教育教学研究会	2008.6
范海霞	全国小学生英语竞赛		指导教师奖	州教育局	2009
安　玲	《浅谈如何发挥信息技术在小学语文教学中的作用》		一等奖	省教育科学研究所	2009.11
张海霞	《浅谈小学数学课结尾的几种方法》		二等奖	省教育科学研究所	2009.11
齐永平	《浅谈农村留守儿童教育存在的问题及对策》		二等奖	省教育科学研究所	2009.11
郝秀芝	《初探低年级语文教学设计》		一等奖	省教育科学研究所	2009.11
闫　芳	《学生厌学偏学的情况调查及解决策略》		一等奖	省教育科学研究所	2009.11
黄兰芸	《如何提高小学生的习作兴趣》一等奖		一等奖	省教育科学研究所	2009.11
俞梅惠	《怎样提高学生的作文兴趣》		二等奖	省教育科学研究所	2009.11
李桂红	《习作教学如何求“真”》		二等奖	省教育科学研究所	2009.11
赵媛珍	《浅谈英语教师在教学中师生关系的建立及发展与途径》		二等奖	省教育科学研究所	2009.11
胡秀芬	《淡化知识培养学生自主探究能力》		二等奖	省教育科学研究所	2009.11
靳芳琴	《浅谈新课程背景下数学课的实验教学》		二等奖	省教育科学研究所	2009.11
王英俊	《谈小学数学教学中的学具》		二等奖	省教育科学研究所	2009.11

齐永平	《小学高年级理科新课程研究》		二等奖	省教育科学研究所	2009.11
谈红芳	《园丁——让每朵花都散发芬芳》		二等奖	省教育科学研究所	2009.11
石安成	《浅谈教师应如何转变教学观念》		二等奖	省教育科学研究所	2009.11
王秉兰	《浅谈如何激发和培养民族地区低年级学生口语交际兴趣》		三等奖	省教育科学研究所	2009.11
张丽萍	《浅谈小学生作文的兴趣激发和培养》		三等奖	省教育科学研究所	2009.11
李玲英	《浅谈如何转化学困生》		三等奖	省教育科学研究所	2009.11
侯林红	《趣味教学有效利用非智力因素提高教学质量》		三等奖	省教育科学研究所	2009.11
王晓英	《如何营造良好的课堂气氛，激发学生学习数学的兴趣》		三等奖	省教育科学研究所	2009.11
周玉珍	《如何进行小学科学自主探究能力的培养》		三等奖	省教育科学研究所	2009.11
王　云	《<火车开了>）音乐》science word 教案设计	《基础教育教学导刊》2009年06期	二等奖	省电化教育中心	2009.11
侯喜凤	《唱起来 跳起来》science word 教案设计		三等奖	省电化教育中心	2009.11
牛建平	《植树问题》多媒体课件		三等奖	省电化教育中心	2009.11
牛永刚	《找规律》多媒体课件		三等奖	省电化教育中心	2009.11
李桂红	《一面五星红旗》science word 教案设计		三等奖	省电化教育中心	2009.11
靳芳琴	全州小学校长示范课（教学实录）		二等奖	州教育局	2009.12
杨淑梅	课件《年、月、日的认识》		三等奖	省教科所	2009.3
杨晓红	课件《邮票齿孔的故事》		三等奖	省教科所	2009.3

闫　萍	课件《草船借箭》		三等奖	省教科所	2009.3
刘玲珍	课件《桂花雨》		三等奖	省教科所	2009.3
石永红	课件《计算机的组成》		二等奖	省教科所	2009.3
赵　霞	课件《认识人民币》		二等奖	省教科所	2009.3
张永飞	课件《圆明园的毁灭》			省教科所	2009.3
安　玲	课件《复韵母 ai ei ui》		二等奖	省教科所	2009.3
陈丽荣	课件《角的初步认识》		二等奖	省教科所	2009.3
梁世龙	课件《中国共产党的诞生》		一等奖	省教科所	2009.3
范玉莲	《浅谈学前数学教学中遇到的困惑及解决策略》		一等奖	基础教育教学导刊	2009.5
刘晓霞	在 2009 全国小学英语竞赛		指导奖	国家基础教育实验中心外语研究中心	2009.5
范海霞	在 2009 全国小学英语竞赛		指导奖	国家基础教育实验中心外语研究中心	2009.5
梁世龙	《如何营造良好的课堂气氛,培养学生自主探究能力》		三等奖	县教育局	2009.6
钱忠进	《小学数学教学中的困惑及解决策略》		一等奖	县教育局	2009.6
钱忠进	《小学数学教学中的困惑及解决策略》		一等奖	省小数会	2009.9
梁世龙	《如何营造良好的课堂气氛,培养学生自主探究能力》		三等奖	省小数会	2009.9
李培萍	《如何培养低年级学生解答应用题的能力》		二等奖	省小数会	2009.9
杨梅芳	《浅谈数学教学活动中的细节》		三等奖	省小数会	2009.9

董永清	数学优秀教案		三等奖	省小数会	2010.1
张巧玲	数学优秀教案		二等奖	省小数会	2010.1
牛建平	数学优秀教案		二等奖	省小数会	2010.1
王俊文	数学优秀教案		二等奖	省小数会	2010.1
陈丽荣	数学优秀教案		一等奖	省小数会	2010.1
雷　莉	数学优秀教案		三等奖	省小数会	2010.1
石永红	指导李彩霞老师在“甘肃省小学数学说课竞争活动中”获一等奖		指导奖	省教育科学研究所	2010.11
后喜凤	“关爱地球·关注未来”甘肃省第二届少年儿童邮票个性化设计大赛		优秀辅导教师奖	省委宣传部、省教育厅、省邮政公司	2010.12
王　云	《创新德育工作 确保学校和谐稳定——浅谈民族地区学校德育工作》	《剑南文学·经典教苑》2001年第1期	一等奖	省教育科学研究所	2010.12
严廷秀	《浅谈如何提高小学生学习英语兴趣》		一等奖	省教育科学研究所	2010.12
齐永平	《浅谈农村留守儿童教育存在的问题及对策》		二等奖	省教育科学研究所	2010.12
赵彩虹	《如何激发学困生的学习潜能》		三等奖	省教育科学研究所	2010.12
段竹兰	《把爱贯穿于班主任工作中》		二等奖	省教育科学研究所	2010.12
王　瑛	《如何激发学困生的学习潜能》		三等奖	省教育科学研究所	2010.12
雷　莉	《初探在数学课堂教学中如何培养幼儿自主学习的能力》		三等奖	省教育科学研究所	2010.12
闫　萍	《浅谈数学教学中存在的困惑及解决的策略》		三等奖	省教育科学研究所	2010.12
张春花	《浅谈小学生心理健康教育》		三等奖	省教育科学研究所	2010.12

范海霞	《优化英语口语交际训练的策略》		二等奖	省教育科学研究所	2010.12
赵媛珍	《探究信息技术与英语整合教学的新途径》		二等奖	省教育科学研究所	2010.12
周玉珍	《在数学课堂教学中如何培养幼儿的自主学习能力》		二等奖	省教育科学研究所	2010.12
石安成	《浅谈小学数学课堂教学》		二等奖	省教育科学研究所	2010.12
安　玲	《浅谈班级管理中如何发挥学生的主体作用》		二等奖	省教育科学研究所	2010.12
徐　红	《浅谈小学语文教学中的自主、合作、探究学习》		二等奖	省教育科学研究所	2010.12
张建梅	《如何提高小学生作文兴趣》		三等奖	省教育科学研究所	2010.12
陈丽荣	《谈如何开展小学班主任工作》		二等奖	省教育科学研究所	2010.12
孙晓娟	《如何转化学困生》		二等奖	省教育科学研究所	2010.12
黄兰芸	《如何提高小学英语课堂教学的实效性》		二等奖	省教育科学研究所	2010.12
蔺新隆	《卓尼县留守儿童心理问题的成因及对策》		一等奖	省教育科学研究所	2010.12
侯林红	课件《do you like pears》		三等奖	州教育局	2010.5
黄兰芸	指导的学生在2010年全国小学生英语竞赛中获三等奖		指导奖	国家基础教育实验中心	2010.5
刘晓霞	指导的学生在2010年全国小学生英语竞赛中获二等奖		指导奖	国家基础教育实验中心	2010.5
范海霞	指导的学生在2010年全国小学生英语竞赛中获二等奖		指导奖	国家基础教育实验中心	2010.5
侯林红	指导的学生在2010年全国小学生英语竞赛中获三等奖		指导奖	国家基础教育实验中心	2010.5
严廷秀	指导的学生在2010年全国小学生英语竞赛中获三等奖		指导奖	国家基础教育实验中心	2010.5

刘玲珍	《农村小学教师实验教学的几点做法和体验》		三等奖	教育部基础教育课程教材发展中心	2010.7
杨虎成	《在试验中感悟 在探究中发展》		优秀奖	《实验教学与仪器》杂志社	2010.7
齐永平	《浅谈现代信息技术在小学科学教学中的运用》		优秀奖	《实验教学与仪器》杂志社	2010.7
石永红	《计算机的组成》		三等奖	省电化教育中心	2010.9
石永红	2010年农村义务教育学校教师远程培训示范性项目评优活动		优秀学员	中央电化教育馆	2011.1
闫青兰	指导学生王艳菊2011年全国小学生英语竞赛中荣获五年级组		指导奖	国家基础教育实验中心外语教育研究中心	2011.5
何伟霞	指导学生罗祺等三名学生在2011年全国小学生英语竞赛中荣获五年级组三等奖		指导奖	国家基础教育实验中心外语教育研究中心	2011.5
黄兰芸	指导学生王晓在2011年全国小学生英语竞赛中荣获四年级组三等奖		指导奖	国家基础教育实验中心外语教育研究中心	2011.5
卢广怀	指导学生王殿鹏在2011年全国小学生英语竞赛中荣获六年级组三等奖		指导奖	国家基础教育实验中心外语教育研究中心	2011.5
唐春娣	指导学生刘树炀、侯欣茹在2011年全国小学生英语竞赛中荣获五年级组三等奖		指导奖	国家基础教育实验中心外语教育研究中心	2011.5
李文琼	指导学生孙毓彤在2011年全国小学生英语竞赛中荣获低年级组三等奖		指导奖	国家基础教育实验中心外语教育研究中心	2011.5
何伟霞	指导学生牛璇在2011年全国小学生英语竞赛中荣获低年级组三等奖		指导奖	国家基础教育实验中心外语教育研究中心	2011.5
何伟霞	指导学生牛璇在全国小学英语竞赛中荣获甘南赛区低年级组一等奖		指导奖	州教育局	2011.5
徐　红	指导学生在甘肃省纪念建党90周年“党是阳光我是花”征文比赛		指导奖	州关心下一代工作委员会、州教育局	2011.6
王春兰	指导学生在甘肃省纪念建党90周年“党是阳光我是花”征文比赛		指导奖	州关心下一代工作委员会、州教育局	2011.6
卢小兰	指导学生在甘肃省纪念建党90周年“党是阳光我是花”征文比赛中荣获小学组		指导奖	州关心下一代工作委员会、州教育局	2011.6

吴喜红	指导安旭阳在2011年卓尼县小学数学竞赛中		指导奖	县教育局	2011.7
周志代曼	指导付毅伟在2011年卓尼县小学数学竞赛中		指导奖	县教育局	2011.7
姚　琴	指导宁静在2011年卓尼县小学数学竞赛		指导奖	县教育局	2011.7
李培萍	指导尚沛雯、李旭玟在2011年卓尼县小学数学竞赛		指导奖	县教育局	2011.7
齐永平	指导郑倩茹在2011年卓尼县小学数学竞赛		指导奖	县教育局	2011.7
卢晋芳	指导陈赐宝在2011年卓尼县小学数学竞赛		指导奖	县教育局	2011.7
王　云	指导王艳菊在2011年卓尼县小学数学竞赛中荣获五年级组一等奖		指导奖	县教育局	2011.7
王俊文	指导王皓、吴桃梅在2011年卓尼县小学数学竞赛		指导奖	县教育局	2011.7
王凤芸	指导孙雪茹在2011年卓尼县小学数学竞赛		指导奖	县教育局	2011.7
石安成	指导杨才来旦主在2011年卓尼县小学数学竞赛		指导奖	县教育局	2011.7
牛永刚	指导李彦俊、张锦东在2011年卓尼县小学数学竞赛		指导奖	县教育局	2011.7
钱忠进	指导张学渊在2011年卓尼县小学数学竞赛		指导奖	县教育局	2011.7
李　根	指导王举政在2011年卓尼县小学数学竞赛		指导奖	县教育局	2011.7
谈红芳	《浅谈多媒体教学手段在语文教学中的运用》		三等奖	州教育局	2011.6
后喜凤	《浅谈美术教学中的手工课教学》		一等奖	中国基础教育教学研究会	2011.7
杨虎成	《浅谈学校管理中的“真、诚、实”》		一等奖	中国基础教育教学研究会	2011.7
李　靖	《新课程理念下学生自主研究能力的培养》		一等奖	中国基础教育教学研究会	2011.7

后喜凤	全国小学生作文书画大赛		辅导金奖	中国基础教育教学研究会、中华少年作家协会	2011.7
孙晓娟	全国小学生作文书画大赛		辅导金奖	中国基础教育教学研究会、中华少年作家协会	2011.7
闫　芳	全国小学生作文书画大赛		辅导金奖	中国基础教育教学研究会、中华少年作家协会	2011.7
张凤英	全国小学生作文书画大赛		辅导金奖	中国基础教育教学研究会、中华少年作家协会	2011.7
张海霞	全国小学生作文书画大赛		辅导金奖	中国基础教育教学研究会、中华少年作家协会	2011.7
孙晓娟	全国小学生作文书画大赛		辅导金奖	中国基础教育教学研究会、中华少年作家协会	2011.7
罗双花	《浅谈在小学英语教学中欠缺创新的意识》		二等奖	中国基础教育教学研究会	2011.7
雷　莉	《浅谈在小学音乐教学中的审美教育》		二等奖	中国基础教育教学研究会	2011.7
侯林红	《让学困生的脸上也焕发出自信的光》		二等奖	省教科所	2011.11
郝秀芝	《浅谈如何提高小学生阅读能力》		二等奖	省教科所	2011.11
蔺新隆	《家庭是爱的源泉 和谐是成长的关键》		二等奖	省教科所	2011.11
王凌云	《激发学生情趣 培养说话能力》		一等奖	省教科所	2011.11
杨淑梅	《小学数学新教材教学中的问题探究》		一等奖	省教科所	2011.11
冯玉川	《探究小学生计算出错的原因及矫正策略》		一等奖	省教科所	2011.11
卢秉礼	《蛐蛐和蝈蝈》实录优质课		二等奖	省教科所	2012.11
王　云	《蛐蛐和蝈蝈》实录优质课指导		二等奖	省教科所	2012.11
汪晓倩	《登山世界屋顶》实录优质课		三等奖	省教科所	2012.11

王 坤	指导《登山世界屋顶》实录优质课		三等奖	省教科所	2012.11
苏凌云	省第一届中小学外语教师优秀课例		优秀奖	省教科所	2013.4
苏凌云	指导2013年全国英语竞赛甘南赛区		二等奖	州教育局	2013.5
严廷秀	指导2013年全国英语竞赛甘南赛区		二等奖	州教育局	2013.5
李国华	指导2013年全国英语竞赛甘南赛区		二等奖	州教育局	2013.5
杨 滢	指导2013年全国英语竞赛甘南赛区		二等奖	州教育局	2013.5
宗红红	指导十五届《语文报杯》学生征文大赛		一等奖	省教科所	2013.5
后巧红	指导十五届《语文报杯》学生征文大赛		一等奖	省教科所	2013.5
赵海燕	指导十五届《语文报杯》学生征文大赛		一等奖	省教科所	2013.5
张永飞	指导十五届《语文报杯》学生征文大赛		一等奖	省教科所	2013.5
朱丽萍	指导十五届《语文报杯》学生征文大赛		一等奖	省教科所	2013.5
潘喜春	指导十五届《语文报杯》学生征文大赛		一等奖	省教科所	2013.5
蒽红伟	指导十五届《语文报杯》学生征文大赛		一等奖	省教科所	2013.5
郝秀芝	指导十五届《语文报杯》学生征文大赛		一等奖	省教科所	2013.5
夏淑珍	指导十五届《语文报杯》学生征文大赛		一等奖	省教科所	2013.5
杨晓红	指导十五届《语文报杯》学生征文大赛		一等奖	省教科所	2013.5
李玉妮	指导十五届《语文报杯》学生征文大赛		一等奖	省教科所	2013.5

吴志峰	指导十五届《语文报杯》学生征文大赛		一等奖	省教科所	2013.5
何伟霞	全国英语竞赛指导教师		三等奖	国际外语协会	2013.5
李国华	全国英语竞赛指导教师		三等奖	国际外语协会	2013.5
宗海琴	全国英语竞赛指导教师		三等奖	国际外语协会	2013.5
严廷秀	全国英语竞赛指导教师		三等奖	国际外语协会	2013.5
杨　滢	全国英语竞赛指导教师		三等奖	国际外语协会	2013.5
赵媛珍	全国英语竞赛指导教师		三等奖	国际外语协会	2013.5
苏凌云	全国英语竞赛指导教师		三等奖	国际外语协会	2013.5
吴林祥	甘肃省品社优质课评选		三等奖	省教科所	2013.7
吴林祥	甘肃省德育心理健康论文大赛		三等奖	省教科所	2013.7
王　云	“中国梦．美丽甘肃”书画大赛甘南赛区		二等奖	州语委办公室	2013.12
牛存德	“中国梦．美丽甘肃”书画大赛甘南赛区		优秀奖	州语委办公室	2013.12
钱忠进	“中国梦．美丽甘肃”征文大赛甘南赛区		三等奖	州语委办公室	2013.12
王蕊凤	国培计划远程培训优秀学员			省国培项目办	2014.1
牛重九	国培计划远程培训优秀学员			省国培项目办	2014.1
王　昕	国培计划远程培训优秀学员			省国培项目办	2014.1
杨　滢	国培计划远程培训优秀学员			省国培项目办	2013.1

吴润喜	国培计划远程培训优秀学员			省国培项目办	2013.1
安　玲	国培计划远程培训优秀学员			省国培项目办	2013.1
杨梅芳	国培计划远程培训优秀学员			省国培项目办	2013.1
李国华	国培计划远程培训优秀学员			省国培项目办	2013.1
苏凌云	国培计划远程培训优秀学员			省国培项目办	2013.1
马　胜	国培计划远程培训优秀学员			省国培项目办	2013.1
宁生祥	国培计划远程培训优秀学员			省国培项目办	2013.1
赵媛珍	国培计划远程培训优秀学员			省国培项目办	2013.1
后巧红	国培计划远程培训优秀学员			省国培项目办	2013.1
后巧红	甘南州第二届优秀自制教具评选活动		优秀奖	州教育局	2013.11
夏淑珍	甘南州第二届优秀自制教具评选活动优秀奖		优秀奖	州教育局	2013.11
杨晓红	甘南州第二届优秀自制教具评选活动优秀奖		优秀奖	州教育局	2013.11
汪晓倩	甘南州第二届优秀自制教具评选活动优秀奖		优秀奖	州教育局	2013.11
扈文华	甘南州第二届优秀自制教具评选活动三等奖		三等奖	州教育局	2013.11
后喜凤	甘南州第二届优秀自制教具评选活动优秀奖		优秀奖	州教育局	2013.11
杨　滢	2014 年全国英语竞赛甘南赛区指导教师		二等奖	州教育局	2014.5
李国华	2014 年全国英语竞赛甘南赛区指导教师		二等奖	州教育局	2014.5

王秀英（小）	2014年全国英语竞赛甘南赛区指导教师		一等奖	州教育局	2014.5
宗海琴	2014年全国英语竞赛甘南赛区指导教师		二等奖	州教育局	2014.5
周彩霞	2014年全国英语竞赛指导教师		三等奖	国际外协中国外协国家外语研究中心	2014.5
王秀英（小）	2014年全国英语竞赛指导教师		三等奖	国际外协中国外协国家外语研究中心	2014.5
何伟霞	2014年全国英语竞赛指导教师		三等奖	国际外协中国外协国家外语研究中心	2014.5
李国华	2014年全国英语竞赛指导教师		三等奖	国际外协中国外协国家外语研究中心	2014.5
杨　滢	2014年全国英语竞赛指导教师		三等奖	国际外协中国外协国家外语研究中心	2014.5
王　云	甘南州书法协会成立首届精品展		一等奖	团州委 省书协 州书协	2014.9
卢广怀	甘南州书法协会成立首届精品展		优秀奖	团州委 省书协 州书协	2014.9
郝秀芝	甘南州语文、数学优质课比赛		一等奖	州教育局	2014.11
靳芳琴	甘南州小学语文优质课大赛指导教师		一等奖	州教育局	2014.11
卢广怀	首届中小学教师交互式电子白板教学应用大赛（英语）		一等奖	县教育局	2014.11
王　昕	首届中小学教师交互式电子白板教学应用大赛（语文）		三等奖	县教育局	2014.11
后喜凤	甘肃省优质课评比		二等奖	省教科所	2014.9
张春花	甘肃省优质课评比		一等奖	省教科所	2014.9
闫　萍	甘肃省优质课评比		三等奖	省教科所	2014.9
金平平	论文《浅谈小学数学课堂教学中的练习设计》		一等奖	省教科所	2014.11

赵　霞	论文《小学科学实验课中存在的纪律问题》		一等奖	省教科所	2014.11
卢广怀	论文《如何培养少数民族地区小学生学习英语的兴趣》		二等奖	省教科所	2014.11
安兰英	论文《浅谈小学数学教学中学生学习兴趣的培养》		二等奖	省教科所	2014.11
苏发存	论文《浅谈对小学科学教学的探究》		二等奖	省教科所	2014.11
扈文华	论文《小学科学教学中如何创设问题情境》		二等奖	省教科所	2014.11
汪晓倩	论文《小学班主任德育工作之我见》		二等奖	省教科所	2014.11
丁雪峰	论文《浅谈如何把政治思想品德教育溶于体育教学之中》		二等奖	省教科所	2014.11
夏淑珍	论文《加强小学语文教学中的德育势在必行》		三等奖	省教科所	2014.11
闫　萍	论文《运用电子白板优化数学课堂教学》		三等奖	省教科所	2014.11
蔺新隆	论文《高效课堂学习中的小组长》		三等奖	省教科所	2014.11
杨晓红	教学设计《家乡的美景家乡的人》		三等奖	省教科所	2014.11
录目加	指导十六届《语文报杯》学生征文大赛		一等奖	语文报社 省教科所	2014.8
王　燕	指导十六届《语文报杯》学生征文大赛		一等奖	语文报社 省教科所	2014.8
王冠兰	指导十六届《语文报杯》学生征文大赛		一等奖	语文报社 省教科所	2014.8
王红玉	指导十六届《语文报杯》学生征文大赛		一等奖	语文报社 省教科所	2014.8
吴志峰	指导十六届《语文报杯》学生征文大赛		一等奖	语文报社 省教科所	2014.8
杨海花	指导十六届《语文报杯》学生征文大赛		一等奖	语文报社 省教科所	2014.8

杨晓红	指导十六届《语文报杯》学生征文大赛		一等奖	语文报社 省教科所	2014.8
赵海燕	指导十六届《语文报杯》学生征文大赛		一等奖	语文报社 省教科所	2014.8
宗红红	指导十六届《语文报杯》学生征文大赛		一等奖	语文报社 省教科所	2014.8
宁生祥	指导十六届《语文报杯》学生征文大赛		一等奖	语文报社 省教科所	2014.8
安　玲	指导十六届《语文报杯》学生征文大赛		一等奖	语文报社 省教科所	2014.8
后巧红	指导十六届《语文报杯》学生征文大赛		一等奖	语文报社 省教科所	2014.8
卢小兰	指导十六届《语文报杯》学生征文大赛		一等奖	语文报社 省教科所	2014.8
陆慧春	指导十六届《语文报杯》学生征文大赛		一等奖	语文报社 省教科所	2014.8
宗海琴	指导全国英语竞赛低年级组		二等奖	国家基础教育实验中心外教中心	2015.5
李卓玛	指导全国英语竞赛低年级组		二等奖	国家基础教育实验中心外教中心	2015.5
魏润梅	指导全国英语竞赛四年级组		三等奖	国家基础教育实验中心外教中心	2015.5
赵红霞	指导全国英语竞赛四年级组		三等奖	国家基础教育实验中心外教中心	2015.5
苏凌云	指导全国英语竞赛四年级组		三等奖	国家基础教育实验中心外教中心	2015.5
范海霞	指导全国英语竞赛五年级组		三等奖	国家基础教育实验中心外教中心	2015.5
唐春娣	指导全国英语竞赛五年级组		三等奖	国家基础教育实验中心外教中心	2015.5
侯林红	指导全国英语竞赛五年级组		三等奖	国家基础教育实验中心外教中心	2015.5
何伟霞	指导全国英语竞赛六年级组		三等奖	国家基础教育实验中心外教中心	2015.5

李国华	指导全国英语竞赛六年级组		三等奖	国家基础教育实验中心外教中心	2015.5
李卓玛	指导全国英语竞赛甘南赛区低年级组		一等奖	州教育局	2015.5
魏润梅	指导全国英语竞赛甘南赛区低年级组		一等奖	州教育局	2015.5
赵红霞	指导全国英语竞赛甘南赛区四年级组		一等奖	州教育局	2015.5
苏凌云	指导全国英语竞赛甘南赛区四年级组		二等奖	州教育局	2015.5
宗海琴	指导全国英语竞赛甘南赛区五年级组		一等奖	州教育局	2015.5
唐春娣	指导全国英语竞赛甘南赛区五年级组		一等奖	州教育局	2015.5
范海霞	指导全国英语竞赛甘南赛区五年级组		二等奖	州教育局	2015.5
侯林红	指导全国英语竞赛甘南赛区五年级组		二等奖	州教育局	2015.5
李国华	指导全国英语竞赛甘南赛区六年级组		一等奖	州教育局	2015.5
靳芳琴	“一师一优课 一课一名师”活动数学		一等奖	县教育局	2015.7
卢广怀	“一师一优课 一课一名师”活动英语一		一等奖	县教育局	2015.7
吴润喜	“一师一优课 一课一名师”活动体育		一等奖	县教育局	2015.7
后喜凤	“一师一优课 一课一名师”活动美术		一等奖	县教育局	2015.7
录目加	“一师一优课 一课一名师”活动品社		一等奖	县教育局	2015.7
赵　霞	“一师一优课 一课一名师”活动科学		一等奖	县教育局	2015.7
安　玲	“一师一优课 一课一名师”活动语文		一等奖	县教育局	2015.7

汪晓倩	指导十七届“《语文报》杯”全国小学生作文大赛		一等奖	语文报社 省教科所	2015.5
王　燕	指导十七届“《语文报》杯”全国小学生作文大赛		一等奖	语文报社 省教科所	2015.5
杨晓红	指导十七届“《语文报》杯”全国小学生作文大赛		一等奖	语文报社 省教科所	2015.5
夏淑珍	指导十七届“《语文报》杯”全国小学生作文大赛		一等奖	语文报社 省教科所	2015.5
后巧红	指导十七届“《语文报》杯”全国小学生作文大赛		一等奖	语文报社 省教科所	2015.5
赵海燕	指导十七届“《语文报》杯”全国小学生作文大赛		一等奖	语文报社 省教科所	2015.5
录目加	指导十七届“《语文报》杯”全国小学生作文大赛		一等奖	语文报社 省教科所	2015.5
卢小兰	指导十七届“《语文报》杯”全国小学生作文大赛		一等奖	语文报社 省教科所	2015.5
梁琴秀	指导十七届“《语文报》杯”全国小学生作文大赛		一等奖	语文报社 省教科所	2015.5
王冠兰	指导十七届“《语文报》杯”全国小学生作文大赛		一等奖	语文报社 省教科所	2015.5
安美芳	指导十七届“《语文报》杯”全国小学生作文大赛		一等奖	语文报社 省教科所	2015.5
张丽萍	指导十七届“《语文报》杯”全国小学生作文大赛		一等奖	语文报社 省教科所	2015.5
邢素红	指导十七届“《语文报》杯”全国小学生作文大赛		一等奖	语文报社 省教科所	2015.5
张燕妮	指导十七届“《语文报》杯”全国小学生作文大赛		一等奖	语文报社 省教科所	2015.5
安　玲	指导十七届“《语文报》杯”全国小学生作文大赛		一等奖	语文报社 省教科所	2015.5
王　昕	指导十七届“《语文报》杯”全国小学生作文大赛		一等奖	语文报社 省教科所	2015.5
张虎兰	指导十七届“《语文报》杯”全国小学生作文大赛		一等奖	语文报社 省教科所	2015.5

魏智文	指导十七届“《语文报》杯”全国小学生作文大赛		一等奖	语文报社 省教科所	2015.5
吴志峰	指导十七届“《语文报》杯”全国小学生作文大赛		一等奖	语文报社 省教科所	2015.5
宗红红	指导十七届“《语文报》杯”全国小学生作文大赛		一等奖	语文报社 省教科所	2015.5
靳芳琴	甘南州“一师一优课，一课一名师”活动		一等奖	州教育局	2016.3
后喜凤	甘南州“一师一优课，一课一名师”活动		一等奖	州教育局	2016.3
卢广怀	甘南州“一师一优课，一课一名师”活动		一等奖	州教育局	2016.3
后丽丽	全国英语竞赛甘南赛区低年级组指导教师		一等奖	州教育局	2016.6
黄兰芸	全国英语竞赛甘南赛区四年级组指导教师		一等奖	州教育局	2016.6
卢广怀	全国英语竞赛甘南赛区五年级组指导教师		一等奖	州教育局	2016.6
魏润梅	全国英语竞赛甘南赛区五年级组指导教师		一等奖	州教育局	2016.6
苏凌云	全国英语竞赛甘南赛区五年级组指导教师		一等奖	州教育局	2016.6
范海霞	全国英语竞赛甘南赛区六年级组指导教师		一等奖	州教育局	2016.6
唐春娣	全国英语竞赛甘南赛区六年级组指导教师		一等奖	州教育局	2016.6
宗海琴	全国英语竞赛甘南赛区六年级组指导教师		一等奖	州教育局	2016.6
黄兰芸	全国英语竞赛四年级组指导教师二等奖		二等奖	国际外协中国外协国家外语研究中心	2016.5
后丽丽	全国英语竞赛低年级组指导教师三等奖		三等奖	国际外协中国外协国家外语研究中心	2016.5
李国华	全国英语竞赛低年级组指导教师三等奖		三等奖	国际外协中国外协国家外语研究中心	2016.5

安淑芳	全国英语竞赛四年级组指导教师三等奖		三等奖	国际外协中国外协国家外语研究中心	2016.5
魏润梅	全国英语竞赛五年级组指导教师三等奖		三等奖	国际外协中国外协国家外语研究中心	2016.5
苏凌云	全国英语竞赛五年级组指导教师三等奖		三等奖	国际外协中国外协国家外语研究中心	2016.5
卢广怀	全国英语竞赛五年级组指导教师三等奖		三等奖	国际外协中国外协国家外语研究中心	2016.5
范海霞	全国英语竞赛六年级组指导教师三等奖		三等奖	国际外协中国外协国家外语研究中心	2016.5
宗海琴	全国英语竞赛六年级组指导教师三等奖		三等奖	国际外协中国外协国家外语研究中心	2016.5
唐春娣	全国英语竞赛六年级组指导教师三等奖		三等奖	国际外协中国外协国家外语研究中心	2016.5
苏发存	全国英语竞赛六年级组指导教师三等奖		三等奖	国际外协中国外协国家外语研究中心	2016.5
卢秉礼	省第五届中小学生艺术展演活动声乐《党是阳光我是花》《卓尼我可爱的家乡》		二等奖	省教育厅	2016.4
赵海燕	省第五届中小学生艺术展演活动声乐《党是阳光我是花》《卓尼我可爱的家乡》		二等奖	省教育厅	2016.4
卢秉礼	省第五届中小学生艺术展演活动舞蹈《爱在阳光下》		三等奖	省教育厅	2016.4
赵海燕	省第五届中小学生艺术展演活动舞蹈《爱在阳光下》		三等奖	省教育厅	2016.4
卢秉礼	省第五届中小学生艺术展演活动戏剧《遥远的爸爸妈妈》		一等奖	省教育厅	2016.4
赵海燕	省第五届中小学生艺术展演活动戏剧《遥远的爸爸妈妈》		一等奖	省教育厅	2016.4
邢素红	省第五届中小学生艺术展演活动戏剧《遥远的爸爸妈妈》		一等奖	省教育厅	2016.4

安 玲	省第五届中小学生艺术展演活动绘画《阳光下成长》		二等奖	省教育厅	2016.4
吴林祥	肃省第五届中小学生艺术教育科研论文《浅谈小学课外活动与艺术教育结合的探索》		三等奖	省教育厅	2016.4
牛世信	省第五届中小学生艺术教育科研论文《浅谈小学课外活动与艺术教育结合的探索》		三等奖	省教育厅	2016.4
梁琴秀	省第五届中小学生艺术展演“阳光下成长”征文《阳光下成长》		二等奖	省教育厅	2016.4
赵海燕	省第五届中小学生艺术展演“阳光下成长”征文《阳光下成长》		二等奖	省教育厅	2016.4
后巧红	省第五届中小学生艺术展演“阳光下成长”征文《阳光下成长》		三等奖	省教育厅	2016.4
丁雪峰	省第三届中学生运动会体育科学论文报告会		三等奖	省教育厅 省体育局	2016.8
吴润喜	省第三届中学生运动会体育科学论文报告会		三等奖	省教育厅 省体育局	2016.8
王春梅	省第三届中学生运动会体育科学论文报告会		三等奖	省教育厅 省体育局	2016.8
曹剑雄	省第三届中学生运动会体育科学论文报告会		三等奖	省教育厅 省体育局	2016.8
包元贞	指导十八届“《语文报》杯”全国小学生作文大赛		一等奖	语文报社 省教科所	2016.5
陈宝玉	指导十八届“《语文报》杯”全国小学生作文大赛		一等奖	语文报社 省教科所	2016.5
丁小燕	指导十八届“《语文报》杯”全国小学生作文大赛		一等奖	语文报社 省教科所	2016.5
尹春芳	指导十八届“《语文报》杯”全国小学生作文大赛		一等奖	语文报社 省教科所	2016.5
马妍萍	指导十八届“《语文报》杯”全国小学生作文大赛		一等奖	语文报社 省教科所	2016.5
杨晓红	指导十八届“《语文报》杯”全国小学生作文大赛		一等奖	语文报社 省教科所	2016.5

张燕妮	指导十八届“《语文报》杯”全国小学生作文大赛		一等奖	语文报社 省教科所	2016.5
汪晓倩	指导十八届“《语文报》杯”全国小学生作文大赛		一等奖	语文报社 省教科所	2016.5
雷　莉	指导十八届“《语文报》杯”全国小学生作文大赛		一等奖	语文报社 省教科所	2016.5
严廷秀	指导十八届“《语文报》杯”全国小学生作文大赛		一等奖	语文报社 省教科所	2016.5
梁琴秀	指导十八届“《语文报》杯”全国小学生作文大赛		一等奖	语文报社 省教科所	2016.5
王　燕	指导十八届“《语文报》杯”全国小学生作文大赛		一等奖	语文报社 省教科所	2016.5
闫　萍	指导十八届“《语文报》杯”全国小学生作文大赛		一等奖	语文报社 省教科所	2016.5
余秀花	指导十八届“《语文报》杯”全国小学生作文大赛		一等奖	语文报社 省教科所	2016.5
张春花	指导十八届“《语文报》杯”全国小学生作文大赛		一等奖	语文报社 省教科所	2016.5
蔺新隆	指导十八届“《语文报》杯”全国小学生作文大赛		一等奖	语文报社 省教科所	2016.5
吕志新	指导十八届“《语文报》杯”全国小学生作文大赛		一等奖	语文报社 省教科所	2016.5
苏发存	指导十八届“《语文报》杯”全国小学生作文大赛		一等奖	语文报社 省教科所	2016.5
安兰英	指导十八届“《语文报》杯”全国小学生作文大赛		一等奖	语文报社 省教科所	2016.5
邱小梅	指导十八届“《语文报》杯”全国小学生作文大赛		一等奖	语文报社 省教科所	2016.5
汪芳军	指导十八届“《语文报》杯”全国小学生作文大赛		一等奖	语文报社 省教科所	2016.5
卢广怀	指导十八届“《语文报》杯”全国小学生作文大赛		一等奖	语文报社 省教科所	2016.5
卢广怀	指导十八届“《语文报》杯”全国小学生作文大赛		一等奖	语文报社 省教科所	2016.5

张春花	2016年学前教育、中小学教育教学优秀论文		一等奖	省教科所	2016.10
李玉妮	2016年学前教育、中小学教育教学优秀论文		一等奖	省教科所	2016.10
杨晓红	2016年学前教育、中小学教育教学优秀论文		一等奖	省教科所	2016.10
黄兰芸	2016年学前教育、中小学教育教学优秀论文		一等奖	省教科所	2016.10
闫　萍	2016年学前教育、中小学教育教学优秀论文		一等奖	省教科所	2016.10
钱忠进	2016年学前教育、中小学教育教学优秀论文		一等奖	省教科所	2016.10
张燕妮	2016年学前教育、中小学教育教学优秀论文		二等奖	省教科所	2016.10
扈文华	2016年学前教育、中小学教育教学优秀论文		二等奖	省教科所	2016.10
蔺新隆	2016年学前教育、中小学教育教学优秀论文		二等奖	省教科所	2016.10
齐永平	2016年学前教育、中小学教育教学优秀论文		二等奖	省教科所	2016.10
吴润喜	2016年学前教育、中小学教育教学优秀论文		二等奖	省教科所	2016.10
刘文俊	2016年学前教育、中小学教育教学优秀论文		二等奖	省教科所	2016.10
李培萍	2016年学前教育、中小学教育教学优秀论文		二等奖	省教科所	2016.10
安学武	2016年学前教育、中小学教育教学优秀论文		二等奖	省教科所	2016.10
卢广怀	2016年学前教育、中小学教育教学优秀论文		二等奖	省教科所	2016.10
范海霞	2016年学前教育、中小学教育教学优秀论文		三等奖	省教科所	2016.10
李晓燕	2016年学前教育、中小学教育教学优秀论文		三等奖	省教科所	2016.10

扈文华	2016年学前教育、中小学教育教学优秀论文		三等奖	省教科所	2016.10
石永红	2016年学前教育、中小学教育教学优秀论文		三等奖	省教科所	2016.10
苏发存	2016年甘肃义务教育阶段优质课评比		三等奖	省教科所	2016.11
张春花	甘肃省“一师一优课，一课一名师”活动		一等奖	省教育厅	2016.11
苏发存	甘肃省“一师一优课，一课一名师”活动		二等奖	省教育厅	2016.11
吴润喜	甘肃省“一师一优课，一课一名师”活动		二等奖	省教育厅	2016.11
扈文华	甘肃省“一师一优课，一课一名师”活动		二等奖	省教育厅	2016.11
张春花	甘南州“一师一优课，一课一名师”活动		一等奖	州教育局	2016.11
扈文华	甘南州“一师一优课，一课一名师”活动		一等奖	州教育局	2016.12
吴润喜	甘南州“一师一优课，一课一名师”活动		一等奖	州教育局	2016.12
苏发存	甘南州“一师一优课，一课一名师”活动		一等奖	州教育局	2016.12
安　玲	甘南州“一师一优课，一课一名师”活动		二等奖	州教育局	2016.12
卢广怀	甘南州“一师一优课，一课一名师”活动		二等奖	州教育局	2016.12
扈文华	课例《空气的热胀冷缩》获第十二届全国教育教学信息化展示活动		三等奖	州教育局	2016.12
齐永平	指导作品《雾霾让我们失去了美丽》荣获第十七届全国中小学电脑制作活动小学组电脑绘		二等奖	省电化教育中心	2016.12

李晓燕	指导作品《学雷锋我行动》荣获第十七届全国中小学电脑制作活动小学组电脑绘画		三等奖	省电化教育中心	2016.12
苏发存	指导作品《我家幸福年》荣获第十七届全国中小学电脑制作活动小学组电子板报		三等奖	省电化教育中心	2016.12
黄兰芸	论文《探究信息技术与英语整合教学的新途径》在第七届“中国移动和教育杯”全国教育技术论文大赛甘肃赛区获		三等奖	省电化教育中心	2016.12
王晓英	甘肃省第二届音乐素养大赛		三等奖	省教科所	2016.10
石永红	甘肃省第二届音乐素养大赛		三等奖	省教科所	2016.10
靳芳琴	甘肃省第二届音乐素养大赛		三等奖	省教科所	2016.10
蔺新隆	《火灾》课件获教育部第二届全国青少年学生法制教育优秀多媒体资源征集活动		三等奖	教育部全国教育普法领导小组办公室	2016.12
闫　芳	“圆柱与圆锥”数学单元设计获甘肃省第二届“创新杯”文本大赛		一等奖	省教科所省教育学会、省数学教育研究会	2017.8
石永红	“圆形的运动（一）”数学单元设计获甘肃省第二届“创新杯”文本大赛		三等奖	省教科所 省教育学会、省数学教育研究会	2017.8
苏发存	“长方体和正方体”数学单元设计获甘肃省第二届“创新杯”文本大赛		三等奖	省教科所 省教育学会、省数学教育研究会	2017.8
牛永刚	“圆柱的体积”数学单元设计获甘肃省第二届“创新杯”文本大赛		三等奖	省教科所 省教育学会、省数学教育研究会	2017.8
申誉杰	“可能性”数学单元设计获甘肃省第二届“创新杯”文本大赛		三等奖	省教科所 省教育学会、省数学教育研究会	2017.8
蔺新隆	“观察物体（三）”数学单元设计获甘肃省第二届“创新杯”文本大赛		三等奖	省教科所 省教育学会、省数学教育研究会	2017.8
潘喜春	指导全国英语竞赛甘南赛区四年级组		一等奖	州教育局	2017.5

王秀英	指导全国英语竞赛甘南赛区五年级组		一等奖	州教育局	2017.5
苏凌云	指导全国英语竞赛甘南赛区六年级组		二等奖	州教育局	2017.5
吴林祥	甘肃省科学优质课大赛		三等奖	省教科所	2017.10
牛永刚	指导甘肃省科学优质课大赛		三等奖	省教科所	2017.10
尤雪梅	全国英语竞赛六年级组指导教师		三等奖	国际外协 中国外协 国家外语研究中心	2017.5
王秀英	全国英语竞赛六年级组指导教师		三等奖	国际外协 中国外协 国家外语研究中心	2017.5
安淑芳	全国英语竞赛六年级组指导教师		三等奖	国际外协 中国外协 国家外语研究中心	2017.5
卢广怀	全国英语竞赛六年级组指导教师		三等奖	国际外协 中国外协 国家外语研究中心	2017.5
魏润梅	全国英语竞赛六年级组指导教师		三等奖	国际外协 中国外协 国家外语研究中心	2017.5
苏凌云	全国英语竞赛六年级组指导教师		三等奖	国际外协 中国外协 国家外语研究中心	2017.5
潘喜春	全国英语竞赛六年级组指导教师		三等奖	国际外协 中国外协 国家外语研究中心	2017.5
后丽丽	全国英语竞赛六年级组指导教师		三等奖	国际外协 中国外协 国家外语研究中心	2017.5
赵媛珍	全国英语竞赛六年级组指导教师		三等奖	国际外协 中国外协 国家外语研究中心	2017.5
黄兰芸	全国英语竞赛六年级组指导教师		三等奖	国际外协 中国外协 国家外语研究中心	2017.5
齐永平	2017甘肃省第二届中小学优秀教学方法		二等奖	省教科所 省教育协会	2017.10
齐永平	全国中小学电脑制作活动甘肃赛区		三等奖	省电化教育中心	2017.10

魏　霞	指导十九届"《语文报》杯"全国小学生作文大赛		一等奖	语文报社 省教科所	2017.6
李玉珍	指导十九届"《语文报》杯"全国小学生作文大赛		一等奖	语文报社 省教科所	2017.6
尹兰萍	指导十九届"《语文报》杯"全国小学生作文大赛		一等奖	语文报社 省教科所	2017.6
王蕊凤	指导十九届"《语文报》杯"全国小学生作文大赛		一等奖	语文报社 省教科所	2017.6
苏　芬	指导十九届"《语文报》杯"全国小学生作文大赛		一等奖	语文报社 省教科所	2017.6
段竹兰	指导十九届"《语文报》杯"全国小学生作文大赛		一等奖	语文报社 省教科所	2017.6
汪晓倩	指导十九届"《语文报》杯"全国小学生作文大赛		一等奖	语文报社 省教科所	2017.6
录目加	指导十九届"《语文报》杯"全国小学生作文大赛		一等奖	语文报社 省教科所	2017.6
王秀英	指导十九届"《语文报》杯"全国小学生作文大赛		一等奖	语文报社 省教科所	2017.6
朱丽萍	指导十九届"《语文报》杯"全国小学生作文大赛		一等奖	语文报社 省教科所	2017.6
梁琴秀	指导十九届"《语文报》杯"全国小学生作文大赛		一等奖	语文报社 省教科所	2017.6
雷　莉	指导十九届"《语文报》杯"全国小学生作文大赛		一等奖	语文报社 省教科所	2017.6
卢小兰	指导十九届"《语文报》杯"全国小学生作文大赛		一等奖	语文报社 省教科所	2017.6
严廷秀	指导十九届"《语文报》杯"全国小学生作文大赛		一等奖	语文报社 省教科所	2017.6
张巧玲	指导十九届"《语文报》杯"全国小学生作文大赛		一等奖	语文报社 省教科所	2017.6
宗红红	指导十九届"《语文报》杯"全国小学生作文大赛		一等奖	语文报社 省教科所	2017.6
马妍萍	指导十九届"《语文报》杯"全国小学生作文大赛		一等奖	语文报社 省教科所	2017.6

邢素红	指导十九届“《语文报》杯”全国小学生作文大赛		一等奖	语文报社 省教科所	2017.6
张虎兰	指导十九届“《语文报》杯”全国小学生作文大赛		一等奖	语文报社 省教科所	2017.6
包元贞	指导十九届“《语文报》杯”全国小学生作文大赛		一等奖	语文报社 省教科所	2017.6
安晓燕	指导十九届“《语文报》杯”全国小学生作文大赛		一等奖	语文报社 省教科所	2017.6
杨晓静	指导十九届“《语文报》杯”全国小学生作文大赛		一等奖	语文报社 省教科所	2017.6
胡永霞	指导十九届“《语文报》杯”全国小学生作文大赛		一等奖	语文报社 省教科所	2017.6
李卓玛	指导十九届“《语文报》杯”全国小学生作文大赛		一等奖	语文报社 省教科所	2017.6
牛生瑞	指导十九届“《语文报》杯”全国小学生作文大赛		一等奖	语文报社 省教科所	2017.6
安艳花	指导十九届“《语文报》杯”全国小学生作文大赛		一等奖	语文报社 省教科所	2017.6
包晓霞	指导十九届“《语文报》杯”全国小学生作文大赛		一等奖	语文报社 省教科所	2017.6
田翠霞	指导十九届“《语文报》杯”全国小学生作文大赛		一等奖	语文报社 省教科所	2017.6
石永红	指导十九届“《语文报》杯”全国小学生作文大赛		一等奖	语文报社 省教科所	2017.6
马芳芳	指导十九届“《语文报》杯”全国小学生作文大赛		一等奖	语文报社 省教科所	2017.6
魏智文	指导十九届“《语文报》杯”全国小学生作文大赛		一等奖	语文报社 省教科所	2017.6
尹春芳	指导十九届“《语文报》杯”全国小学生作文大赛		一等奖	语文报社 省教科所	2017.6
李菊芳	指导十九届“《语文报》杯”全国小学生作文大赛		一等奖	语文报社 省教科所	2017.6
俞春英	指导十九届“《语文报》杯”全国小学生作文大赛		一等奖	语文报社 省教科所	2017.6

杨　洁	指导十九届"《语文报》杯"全国小学生作文大赛		一等奖	语文报社 省教科所	2017.6
王桂英	指导十九届"《语文报》杯"全国小学生作文大赛		一等奖	语文报社 省教科所	2017.6
杨晓红	指导十九届"《语文报》杯"全国小学生作文大赛		一等奖	语文报社 省教科所	2017.6
胡鹏霞	指导十九届"《语文报》杯"全国小学生作文大赛		一等奖	语文报社 省教科所	2017.6
安美芳	指导十九届"《语文报》杯"全国小学生作文大赛		一等奖	语文报社 省教科所	2017.6
张永飞	指导十九届"《语文报》杯"全国小学生作文大赛		一等奖	语文报社 省教科所	2017.6
陆慧珍	指导十九届"《语文报》杯"全国小学生作文大赛		一等奖	语文报社 省教科所	2017.6
王红玉	指导十九届"《语文报》杯"全国小学生作文大赛		一等奖	语文报社 省教科所	2017.6
赵彩虹	指导十九届"《语文报》杯"全国小学生作文大赛		一等奖	语文报社 省教科所	2017.6
魏艳文	指导十九届"《语文报》杯"全国小学生作文大赛		一等奖	语文报社 省教科所	2017.6
安淑芳	指导十九届"《语文报》杯"全国小学生作文大赛		一等奖	语文报社 省教科所	2017.6
宗海琴	指导十九届"《语文报》杯"全国小学生作文大赛		一等奖	语文报社 省教科所	2017.6
杨梅芳	指导十九届"《语文报》杯"全国小学生作文大赛		一等奖	语文报社 省教科所	2017.6
宁生祥	指导十九届"《语文报》杯"全国小学生作文大赛		一等奖	语文报社 省教科所	2017.6
张丽萍	指导十九届"《语文报》杯"全国小学生作文大赛		一等奖	语文报社 省教科所	2017.6
闫　萍	指导十九届"《语文报》杯"全国小学生作文大赛		一等奖	语文报社 省教科所	2017.6
后喜凤	省"一师一优课，一课一名师"《神奇的肥皂粉》活动一等奖		二等奖	省教育厅	2017.10

雷　莉	甘南州“一师一优课，一课一名师”《只有一个地球》活动		二等奖	州教育局	2017.11
卢广怀	甘南州“一师一优课，一课一名师”《my favourite season》活动		二等奖	州教育局	2017.11
后喜凤	甘肃省“一师一优课，一课一名师”《神奇的肥皂粉》活动		一等奖	州教育局	2017.11
张燕妮	甘肃省“一师一优课，一课一名师”《桂花雨》活动县级优课			县教育局	2017.11
蔺新隆	甘肃省“一师一优课，一课一名师”《通用》活动县级优课			县教育局	2017.11
宗红红	甘肃省“一师一优课，一课一名师”《尊严》活动县级优课			县教育局	2017.11
夏淑珍	甘肃省“一师一优课，一课一名师”《巨人的花园》活动县级优课			县教育局	2017.11
闫　芳	甘肃省“一师一优课，一课一名师”《圆的面积》活动县级优课			县教育局	2017.11
张春花	甘肃省“一师一优课，一课一名师”《1000 以内数的认识》活动县级优课			县教育局	2017.11
李国华	甘肃省“一师一优课，一课一名师”《unit6 shopping–A》活动县级优课			县教育局	2017.11
何伟霞	甘肃省“一师一优课，一课一名师”《Bunit2 what time isit?–B》活动县级优课			县教育局	2017.11
王秀英	甘肃省“一师一优课，一课一名师”《unit2 my week–A》活动县级优课			县教育局	2017.11
宗海琴	甘肃省“一师一优课，一课一名师”《unit3 whatworld like?–B》活动县级优课			县教育局	2017.11
吴喜红	2017 年学前教育、中小学教育教学优秀论文		一等奖	省教科所	2017.11
李晓燕	2017 年学前教育、中小学教育教学优秀论文		一等奖	省教科所	2017.11

李卓玛	2017 年学前教育、中小学教育教学优秀论文		一等奖	省教科所	2017.11
李道知	2017 年学前教育、中小学教育教学优秀论文		二等奖	省教科所	2017.11
刘玲珍	2017 年学前教育、中小学教育教学优秀论文		二等奖	省教科所	2017.11
黄兰芸	2017 年学前教育、中小学教育教学优秀论文		二等奖	省教科所	2017.11
后巧娃	2017 年学前教育、中小学教育教学优秀论文		二等奖	省教科所	2017.11
范海霞	2017 年学前教育、中小学教育教学优秀论文		二等奖	省教科所	2017.11
安淑芳	2017 年学前教育、中小学教育教学优秀论文		二等奖	省教科所	2017.11
赵海燕	2017 年学前教育、中小学教育教学优秀论文		二等奖	省教科所	2017.11
宁生祥	2017 年学前教育、中小学教育教学优秀论文		二等奖	省教科所	2017.11
石永红	2017 年学前教育、中小学教育教学优秀论文		二等奖	省教科所	2017.11
卢广怀	2017 年学前教育、中小学教育教学优秀论文		二等奖	省教科所	2017.11
王英俊	2017 年学前教育、中小学教育教学优秀论文		二等奖	省教科所	2017.11
闫 萍	2017 年学前教育、中小学教育教学优秀论文		二等奖	省教科所	2017.11
闫 芳	2017 年学前教育、中小学教育教学设计		二等奖	省教科所	2017.11
李国华	2017 年学前教育、中小学教育教学设计		二等奖	省教科所	2017.11
赵红霞	2017 年学前教育、中小学教育教学设计		二等奖	省教科所	2017.11
李玉珍	2017 年学前教育、中小学教育教学优秀论文		三等奖	省教科所	2017.11

潘喜春	2017年学前教育、中小学教育教学优秀论文		三等奖	省教科所	2017.11
严廷秀	2017年学前教育、中小学教育教学优秀论文		三等奖	省教科所	2017.11
王秀英	2017年学前教育、中小学教育教学优秀论文		三等奖	省教科所	2017.11
齐永平	2017年学前教育、中小学教育教学优秀论文		三等奖	省教科所	2017.11
董永清	2017年学前教育、中小学教育教学优秀论文		三等奖	省教科所	2017.11
丁小燕	2017年学前教育、中小学教育教学优秀论文		三等奖	省教科所	2017.11
杨 滢	2017年学前教育、中小学教育教学优秀论文		三等奖	省教科所	2017.11
赵彩虹	2017年学前教育、中小学教育教学优秀论文		三等奖	省教科所	2017.11
扈文华	《运用现代多媒体技术 优化科学实验教学》		三等奖	省电化教育中心	2017.12
吴林祥	甘肃省第五届教学技能大赛		三等奖	省教科所	2017.10
卢秉礼	甘南州音乐素养大赛		二等奖	州教研室	2017.10
周彩霞	信息技术支持下的小学数学课堂教学实践研究	《文存月刊》	一等奖		2018.06
杨梅芳	探索数学综合实践的新模式	《新课程》	优秀奖		2018.08
宗海琴	合理运用多媒体 激活小学英语课堂	《文存月刊》	一等奖		2018.06

第五节 学生竞赛获奖

姓 名	获奖名称	授予单位	获奖时间
卓么东珠	全国英语竞赛甘南赛区三等奖	州教育局	2013.5
张亚椿	全国英语竞赛甘南赛区三等奖	州教育局	2013.5
孙毓彤	全国英语竞赛甘南赛区三等奖	州教育局	2013.5
张 暖	全国英语竞赛甘南赛区二等奖	州教育局	2013.5
郑 麟	全国英语竞赛甘南赛区二等奖	州教育局	2013.5
牛睿欣	全国英语竞赛甘南赛区二等奖	州教育局	2013.5
包晨昕	全国英语竞赛甘南赛区二等奖	州教育局	2013.5
王晓玥	全国英语竞赛甘南赛区二等奖	州教育局	2013.5
姜启云	全国英语竞赛甘南赛区二等奖	州教育局	2013.5
赵 晟	全国书画大赛优秀奖	中国书法家协会	2013.7
雷 宏	全国书画大赛优秀奖	中国书法家协会	2013.7
卓么东珠	全国英语竞赛三等奖	国际外语协会	2013.5
张亚椿	全国英语竞赛三等奖	国际外语协会	2013.5
孙毓彤	全国英语竞赛三等奖	国际外语协会	2013.5
张 暖	全国英语竞赛三等奖	国际外语协会	2013.5
郑 麟	全国英语竞赛三等奖	国际外语协会	2013.5
牛睿欣	全国英语竞赛三等奖	国际外语协会	2013.5
包晨昕	全国英语竞赛三等奖	国际外语协会	2013.5
王晓玥	全国英语竞赛三等奖	国际外语协会	2013.5
姜启云	全国英语竞赛三等奖	国际外语协会	2013.5
罗 玥	十五届“《语文报》杯”征文大赛特等奖	共青团中央学校部 语文报社 省教科所	2013.5
汪明浩	十五届“《语文报》杯”征文大赛特等奖	共青团中央学校部 语文报社 省教科所	2013.5

张　佳	十五届“《语文报》杯”征文大赛特等奖	共青团中央学校部 语文报社 省教科所	2013.5
何　洋	十五届“《语文报》杯”征文大赛一等奖	共青团中央学校部 语文报社 省教科所	2013.5
安旭阳	十五届“《语文报》杯”征文大赛一等奖	共青团中央学校部 语文报社 省教科所	2013.5
金文冰	十五届“《语文报》杯”征文大赛一等奖	共青团中央学校部 语文报社 省教科所	2013.5
杨　帆	十五届“《语文报》杯”征文大赛一等奖	共青团中央学校部 语文报社 省教科所	2013.5
杨俊楠	十五届“《语文报》杯”征文大赛一等奖	共青团中央学校部 语文报社 省教科所	2013.5
何　健	十五届“《语文报》杯”征文大赛一等奖	共青团中央学校部 语文报社 省教科所	2013.5
赵辰骏	十五届“《语文报》杯”征文大赛一等奖	共青团中央学校部 语文报社 省教科所	2013.5
王　欣	十五届“《语文报》杯”征文大赛一等奖	共青团中央学校部 语文报社 省教科所	2013.5
张　彤	十五届“《语文报》杯”征文大赛二等奖	共青团中央学校部 语文报社 省教科所	2013.5
贾梦凡	十五届“《语文报》杯”征文大赛二等奖	共青团中央学校部 语文报社 省教科所	2013.5
裴　斐	十五届“《语文报》杯”征文大赛二等奖	共青团中央学校部 语文报社 省教科所	2013.5
姜启云	十五届“《语文报》杯”征文大赛二等奖	共青团中央学校部 语文报社 省教科所	2013.5
虎扎什草	十五届“《语文报》杯”征文大赛二等奖	共青团中央学校部 语文报社 省教科所	2013.5
卓么东珠	“中国梦·我心目中的好老师”征文大赛甘南赛区二等奖	州语委	2013.12
马博雅	“中国梦·我心目中的好老师”征文大赛甘南赛区优秀奖	州语委	2013.12
李　靖	全国小学生英语竞赛甘南赛区三等奖	州教育局	2014.5
牛睿欣	全国小学生英语竞赛甘南赛区一等奖	州教育局	2014.5
姜启云	全国小学生英语竞赛甘南赛区二等奖	州教育局	2014.5
王晓玥	全国小学生英语竞赛甘南赛区三等奖	州教育局	2014.5
付毅伟	全国小学生英语竞赛甘南赛区二等奖	州教育局	2014.5
郑　麟	全国小学生英语竞赛甘南赛区二等奖	州教育局	2014.5
李　靖	全国小学生英语竞赛全国三等奖	国际外协中国外协国家外语中心	2014.5

牛睿欣	全国小学生英语竞赛全国三等奖	国际外协中国外协国家外语中心	2014.5
姜启云	全国小学生英语竞赛全国三等奖	国际外协中国外协国家外语中心	2014.5
王晓玥	全国小学生英语竞赛全国三等奖	国际外协中国外协国家外语中心	2014.5
付毅伟	全国小学生英语竞赛全国三等奖	国际外协中国外协国家外语中心	2014.5
郑　麟	全国小学生英语竞赛全国三等奖	国际外协中国外协国家外语中心	2014.5
珠毛吉	十六届“《语文报》杯”征文大赛特等奖	语文报社 省教科所	2014.8
杨　帆	十六届“《语文报》杯”征文大赛特等奖	语文报社 省教科所	2014.8
芦喜玲	十六届“《语文报》杯”征文大赛特等奖	语文报社 省教科所	2014.8
闫　灏	十六届“《语文报》杯”征文大赛特等奖	语文报社 省教科所	2014.8
杜博非	十六届“《语文报》杯”征文大赛一等奖	语文报社 省教科所	2014.8
石欣茹	十六届“《语文报》杯”征文大赛一等奖	语文报社 省教科所	2014.8
牛佩剑	十六届“《语文报》杯”征文大赛一等奖	语文报社 省教科所	2014.8
杨凌峰	十六届“《语文报》杯”征文大赛一等奖	语文报社 省教科所	2014.8
魏稼雨	十六届“《语文报》杯”征文大赛一等奖	语文报社 省教科所	2014.8
张　蓉	十六届“《语文报》杯”征文大赛一等奖	语文报社 省教科所	2014.8
包晨昕	十六届“《语文报》杯”征文大赛二等奖	语文报社 省教科所	2014.8
陈才让草	十六届“《语文报》杯”征文大赛二等奖	语文报社 省教科所	2014.8
郭玉霞	十六届“《语文报》杯”征文大赛二等奖	语文报社 省教科所	2014.8
胡晓婷	十六届“《语文报》杯”征文大赛二等奖	语文报社 省教科所	2014.8
强红莉	十六届“《语文报》杯”征文大赛二等奖	语文报社 省教科所	2014.8
牛旋（小）	十六届“《语文报》杯”征文大赛二等奖	语文报社 省教科所	2014.8
杨俊楠	十六届“《语文报》杯”征文大赛二等奖	语文报社 省教科所	2014.8
蒲桃霞	十六届“《语文报》杯”征文大赛二等奖	语文报社 省教科所	2014.8
郭筱天	英语竞赛四年级组三等奖	国家基础教育实验中心外教中心	2015.5

包晨旭	英语竞赛四年级组三等奖	国家基础教育实验中心外教中心	2015.5
李雅慧	英语竞赛四年级组三等奖	国家基础教育实验中心外教中心	2015.5
刘振楠	英语竞赛四年级组三等奖	国家基础教育实验中心外教中心	2015.5
李　婧	英语竞赛四年级组三等奖	国家基础教育实验中心外教中心	2015.5
王　莹	英语竞赛五年级组二等奖	国家基础教育实验中心外教中心	2015.5
李丽萍	英语竞赛五年级组三等奖	国家基础教育实验中心外教中心	2015.5
牛睿欣	英语竞赛五年级组三等奖	国家基础教育实验中心外教中心	2015.5
刘润林	英语竞赛五年级组三等奖	国家基础教育实验中心外教中心	2015.5
武　博	英语竞赛五年级组三等奖	国家基础教育实验中心外教中心	2015.5
金建雄	英语竞赛五年级组三等奖	国家基础教育实验中心外教中心	2015.5
王璐瑶	英语竞赛五年级组三等奖	国家基础教育实验中心外教中心	2015.5
何晓伟	英语竞赛五年级组三等奖	国家基础教育实验中心外教中心	2015.5
包晨昕	英语竞赛五年级组三等奖	国家基础教育实验中心外教中心	2015.5
寇鹏翔	英语竞赛五年级组三等奖	国家基础教育实验中心外教中心	2015.5
王晓玥	英语竞赛六年级组三等奖	国家基础教育实验中心外教中心	2015.5
来炯文	英语竞赛六年级组三等奖	国家基础教育实验中心外教中心	2015.5
姜启云	英语竞赛六年级组三等奖	国家基础教育实验中心外教中心	2015.5
裴　斐	英语竞赛六年级组三等奖	国家基础教育实验中心外教中心	2015.5
李艳芬	英语竞赛六年级组三等奖	国家基础教育实验中心外教中心	2015.5
张玮坤	英语竞赛低年级组一等奖	州教育局	2015.5
郭筱天	英语竞赛四年级组一等奖	州教育局	2015.5
包晨旭	英语竞赛四年级组一等奖	州教育局	2015.5
刘振楠	英语竞赛四年级组二等奖	州教育局	2015.5

李雅慧	英语竞赛四年级组二等奖	州教育局	2015.5
李 婧	英语竞赛四年级组二等奖	州教育局	2015.5
王 莹	英语竞赛五年级组二等奖	州教育局	2015.5
武 博	英语竞赛五年级组二等奖	州教育局	2015.5
牛睿欣	英语竞赛五年级组二等奖	州教育局	2015.5
金建雄	英语竞赛五年级组二等奖	州教育局	2015.5
刘润林	英语竞赛五年级组二等奖	州教育局	2015.5
王璐瑶	英语竞赛五年级组二等奖	州教育局	2015.5
寇鹏翔	英语竞赛五年级组二等奖	州教育局	2015.5
包晨昕	英语竞赛五年级组三等奖	州教育局	2015.5
何晓伟	英语竞赛五年级组三等奖	州教育局	2015.5
来炯文	英语竞赛六年级组一等奖	州教育局	2015.5
姜启云	英语竞赛六年级组二等奖	州教育局	2015.5
裴 斐	英语竞赛六年级组三等奖	州教育局	2015.5
李艳芬	英语竞赛六年级组三等奖	州教育局	2015.5
王晓玥	英语竞赛六年级组三等奖	州教育局	2015.5
贾杰琳	十七届“《语文报》杯”征文大赛二等奖	语文报社 省教科所	2015.5
李文涛	十七届“《语文报》杯”征文大赛特等奖	语文报社 省教科所	2015.5
全 荣	十七届“《语文报》杯”征文大赛特等奖	语文报社 省教科所	2015.5
温吉祥	十七届“《语文报》杯”征文大赛特等奖	语文报社 省教科所	2015.5
张子扬	十七届“《语文报》杯”征文大赛特等奖	语文报社 省教科所	2015.5
郭天祥	十七届“《语文报》杯”征文大赛一等奖	语文报社 省教科所	2015.5
朱 妍	十七届“《语文报》杯”征文大赛一等奖	语文报社 省教科所	2015.5
朱晓鸿	十七届“《语文报》杯”征文大赛一等奖	语文报社 省教科所	2015.5

杨舒文	十七届“《语文报》杯”征文大赛一等奖	语文报社 省教科所	2015.5
包艳青	十七届“《语文报》杯”征文大赛一等奖	语文报社 省教科所	2015.5
景雯倩	十七届“《语文报》杯”征文大赛一等奖	语文报社 省教科所	2015.5
祁舒寒	十七届“《语文报》杯”征文大赛一等奖	语文报社 省教科所	2015.5
杨　帆	十七届“《语文报》杯”征文大赛一等奖	语文报社 省教科所	2015.5
王璐瑶	十七届“《语文报》杯”征文大赛一等奖	语文报社 省教科所	2015.5
李普沙女	十七届“《语文报》杯”征文大赛一等奖	语文报社 省教科所	2015.5
才让草	十七届“《语文报》杯”征文大赛一等奖	语文报社 省教科所	2015.5
李玉峰	十七届“《语文报》杯”征文大赛一等奖	语文报社 省教科所	2015.5
郭萧天	十七届“《语文报》杯”征文大赛一等奖	语文报社 省教科所	2015.5
闫志涛	十七届“《语文报》杯”征文大赛一等奖	语文报社 省教科所	2015.5
张洁雯	十七届“《语文报》杯”征文大赛一等奖	语文报社 省教科所	2015.5
马晨源	十七届“《语文报》杯”征文大赛二等奖	语文报社 省教科所	2015.5
安　琳	十七届“《语文报》杯”征文大赛二等奖	语文报社 省教科所	2015.5
桑吉才让	十七届“《语文报》杯”征文大赛二等奖	语文报社 省教科所	2015.5
苏小菡	全国小学英语竞赛甘南赛区三年级一等奖	州教育局	2016.6
张玮坤	全国小学英语竞赛甘南赛区四年级一等奖	州教育局	2016.6
包晨旭	全国小学英语竞赛甘南赛区五年级一等奖	州教育局	2016.6
刘润林	全国小学英语竞赛甘南赛区六年级一等奖	州教育局	2016.6
武　博	全国小学英语竞赛甘南赛区六年级一等奖	州教育局	2016.6
王　莹	全国小学英语竞赛甘南赛区六年级一等奖	州教育局	2016.6
唐香云	全国小学英语竞赛甘南赛区三年级三等奖	州教育局	2016.6
陆娅丰	全国小学英语竞赛甘南赛区四年级三等奖	州教育局	2016.6
李　婧	全国小学英语竞赛甘南赛区五年级二等奖	州教育局	2016.6

郭筱天	全国小学英语竞赛甘南赛区五年级二等奖	州教育局	2016.6
马海琳	全国小学英语竞赛甘南赛区五年级二等奖	州教育局	2016.6
申俊义	全国小学英语竞赛甘南赛区五年级二等奖	州教育局	2016.6
尼毛吉	全国小学英语竞赛甘南赛区五年级二等奖	州教育局	2016.6
胡晓彤	全国小学英语竞赛甘南赛区五年级三等奖	州教育局	2016.6
李雅慧	全国小学英语竞赛甘南赛区五年级三等奖	州教育局	2016.6
何晓伟	全国小学英语竞赛甘南赛区六年级三等奖	州教育局	2016.6
方　睿	全国小学英语竞赛甘南赛区六年级三等奖	州教育局	2016.6
张玮坤	全国小学英语竞赛四年级组二等奖	国际外协 中国外协 国家基教外语中心	2016.5
唐香云	全国小学英语竞赛低年级组三等奖	国际外协 中国外协 国家基教外语中心	2016.5
苏小菡	全国小学英语竞赛低年级组三等奖	国际外协 中国外协 国家基教外语中心	2016.5
陆娅丰	全国小学英语竞赛四年级组三等奖	国际外协 中国外协 国家基教外语中心	2016.5
胡晓彤	全国小学英语竞赛五年级组三等奖	国际外协 中国外协 国家基教外语中心	2016.5
李雅慧	全国小学英语竞赛五年级组三等奖	国际外协 中国外协 国家基教外语中心	2016.5
申俊义	全国小学英语竞赛五年级组三等奖	国际外协 中国外协 国家基教外语中心	2016.5
尼毛吉	全国小学英语竞赛五年级组三等奖	国际外协 中国外协 国家基教外语中心	2016.5
马海琳	全国小学英语竞赛五年级组三等奖	国际外协 中国外协 国家基教外语中心	2016.5
郭筱天	全国小学英语竞赛五年级组三等奖	国际外协 中国外协 国家基教外语中心	2016.5
李　婧	全国小学英语竞赛五年级组三等奖	国际外协 中国外协 国家基教外语中心	2016.5
包晨旭	全国小学英语竞赛五年级组三等奖	国际外协 中国外协 国家基教外语中心	2016.5
刘润林	全国小学英语竞赛六年级组三等奖	国际外协 中国外协 国家基教外语中心	2016.5
方　睿	全国小学英语竞赛六年级组三等奖	国际外协 中国外协 国家基教外语中心	2016.5
何晓伟	全国小学英语竞赛六年级组三等奖	国际外协 中国外协 国家基教外语中心	2016.5

武　博	全国小学英语竞赛六年级组三等奖	国际外协 中国外协 国家基教外语中心	2016.5
王　莹	全国小学英语竞赛六年级组三等奖	国际外协 中国外协 国家基教外语中心	2016.5
尹蓝祥	十八届“《语文报》杯”征文大赛二等奖	语文报社 语文教学通讯	2016.5
张　珂	十八届“《语文报》杯”征文大赛特等奖	语文报社 省教科所	2016.5
马　倩	十八届“《语文报》杯”征文大赛特等奖	语文报社 省教科所	2016.5
庞雨宁	十八届“《语文报》杯”征文大赛特等奖	语文报社 省教科所	2016.5
杨　帆	十八届“《语文报》杯”征文大赛特等奖	语文报社 省教科所	2016.5
包晨昕	十八届“《语文报》杯”征文大赛特等奖	语文报社 省教科所	2016.5
王　杰	十八届“《语文报》杯”征文大赛特等奖	语文报社 省教科所	2016.5
朱晓鸿	十八届“《语文报》杯”征文大赛特等奖	语文报社 省教科所	2016.5
王　彤	十八届“《语文报》杯”征文大赛特等奖	语文报社 省教科所	2016.5
刘润林	十八届“《语文报》杯”征文大赛特等奖	语文报社 省教科所	2016.5
田晨羽	十八届“《语文报》杯”征文大赛特等奖	语文报社 省教科所	2016.5
张开成	十八届“《语文报》杯”征文大赛特等奖	语文报社 省教科所	2016.5
周　静	十八届“《语文报》杯”征文大赛一等奖	语文报社 省教科所	2016.5
袁　浩	十八届“《语文报》杯”征文大赛一等奖	语文报社 省教科所	2016.5
石盛杰	十八届“《语文报》杯”征文大赛一等奖	语文报社 省教科所	2016.5
敏　娜	十八届“《语文报》杯”征文大赛一等奖	语文报社 省教科所	2016.5
范青婷	十八届“《语文报》杯”征文大赛一等奖	语文报社 省教科所	2016.5
芦喜林	十八届“《语文报》杯”征文大赛一等奖	语文报社 省教科所	2016.5
李玉峰	十八届“《语文报》杯”征文大赛一等奖	语文报社 省教科所	2016.5
王　楷	十八届“《语文报》杯”征文大赛一等奖	语文报社 省教科所	2016.5
蒙　雯	十八届“《语文报》杯”征文大赛一等奖	语文报社 省教科所	2016.5
胡才让草	十八届“《语文报》杯”征文大赛一等奖	语文报社 省教科所	2016.5

赵绒地草	十八届“《语文报》杯”征文大赛一等奖	语文报社 省教科所	2016.5
李志斗曼	十八届“《语文报》杯”征文大赛一等奖	语文报社 省教科所	2016.5
尼毛吉	十八届“《语文报》杯”征文大赛一等奖	语文报社 省教科所	2016.5
马海琳	十八届“《语文报》杯”征文大赛一等奖	语文报社 省教科所	2016.5
高　原	十八届“《语文报》杯”征文大赛一等奖	语文报社 省教科所	2016.5
张学睿	十八届“《语文报》杯”征文大赛二等奖	语文报社 省教科所	2016.5
齐盼青	十八届“《语文报》杯”征文大赛二等奖	语文报社 省教科所	2016.5
王桃霞	十八届“《语文报》杯”征文大赛二等奖	语文报社 省教科所	2016.5
马菊花	十八届“《语文报》杯”征文大赛二等奖	语文报社 省教科所	2016.5
贾梦凡	十八届“《语文报》杯”征文大赛二等奖	语文报社 省教科所	2016.5
杨　斌	十八届“《语文报》杯”征文大赛二等奖	语文报社 省教科所	2016.5
蔺紫彤	十八届“《语文报》杯”征文大赛二等奖	语文报社 省教科所	2016.5
孟一菡	十八届“《语文报》杯”征文大赛二等奖	语文报社 省教科所	2016.5
张　博	十八届“《语文报》杯”征文大赛二等奖	语文报社 省教科所	2016.5
齐盼青	作品《雾霾让我们失去了美丽》荣获第十七届全国中小学电脑制作活动小学组电脑绘二等奖	省电化教育中心	2016.12
开钰昊	作品《我家幸福年》荣获第十七届全国中小学电脑制作活动小学组电子板报三等奖	省电化教育中心	2016.12
张学睿	作品《学雷锋我行动》荣获第十七届全国中小学电脑制作活动小学组电脑绘画三等奖	省电化教育中心	2016.12
张　凡	全国小学英语竞赛低年级组三等奖	州教育局	2017.5
卢　阳	全国小学英语竞赛低年级组三等奖	州教育局	2017.5
后　涵	全国小学英语竞赛低年级组三等奖	州教育局	2017.5
苏小菡	全国小学英语竞赛四年级组一等奖	州教育局	2017.5

郑韶华	全国小学英语竞赛四年级组一等奖	州教育局	2017.5
张轩轩	全国小学英语竞赛四年级组二等奖	州教育局	2017.5
王书婷	全国小学英语竞赛四年级组三等奖	州教育局	2017.5
雷文婷	全国小学英语竞赛四年级组三等奖	州教育局	2017.5
张玮坤	全国小学英语竞赛五年级组一等奖	州教育局	2017.5
张学睿	全国小学英语竞赛五年级组三等奖	州教育局	2017.5
黄锦文	全国小学英语竞赛五年级组三等奖	州教育局	2017.5
马海琳	全国小学英语竞赛六年级组二等奖	州教育局	2017.5
包晨旭	全国小学英语竞赛六年级组二等奖	州教育局	2017.5
汪文沛	全国小学英语竞赛六年级组三等奖	州教育局	2017.5
李　婧	全国小学英语竞赛六年级组三等奖	州教育局	2017.5
李雅慧	全国小学英语竞赛六年级组三等奖	州教育局	2017.5
田晨羽	全国小学英语竞赛六年级组三等奖	州教育局	2017.5
后　涵	全国小学英语竞赛六年级组三等奖	国际外协　中国外协 国家基教外语中心	2017.5
卢　阳	全国小学英语竞赛六年级组三等奖	国际外协　中国外协 国家基教外语中心	2017.5
张　凡	全国小学英语竞赛六年级组三等奖	国际外协　中国外协 国家基教外语中心	2017.5
苏小函	全国小学英语竞赛六年级组三等奖	国际外协　中国外协 国家基教外语中心	2017.5
张轩轩	全国小学英语竞赛六年级组三等奖	国际外协　中国外协 国家基教外语中心	2017.5
王书婷	全国小学英语竞赛六年级组三等奖	国际外协　中国外协 国家基教外语中心	2017.5
雷文婷	全国小学英语竞赛六年级组三等奖	国际外协　中国外协 国家基教外语中心	2017.5
包晨旭	全国小学英语竞赛六年级组三等奖	国际外协　中国外协 国家基教外语中心	2017.5
马海琳	全国小学英语竞赛六年级组三等奖	国际外协　中国外协 国家基教外语中心	2017.5

李 婧	全国小学英语竞赛六年级组三等奖	国际外协 中国外协 国家基教外语中心	2017.5
汪文沛	全国小学英语竞赛六年级组三等奖	国际外协 中国外协 国家基教外语中心	2017.5
田晨羽	全国小学英语竞赛六年级组三等奖	国际外协 中国外协 国家基教外语中心	2017.5
李雅慧	全国小学英语竞赛六年级组三等奖	国际外协 中国外协 国家基教外语中心	2017.5
黄锦文	全国小学英语竞赛六年级组三等奖	国际外协 中国外协 国家基教外语中心	2017.5
张学睿	全国小学英语竞赛六年级组三等奖	国际外协 中国外协 国家基教外语中心	2017.5
张玮坤	全国小学英语竞赛六年级组三等奖	国际外协 中国外协 国家基教外语中心	2017.5
齐盼青	全国中小学电脑制作活动《美丽的大峪沟》甘肃赛区三等奖	省电化教育中心	2017.1
南吉卓玛	全国中小学电脑制作活动《青青柳芽报》甘肃赛区三等奖	省电化教育中心	2017.1
张 琼	十九届“《语文报》杯”征文大赛二等奖	共青团中央学校部中国语文报刊协会语文报社	2017.6
闫红梅	十九届“《语文报》杯”征文大赛二等奖	共青团中央学校部中国语文报刊协会语文报社	2017.6
杨 绚	十九届“《语文报》杯”征文大赛三等奖	共青团中央学校部中国语文报刊协会语文报社	2017.6
窦 倩	十九届“《语文报》杯”征文大赛三等奖	共青团中央学校部中国语文报刊协会语文报社	2017.6
王卓玛草	十九届“《语文报》杯”征文大赛三等奖	共青团中央学校部中国语文报刊协会语文报社	2017.6
班玛草	十九届“《语文报》杯”征文大赛三等奖	共青团中央学校部中国语文报刊协会语文报社	2017.6
王瑞娴	十九届“《语文报》杯”征文大赛一等奖	共青团中央学校部中国语文报刊协会语文报社	2017.6
朱彦琼	十九届“《语文报》杯”征文大赛一等奖	共青团中央学校部中国语文报刊协会语文报社	2017.6
苏 璟	十九届“《语文报》杯”征文大赛一等奖	共青团中央学校部中国语文报刊协会语文报社	2017.6
申家馨	十九届“《语文报》杯”征文大赛一等奖	共青团中央学校部中国语文报刊协会语文报社	2017.6
杜 杰	十九届“《语文报》杯”征文大赛一等奖	共青团中央学校部中国语文报刊协会语文报社	2017.6

王嘉昊	十九届“《语文报》杯”征文大赛一等奖	共青团中央学校部中国语文报刊协会语文报社	2017.6
王佳媛	十九届“《语文报》杯”征文大赛一等奖	共青团中央学校部中国语文报刊协会语文报社	2017.6
尹海祯	十九届“《语文报》杯”征文大赛一等奖	共青团中央学校部中国语文报刊协会语文报社	2017.6
孙雪燕	十九届“《语文报》杯”征文大赛一等奖	共青团中央学校部中国语文报刊协会语文报社	2017.6
孙雪玭	十九届“《语文报》杯”征文大赛一等奖	共青团中央学校部中国语文报刊协会语文报社	2017.6
寇宇轩	十九届“《语文报》杯”征文大赛一等奖	共青团中央学校部中国语文报刊协会语文报社	2017.6
李文婷	十九届“《语文报》杯”征文大赛一等奖	共青团中央学校部中国语文报刊协会语文报社	2017.6
宁　利	十九届“《语文报》杯”征文大赛一等奖	共青团中央学校部中国语文报刊协会语文报社	2017.6
张雨涵	十九届“《语文报》杯”征文大赛一等奖	共青团中央学校部中国语文报刊协会语文报社	2017.6
宋世美	十九届“《语文报》杯”征文大赛二等奖	共青团中央学校部中国语文报刊协会语文报社	2017.6
范配萤	十九届“《语文报》杯”征文大赛二等奖	共青团中央学校部中国语文报刊协会语文报社	2017.6
张　柯	十九届“《语文报》杯”征文大赛二等奖	共青团中央学校部中国语文报刊协会语文报社	2017.6
訾　楠	十九届“《语文报》杯”征文大赛二等奖	共青团中央学校部中国语文报刊协会语文报社	2017.6
赵昕冉	十九届“《语文报》杯”征文大赛二等奖	共青团中央学校部中国语文报刊协会语文报社	2017.6
刘举才	十九届“《语文报》杯”征文大赛二等奖	共青团中央学校部中国语文报刊协会语文报社	2017.6
杜雨婷	十九届“《语文报》杯”征文大赛二等奖	共青团中央学校部中国语文报刊协会语文报社	2017.6
朱宇琴	十九届“《语文报》杯”征文大赛二等奖	共青团中央学校部中国语文报刊协会语文报社	2017.6
雍　昕	十九届“《语文报》杯”征文大赛二等奖	共青团中央学校部中国语文报刊协会语文报社	2017.6
陈　洋	十九届“《语文报》杯”征文大赛二等奖	共青团中央学校部中国语文报刊协会语文报社	2017.6
胡锦荣	十九届“《语文报》杯”征文大赛二等奖	共青团中央学校部中国语文报刊协会语文报社	2017.6
闫红梅	十九届“《语文报》杯”征文大赛二等奖	共青团中央学校部中国语文报刊协会语文报社	2017.6
后　誉	十九届“《语文报》杯”征文大赛二等奖	共青团中央学校部中国语文报刊协会语文报社	2017.6

赵录目草	十九届“《语文报》杯”征文大赛二等奖	共青团中央学校部中国语文报刊协会语文报社	2017.6
杜 晖	十九届“《语文报》杯”征文大赛二等奖	共青团中央学校部中国语文报刊协会语文报社	2017.6
张婷婷	十九届“《语文报》杯”征文大赛二等奖	共青团中央学校部中国语文报刊协会语文报社	2017.6
李刀如曼	十九届“《语文报》杯”征文大赛二等奖	共青团中央学校部中国语文报刊协会语文报社	2017.6
杨卓鹏	十九届“《语文报》杯”征文大赛二等奖	共青团中央学校部中国语文报刊协会语文报社	2017.6
郭玉婷	十九届“《语文报》杯”征文大赛二等奖	共青团中央学校部中国语文报刊协会语文报社	2017.6
成菁菁	十九届“《语文报》杯”征文大赛二等奖	共青团中央学校部中国语文报刊协会语文报社	2017.6
李 华	十九届“《语文报》杯”征文大赛二等奖	共青团中央学校部中国语文报刊协会语文报社	2017.6
刘梦瑶	十九届“《语文报》杯”征文大赛二等奖	共青团中央学校部中国语文报刊协会语文报社	2017.6
徐建丽	十九届“《语文报》杯”征文大赛二等奖	共青团中央学校部中国语文报刊协会语文报社	2017.6
曹文静	十九届“《语文报》杯”征文大赛二等奖	共青团中央学校部中国语文报刊协会语文报社	2017.6
张 琼	十九届“《语文报》杯”征文大赛二等奖	共青团中央学校部中国语文报刊协会语文报社	2017.6
李 婧	十九届“《语文报》杯”征文大赛二等奖	共青团中央学校部中国语文报刊协会语文报社	2017.6
高 原	十九届“《语文报》杯”征文大赛二等奖	共青团中央学校部中国语文报刊协会语文报社	2017.6
姜怡菲	十九届“《语文报》杯”征文大赛三等奖	共青团中央学校部中国语文报刊协会语文报社	2017.6
房新怡	十九届“《语文报》杯”征文大赛三等奖	共青团中央学校部中国语文报刊协会语文报社	2017.6
王卓玛草	十九届“《语文报》杯”征文大赛三等奖	共青团中央学校部中国语文报刊协会语文报社	2017.6
曹宏俊	十九届“《语文报》杯”征文大赛三等奖	共青团中央学校部中国语文报刊协会语文报社	2017.6
杜 菲	十九届“《语文报》杯”征文大赛三等奖	共青团中央学校部中国语文报刊协会语文报社	2017.6
唐香云	十九届“《语文报》杯”征文大赛三等奖	共青团中央学校部中国语文报刊协会语文报社	2017.6
杨卓玛	十九届“《语文报》杯”征文大赛三等奖	共青团中央学校部中国语文报刊协会语文报社	2017.6
王 晶	十九届“《语文报》杯”征文大赛三等奖	共青团中央学校部中国语文报刊协会语文报社	2017.6
班玛草	十九届“《语文报》杯”征文大赛三等奖	共青团中央学校部中国语文报刊协会语文报社	2017.6

卢　昕	十九届“《语文报》杯”征文大赛三等奖	共青团中央学校部中国语文报刊协会语文报社	2017.6
李玉红	十九届“《语文报》杯”征文大赛三等奖	共青团中央学校部中国语文报刊协会语文报社	2017.6
包卓平	十九届“《语文报》杯”征文大赛三等奖	共青团中央学校部中国语文报刊协会语文报社	2017.6
牛海楠	十九届“《语文报》杯”征文大赛三等奖	共青团中央学校部中国语文报刊协会语文报社	2017.6
周　镕	十九届“《语文报》杯”征文大赛三等奖	共青团中央学校部中国语文报刊协会语文报社	2017.6
张学睿	十九届“《语文报》杯”征文大赛三等奖	共青团中央学校部中国语文报刊协会语文报社	2017.6
张昕玥	十九届“《语文报》杯”征文大赛三等奖	共青团中央学校部中国语文报刊协会语文报社	2017.6
余　倩	十九届“《语文报》杯”征文大赛三等奖	共青团中央学校部中国语文报刊协会语文报社	2017.6
刘慧珍	十九届“《语文报》杯”征文大赛三等奖	共青团中央学校部中国语文报刊协会语文报社	2017.6
赵　燕	十九届“《语文报》杯”征文大赛三等奖	共青团中央学校部中国语文报刊协会语文报社	2017.6
杨　彤	十九届“《语文报》杯”征文大赛三等奖	共青团中央学校部中国语文报刊协会语文报社	2017.6
朱钰涛	十九届“《语文报》杯”征文大赛三等奖	共青团中央学校部中国语文报刊协会语文报社	2017.6
曹完玛	十九届“《语文报》杯”征文大赛三等奖	共青团中央学校部中国语文报刊协会语文报社	2017.6
梁晓昕	十九届“《语文报》杯”征文大赛三等奖	共青团中央学校部中国语文报刊协会语文报社	2017.6
赵　睿	十九届“《语文报》杯”征文大赛三等奖	共青团中央学校部中国语文报刊协会语文报社	2017.6
康玮玲	十九届“《语文报》杯”征文大赛三等奖	共青团中央学校部中国语文报刊协会语文报社	2017.6
雍扎世草	十九届“《语文报》杯”征文大赛三等奖	共青团中央学校部中国语文报刊协会语文报社	2017.6
赵和堡	十九届“《语文报》杯”征文大赛三等奖	共青团中央学校部中国语文报刊协会语文报社	2017.6
窦　倩	十九届“《语文报》杯”征文大赛三等奖	共青团中央学校部中国语文报刊协会语文报社	2017.6
范丽雯	十九届“《语文报》杯”征文大赛三等奖	共青团中央学校部中国语文报刊协会语文报社	2017.6
杨　绚	十九届“《语文报》杯”征文大赛三等奖	共青团中央学校部中国语文报刊协会语文报社	2017.6
张　睿	第三节全国书法、硬笔书法网络大赛荣获少儿组优秀奖	中国硬笔书法协会	2018.06.25

张祯越	第三节全国书法、硬笔书法网络大赛荣获少儿组优秀奖	中国硬笔书法协会	2018.06.25
夏文鑫	第三节全国书法、硬笔书法网络大赛荣获少儿组优秀奖	中国硬笔书法协会	2018.06.25
张　荣	第三节全国书法、硬笔书法网络大赛荣获少儿组优秀奖	中国硬笔书法协会	2018.06.25
张　翔	第三节全国书法、硬笔书法网络大赛荣获少儿组优秀奖	中国硬笔书法协会	2018.06.25
马尚贤	第三节全国书法、硬笔书法网络大赛荣获少儿组优秀奖	中国硬笔书法协会	2018.06.25
王昕瑞	第三节全国书法、硬笔书法网络大赛荣获少儿组优秀奖	中国硬笔书法协会	2018.06.25
王雅欣	全州中小学书法篆刻评比活动中荣获小学组一等奖	州语言文字委员会	2018.09
张轩轩	第三节全国书法、硬笔书法网络大赛荣获少儿组一等奖	中国硬笔书法协会	2018.06.25
何家懿	第三节全国书法、硬笔书法网络大赛荣获少儿组二等奖	中国硬笔书法协会	2018.06.25
邢予涵	第三节全国书法、硬笔书法网络大赛荣获少儿组三等奖	中国硬笔书法协会	2018.06.25
高艺涵	第三节全国书法、硬笔书法网络大赛荣获少儿组三等奖	中国硬笔书法协会	2018.06.25
后　誉	第三节全国书法、硬笔书法网络大赛荣获少儿组三等奖	中国硬笔书法协会	2018.06.25
李　岩	第三节全国书法、硬笔书法网络大赛荣获少儿组三等奖	中国硬笔书法协会	2018.06.25
张　茜	第三节全国书法、硬笔书法网络大赛荣获少儿组三等奖	中国硬笔书法协会	2018.06.25
张昕月	第三节全国书法、硬笔书法网络大赛荣获少儿组三等奖	中国硬笔书法协会	2018.06.25
杨摇草	第三节全国书法、硬笔书法网络大赛荣获少儿组三等奖	中国硬笔书法协会	2018.06.25
虎枢涵	第三节全国书法、硬笔书法网络大赛荣获少儿组三等奖	中国硬笔书法协会	2018.06.25
郝怡雯	第三节全国书法、硬笔书法网络大赛荣获少儿组优秀奖	中国硬笔书法协会	2018.06.25
南吉卓玛	“第十八届全国中小学电脑制作活动”甘肃赛区获奖三等奖	省电教中心	2018.01.26
齐盼青	“第十八届全国中小学电脑制作活动”甘肃赛区获奖三等奖	省电教中心	2018.01.26
朱彦琼	在第二十届“语文报杯”全国小学生作文大赛中《家乡的桥》被评为省级三等奖	中国共产主义青年团 中国语文报刊协会 语文报社 语文教学通讯 省教育科学研究院	2018.06

王馨蕊	在第二十届“语文报杯”全国小学生作文大赛中《家乡的味道》被评为省级三等奖	中国共产主义青年团 中国语文报刊协会 语文报社 语文教学通讯 省教育科学研究院	2018.06
张　昊	在第二十届“语文报杯”全国小学生作文大赛中《图书大厦的老顾客》被评为省级二等奖	中国共产主义青年团 中国语文报刊协会 语文报社 语文教学通讯 省教育科学研究院	2018.06
张轩轩	在第二十届“语文报杯”全国小学生作文大赛中《心路》被评为省级二等奖	中国共产主义青年团 中国语文报刊协会 语文报社 语文教学通讯 省教育科学研究院	2018.06
郭凤玲	在第二十届“语文报杯”全国小学生作文大赛中《那条路》被评为省级三等奖	中国共产主义青年团 中国语文报刊协会 语文报社 语文教学通讯 省教育科学研究院	2018.06
王书婷	在第二十届“语文报杯”全国小学生作文大赛中《我的家乡》被评为省级三等奖	中国共产主义青年团 中国语文报刊协会 语文报社 语文教学通讯 省教育科学研究院	2018.06
宋　词	在第二十届“语文报杯”全国小学生作文大赛中《保护我的家乡》被评为省级三等奖	中国共产主义青年团 中国语文报刊协会 语文报社 语文教学通讯 省教育科学研究院	2018.06
卢　琼	在第二十届“语文报杯”全国小学生作文大赛中《未来的家园》被评为省级二等奖	中国共产主义青年团 中国语文报刊协会 语文报社 语文教学通讯 省教育科学研究院	2018.06
康恩熙	在第二十届“语文报杯”全国小学生作文大赛中《我的家乡》被评为省级三等奖	中国共产主义青年团 中国语文报刊协会 语文报社 语文教学通讯 省教育科学研究院	2018.06
林　琳	在第二十届“语文报杯”全国小学生作文大赛中《美丽家乡》被评为省级二等奖	中国共产主义青年团 中国语文报刊协会 语文报社 语文教学通讯 省教育科学研究院	2018.06
徐妍华	在第二十届“语文报杯”全国小学生作文大赛中《成长的路》被评为省级二等奖	中国共产主义青年团 中国语文报刊协会 语文报社 语文教学通讯 省教育科学研究院	2018.06
郭玲玲	在第二十届“语文报杯”全国小学生作文大赛中《美丽的卓尼》被评为省级三等奖	中国共产主义青年团 中国语文报刊协会 语文报社 语文教学通讯 省教育科学研究院	2018.06
张　翔	在第二十届“语文报杯”全国小学生作文大赛中《美丽家乡》被评为省级三等奖	中国共产主义青年团 中国语文报刊协会 语文报社 语文教学通讯 省教育科学研究院	2018.06
朱叶枫	在第二十届“语文报杯”全国小学生作文大赛中《成长的》被评为省级二等奖	中国共产主义青年团 中国语文报刊协会 语文报社 语文教学通讯 省教育科学研究院	2018.06

董淑芳	在第二十届“语文报杯”全国小学生作文大赛中《20年后的教室》被评为省级二等奖	中国共产主义青年团 中国语文报刊协会 语文报社 语文教学通讯 省教育科学研究院	2018.06
郝　鹏	在第二十届“语文报杯”全国小学生作文大赛中《家乡的小路》被评为省级三等奖	中国共产主义青年团 中国语文报刊协会 语文报社 语文教学通讯 省教育科学研究院	2018.06
张春燕	在第二十届“语文报杯”全国小学生作文大赛中《美丽的家园》被评为省级三等奖	中国共产主义青年团 中国语文报刊协会 语文报社 语文教学通讯 省教育科学研究院	2018.06
房新怡	在第二十届“语文报杯”全国小学生作文大赛中《家乡的桥》被评为省级三等奖	中国共产主义青年团 中国语文报刊协会 语文报社 语文教学通讯 省教育科学研究院	2018.06
张　霄	在第二十届“语文报杯”全国小学生作文大赛中《我的家园》被评为省级三等奖	中国共产主义青年团 中国语文报刊协会 语文报社 语文教学通讯 省教育科学研究院	2018.06
李志强	在第二十届“语文报杯”全国小学生作文大赛中《郊游的路上》被评为省级三等奖	中国共产主义青年团 中国语文报刊协会 语文报社 语文教学通讯 省教育科学研究院	2018.06
李秀丽	在第二十届“语文报杯”全国小学生作文大赛中《坚强之路》被评为省级一等奖	中国共产主义青年团 中国语文报刊协会 语文报社 语文教学通讯 省教育科学研究院	2018.06
王雅兴	在第二十届“语文报杯”全国小学生作文大赛中《家乡的美景》被评为省级三等奖	中国共产主义青年团 中国语文报刊协会 语文报社 语文教学通讯 省教育科学研究院	2018.06
刘怡馨	在第二十届“语文报杯”全国小学生作文大赛中《成长之路》被评为省级三等奖	中国共产主义青年团 中国语文报刊协会 语文报社 语文教学通讯 省教育科学研究院	2018.06
蒲　巍	在第二十届“语文报杯”全国小学生作文大赛中《家乡的居民》被评为省级二等奖	中国共产主义青年团 中国语文报刊协会 语文报社 语文教学通讯 省教育科学研究院	2018.06
马菊花	在第二十届“语文报杯”全国小学生作文大赛中《美丽之乡——洮砚》被评为省级三等奖	中国共产主义青年团 中国语文报刊协会 语文报社 语文教学通讯 省教育科学研究院	2018.06
仁青卓玛	在第二十届“语文报杯”全国小学生作文大赛中《我美丽的家园》被评为省级二等奖	中国共产主义青年团 中国语文报刊协会 语文报社 语文教学通讯 省教育科学研究院	2018.06
宋世豪	在第二十届“语文报杯”全国小学生作文大赛中《家乡的绿色美食》被评为省级二等奖	中国共产主义青年团 中国语文报刊协会 语文报社 语文教学通讯 省教育科学研究院	2018.06

黄锦文	在第二十届“语文报杯”全国小学生作文大赛中《成长的道路》被评为省级二等奖	中国共产主义青年团 中国语文报刊协会 语文报社 语文教学通讯 省教育科学研究院	2018.06
石旦知草	在第二十届“语文报杯”全国小学生作文大赛中《梦想之路》被评为省级三等奖	中国共产主义青年团 中国语文报刊协会 语文报社 语文教学通讯 省教育科学研究院	2018.06
杨兆宁	在第二十届“语文报杯”全国小学生作文大赛中《家乡的四季》被评为省级三等奖	中国共产主义青年团 中国语文报刊协会 语文报社 语文教学通讯 省教育科学研究院	2018.06
牛靖兰	在第二十届“语文报杯”全国小学生作文大赛中《县城的“家”》被评为省级二等奖	中国共产主义青年团 中国语文报刊协会 语文报社 语文教学通讯 省教育科学研究院	2018.06
杨　浩	在第二十届“语文报杯”全国小学生作文大赛中《家》被评为省级三等奖	中国共产主义青年团 中国语文报刊协会 语文报社 语文教学通讯 省教育科学研究院	2018.06
夏文博	在第二十届“语文报杯”全国小学生作文大赛中《家乡真美丽》被评为省级三等奖	中国共产主义青年团 中国语文报刊协会 语文报社 语文教学通讯 省教育科学研究院	2018.06
刘建鹏	在第二十届“语文报杯”全国小学生作文大赛中《路口的守望》被评为省级三等奖	中国共产主义青年团 中国语文报刊协会 语文报社 语文教学通讯 省教育科学研究院	2018.06
向睿琪	在第二十届“语文报杯”全国小学生作文大赛中《幸福的家园》被评为省级三等奖	中国共产主义青年团 中国语文报刊协会 语文报社 语文教学通讯 省教育科学研究院	2018.06
刘怡博	在第二十届“语文报杯”全国小学生作文大赛中《回家的路上》被评为省级一等奖	中国共产主义青年团 中国语文报刊协会 语文报社 语文教学通讯 省教育科学研究院	2018.06
杨　旭	在第二十届“语文报杯”全国小学生作文大赛中《回家的路》被评为省级二等奖	中国共产主义青年团 中国语文报刊协会 语文报社 语文教学通讯 省教育科学研究院	2018.06
寇娅宁	在第二十届“语文报杯”全国小学生作文大赛中《美丽的家园》被评为省级三等奖	中国共产主义青年团 中国语文报刊协会 语文报社 语文教学通讯 省教育科学研究院	2018.06
吴　波	在第二十届“语文报杯”全国小学生作文大赛中《美丽的家园》被评为省级三等奖	中国共产主义青年团 中国语文报刊协会 语文报社 语文教学通讯 省教育科学研究院	2018.06
王晓彤	在第二十届“语文报杯”全国小学生作文大赛中《温暖的“家”》被评为省级三等奖	中国共产主义青年团 中国语文报刊协会 语文报社 语文教学通讯 省教育科学研究院	2018.06

附　录

一、历任党支部书记

姓　名	性别	民族	籍　贯	职　务	任　职　时　间
赵　材	男	汉族	甘肃临洮	党支部书记	1982.1—1982.9
王建功	男	藏族	甘肃卓尼	校长兼党支部书记	1984—1987
金琦琳	男	藏族	甘肃临潭	校长兼党支部书记	1987—1991
张建炳	男	藏族	甘肃卓尼	校长兼党支部书记	1991.8—1996.1
刘　锋	男	汉族	甘肃陇西	校长兼党支部书记	1996.1—2002.9
杜树兰	女	藏族	甘肃临潭	校长兼党支部书记	2002.9—2007.10
张建炳	男	藏族	甘肃卓尼	校长兼党支部书记	2007.11—2011.8
杨虎成	男	藏族	甘肃卓尼	代理党支部书记	2011.9—2012.1
杨虎成	男	藏族	甘肃卓尼	党支部书记	2012.2 至今

二、历任校长

姓　名	性别	民族	籍　贯	职　务	任　职　时　间
杨积庆	男	藏族	甘肃卓尼	学　监	1921—1937
雍尊仁	男	藏族	甘肃临潭	校　长	1922—1924
祁 XX（名不详）	男	不详	不详	校　长	1925—1926
李玉堂	男	汉族	甘肃临潭	校　长	1926—1932
牛应斗	男	藏族	甘肃卓尼	校　长	1932—1934

常永华	男	藏族	甘肃卓尼	校长	1934—1935
郝　贵	男	藏族	甘肃卓尼	校长	1936—1937
杨生华	男	藏族	甘肃卓尼	校长	1937—1940
郝　贵	男	藏族	甘肃卓尼	代理校长	1940 年秋—1941
杨显宗	男	藏族	甘肃临潭	校长	1942
魏　琨	男	汉族	甘肃临洮	校长	1942 年秋—1944 年春
雷文焕	男	汉族	甘肃岷县	校长	1944 年秋—1945 年春
刘兴汉	男	藏族	甘肃卓尼	校长	1945 年秋
马全仁	男	藏族	甘肃卓尼	校长	1946 年春—1947 年秋
陶孙德	男	藏族	甘肃卓尼	校长	1947 年秋—1949 年秋
赵文炯	男	汉族	甘肃临潭	校长	1950 年春—1952 年春
石　璧	男	汉族	甘肃陇西	校长	1952 年秋—1954 年秋
刘维藩	男	汉族	甘肃陇西	校长	1955 年春
刘宗贤	男	汉族	甘肃陇西	校长	1955 年秋—1957 年春
王启敬	男	汉族	甘肃兰州	校长	1957 年秋
杨顺程	男	藏族	甘肃卓尼	校长	1958 年春—1960 年春
赵　材	男	汉族	甘肃会川	校长	1960 年秋—1966 年秋
张新民	男	汉族	甘肃临潭	校长	1966 年冬—1976 年春
赵　材	男	汉族	甘肃会川	校长	1976—1982 年春
王克统	男	汉族	甘肃临潭	校长	1982 年春—1984 年春
王建功	男	藏族	甘肃卓尼	校长	1984—1987 年 5 月
金琦琳	男	汉族	甘肃临潭	校长	1987 年 6 月—1991 年 7 月

张建炳	男	藏族	甘肃卓尼	校长兼党支部书记	1991 年 8 月—1996 年 1 月
刘 锋	男	汉族	甘肃陇西	校长兼党支部书记	1996 年 1 月—2002 年 9 月
杜树兰	女	藏族	甘肃临潭	校长兼党支部书记	2002 年 9 月—2007 年 10 月
张建炳	男	藏族	甘肃卓尼	校 长	2007 年 11 月—2011 年 8 月
杨虎成	男	藏族	甘肃卓尼	代理校长	2011 年 9 月—2012 年 1 月
靳芳琴	女	汉族	甘肃静宁	校 长	2012 年 2 月至今

三、历任副校长

姓 名	性别	民族	籍 贯	职 务	任 职 时 间
王宏业	男	藏族	甘肃临潭	副校长	1978 年秋—1982 年春
魏效贞	女	藏族	甘肃临潭	副校长	1993 年 12 月—1997 年 1 月
杜树兰	女	藏族	甘肃临潭	副校长	1997 年 1 月—2002 年 9 月
杨虎成	男	藏族	甘肃卓尼	副校长	2000 年 2 月—2012 年 1 月
王增喜	男	藏族	甘肃卓尼	副校长	2002 年 8 月—2004 年 11 月
靳芳琴	女	汉族	甘肃静宁	副校长兼教导主任	2005 年 8 月—2012 年 1 月
张国华	男	藏族	甘肃卓尼	副校长	2010 年 4 月—2012 年 1 月
王 坤	男	藏族	甘肃卓尼	副校长	2012 年 2 月—2014 年 2 月
王 云	男	藏族	甘肃卓尼	副校长	2012.2 至今
吴林祥	男	藏族	甘肃卓尼	副校长	2012.2 至今
邢学平	男	汉族	甘肃临潭	副校长	2014.12 至今

四、现任领导班子

姓名	性别	民族	籍贯	职务
杨虎成	男	藏族	甘肃卓尼	党支部书记
靳芳琴	女	汉族	甘肃静宁	校长
王　云	男	藏族	甘肃卓尼	副校长
吴林祥	男	藏族	甘肃卓尼	副校长
邢学平	男	汉族	甘肃临潭	副校长

现任领导班子合影（左起：邢学平　吴林祥　靳芳琴　杨虎成　王云）

五、知名校友

90 多年的风雨历程，一代代柳校人艰辛探索，学校经历了从小到大、从弱到强的坎坷发展。97 年来，学校有近万名学生合格走出垂柳掩映下的校门。其中不乏优秀的莘莘学子，他们在不同的岗位上默默奉献着自己的才智，为推动卓尼乃至国家经济、社会的发展贡献着力量。在此我们选取了一部分比较优秀的学子，将他们的生平和事迹展示出来，以供后人瞻仰学习，以激励其扬鞭奋蹄，再振雄风。由于学校历时近一个世纪，几度兴衰沉浮，史料匮乏，时人作古，加之时间和精力所限，还有更多的优秀校友无法联系考证，难免有遗漏不妥之处。本着对历史负责的态度，对无法考证的校友我们未作甄选，以免出现失误，万望海涵。

赵国璋

赵国璋(1909—1958 年) 藏族，卓尼县柳林镇人。童年就读于卓尼初级小学(现卓尼县柳林小学前身)。1931 年起在卓尼土司衙门当差，历任长宪、团长等职，1949 年 11 月随杨复兴起义后任卓尼藏族自治区行政委员会财政科科长。1953 年 10 月 1 日甘南藏族自治区(州)成立后，调任甘南藏自治区(州)工作，历任建设处处长、农林处处长等职。

杨生华

杨生华（1914—2004 年） 又名塞外次仁，藏族，卓尼县柳林镇人，大学学历，1956 年 12 月加入中国共产党。甘肃省藏族知名学者，诗文书画兼善，甘肃省老年书画研究会会员。童年曾就读于柳林小学，是柳林小学第四届毕业生。1930 年至 1937 年先后在甘肃省第一师范、北平蒙藏学校上学。1946 年协助杨复兴进行“自卫特捐”，并任副主任委员。1947 年春协助杨复兴去南京晋见蒋介石。先后任卓尼柳林小学校长（在 1937 年至 1940 年任校长的 3 年中，对师生既能严格要求，又能亲切关怀，很重视教学质量的提高，经常检查各年级的教学效果，他把自己多年藏书拿出来供学生阅读，深受师生和家长的爱戴）、卓尼设治局教育科科长、洮岷路保安司令部参谋长、甘肃省参议员、国民党中央立法委员等职。1949 年 9 月 11 日随同杨复兴在岷县起义，参加革命工作。同年 11 月至 1950 年 2 月在第一野战军联络部学习，后任西北财经委员会委员、兰州“革大”三部教导主任。1952 年 3 月任西北农林部林业局副局长，1953 年 12 月调任北京市森林工业局副局长，1954 年 1 月任甘南藏族自治州人民政府秘书长，1966 年“文革”开始后，受到不公正待遇，1982 年甘南州委给予平反。1979 年 9 月任政协甘肃省委员会文史资料办公室主任，1983 年 1 月任政协甘肃省委员会文史资料委员会副主任，1984 年 7 月任甘肃省文史馆馆长。是甘肃省第一届人民代表大会代表，政协甘肃省委员会第一、二、三届委员，政协甘肃省委员会第四、五届常委。1981 年、1983 年两次被省政协机关党委表彰为优秀共产党员，1984 年被评为甘肃省民族团结先进个人，1988 年特邀为省民族团结大会代表。1988 年 3 月离休。他爱好文史、书法、绘画，从 1930 年起就举办个人书画展，其书画作品在北京和省内外多次参展，著有《卓尼土司制度》《卓尼和平解放纪实》《甘南民变中的卓尼》等文。他的书画集于 2002 年 6 月由甘肃人民美术出版社出版发行。2004 年 11 月 6 日在兰州逝世，享年 90 岁。

邢树义

邢树义（1931—2004 年）藏族，卓尼县木耳镇人。1938 年至 1944 年在柳林小学读书，1949 年参加工作，1950 年 6 月加入中国共产党。1951 年 1 月任中国新民主主义青年团卓尼工作委员会副书记、书记，1954 年 1 月任青年团甘南藏族自治州工委书记，1956 年 6 月任中共甘南藏族自治州地方委员会常委。1957 年 7 月任中共甘南藏族自治州委员会常委、书记处书记，1958 年 9 月至 1963 年兼任政协甘南藏族自治州副主席，1978 年 10 月至 1988 年 6 月任甘肃省民委副主任，1980 年 6 月任中共甘肃省民族工作委员会党组副书记，1988 年 7 月至 1992 年 4 月任甘肃省人民政府参事室主任，曾任甘肃省委候补委员，是中共八大代表。2004 年 12 月 6 日在兰州逝世，享年 73 岁 。

杨　复(1931—2005 年）藏族，卓尼县柳林镇人，童年曾在柳林小学就读。1949 年参加工作，1976 年 7 月加入中国共产党。1950 年至 1952 年在中央民族学

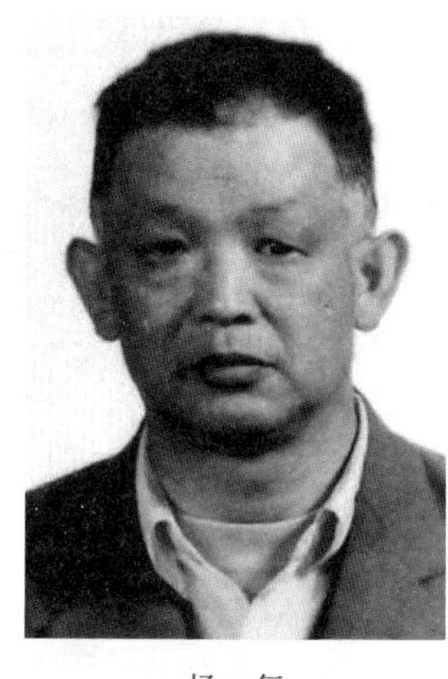
杨 复

院预科就读，1952年至1956年在中国人民大学财经系就读，毕业后在兰州大学、甘肃省财贸学校任教，“文革”后期在天水市财政局工作，后调到甘肃省财政厅工作。1982年7月，兰州商学院成立后任金融系主任，1983年7月，负责筹建了甘肃省财政学校并任校长，1992年调任至合作民族师专任副校长。

杨木兰 女，藏族，生于1932年，卓尼县木耳镇人，中共党员。1938年至1944年在柳林小学读书，1949年9月11日卓尼和平解放后参加工作。1950年10月1日，中国共产党卓尼自治区工作委员会成立后，在卓尼自治区妇女联合会筹备委员会工作，任卓尼工委妇联主任。1954年调往甘南州妇联工作，1955年任甘南州卫生局副局长；1957年任甘南州民政局副局长，是年任西北少数民族参观团副秘书长，在上海参观团全体成员受到了周恩来总理的亲切接见。1966年“文化大革命”开始后，杨木兰被组织派往迭部“五七”干校劳动锻炼；1971年调舟曲县商业局工作；1972年任甘南州计划生育办公室副主任；1980年调往甘肃省社会科学院任党委办公室副主任，兼任纪检组（正县级）副组长；1988年离休。

杨木兰

赵承业

赵承业 藏族，生于1933年，卓尼县柳林镇人，中共党员。童年曾在柳林小学读书，1952年至1955年在兰大医学院上学，1955年至1957年在临潭一中任教，1957年至1978年在卓尼县人民银行工作，1979年在农业银行卓尼县分行工作，1994年任中国农业银行甘南州分行纪检书记，1995年至2002年任中国农行甘南州分行行长。

赵振业

赵振业 藏族，生于1940年11月，卓尼县柳林镇人。童年曾在柳林小学读书。1958年至1963年在西北民族学院上学，1963年考入兰州大学化学系，1968年分配到玛曲县工作，1970年调至合作二中任教，后任二中校长。1983年任甘南藏族自治州副州长，1996年任甘肃省科协副主席（正厅级）。

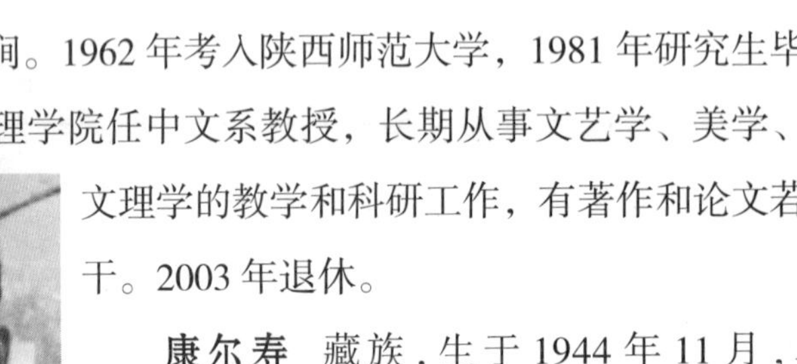
王　磊

王　磊 生于1943年，陕西清涧人。1946年至1954年随父母在卓尼生活，1949年秋在柳林小学就读，经历了卓尼和平解放，1954年返回故乡清涧。1962年考入陕西师范大学，1981年研究生毕业后在宝鸡文理学院任中文系教授，长期从事文艺学、美学、文理学的教学和科研工作，有著作和论文若干。2003年退休。

康尔寿

康尔寿 藏族，生于1944年11月，卓尼县木耳镇人。1952年至1958年在柳林小学上学，1963年至1968年在西北民院上学，1968年至1977年插队劳动，1988年至1994年任卓尼县委副书记，1994年至2004年任县人大常委会主任，2004年11月退休。

杨　雄

杨　雄 藏族，生于1946年12月，卓尼县柳林镇人。1953年至1961年在柳林小学就读，1964年至1968年在中央民族学院上学。1978年在甘南州农业机械厂和甘南州外贸局工作，1990年任甘南州房改办副主任，1994年调至凉山彝族自治州丝绸五矿公司任党支部书记，1996年任凉山彝族自治州广播电视局总支书记，2006年12月退休。

张明民

张明民 藏族，生于1957年7月，卓尼县柳林镇人。1963年就读于柳林小学。历任临潭县人民政府副县长、中共临潭县委副书记、甘南州民政局党组副书记、副局长（主持工作）、甘南州贸易经济合作局局长，2005年任甘南州商务局局长。

范武德

范武德 生于1962年4月，甘肃临潭人，1986年11月加入中国共产党，1981年7月参加工作，研究生学历。童年曾在柳林小学读书。1998年2月任卓尼县人民政府副县长；2002年11月，任卓尼县委常委、常务副县长；2010年12月任甘南州委常委、舟曲县委书记；2016年11月任甘南州委常委、州政府常务副州长；2018年9月任甘肃省国有资产监督管理委员会副主任。

杨卓玛

杨卓玛 女，藏族，生于1963年12月，卓尼县柳林镇人，1985年5月加入中国共产党，1984年8月参加工作，大学本科学历，汉语言文学学士。童年曾在柳林小学读书。2007年任甘南藏族自治州副州长；2016年任甘南州委常委、州委统战部部长。

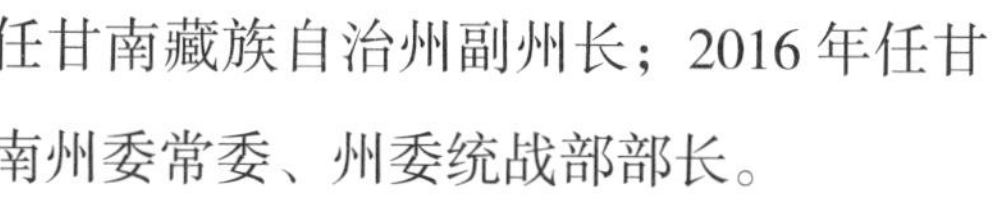

陈文国

陈文国 生于1964年，福建平潭人。1971年至1976年在柳林小学就读，1980年回到故乡平潭。1984年应征入伍成为一名边防军人，1978年退役进入中国工商银行工作，2006年辞职加入经营大型连锁超市的福建冠业集团，现为福建冠业投资发展有限公司副总经理，行政总监。

梁永红

梁永红 女，藏族，生于1965年3月，卓尼县人，童年就读于柳林小学，曾任中国建设银行临夏州分行风险主管（副县级），中国建设银行甘肃省分行授信审批部调研员（正县级）。

六、历任教职工名录

依据现有档案资料，现将柳林小学历年教职工名录附后。

1921 年至 1961 年曾经在学校任教过的部分教职工

雍尊仁　宗（先生）　刘（先生）　姚（先生）　唐（先生）　李玉堂　牛应斗　常永华　郝　贵　杨生华　杨显宗　魏　琨　雷文焕　刘兴汉　马全仁　陶孙德　赵文炯　来含章　石　壁　马天同　刘维藩　吴树英　刘宗贤　常守规　王启敬　赵　材　杨顺程

1962 年（共 15 人）

赵　材　赵佐华　杜宪章　陈贞虞　孙元春　全菊芳　王国良　张学义　刘文彬　陈秉衡　胡守义　薛玉琴　张桂林　谈安生　谈士明

1963 年（共 17 名）

赵　材　于福高　赵佐华　王德权　康　衎　王国良　张胜年　孙兆元　蒲世忠　奚国祯　闫国泰　李振翼　谈士明　陈贞虞　姜忠恕　张学义　范玉民

1964 年（共 18 名）

赵　材　赵佐华　李占荣　闫国泰　张胜年　孙兆元　奚国祯　马安仁　蒲世忠　李月娥　吕韵珍　姜忠恕　陈贞虞　李振翼　康　衎　于福高　谈士明　张学义

1965 年（共 19 人）

吕韵中　赵佐华　闫国泰　李占荣　孙兆元　奚国祯　赵元明　李月娥　姜忠恕　寇振邦　蒲世忠　王莲青　李振翼　谈士明　赵　材　陈贞虞　于富高　陈程予　张学义

1966 年（共 19 人）

赵　材　于富高　谈士明　孙兆元　寇振邦　闫国泰　赵佐华　奚国祯　赵元明　李占荣　吕韵中　李月娥　姜忠恕　蒲世忠　杨耘程　李振翼　陈贞虞　刘景元　张学义

1967 年（共 19 人）

张新民　于富高　谈士明　赵佐华　姜忠恕　王学义　闫国泰　杨耘程　汪明秀　吕韵中　陈贞虞　王生祥　李振翼　许一梅　赵元明　王爱菊　刘景元　孙兆元　张学义

1968 年（共 20 人）

王建功　王爱菊　吕韵中　于富高　赵元明　张学义　谈士明　王生祥　杨耘程　王学义　孙兆元　赵佐华　陈贞虞　姜忠恕　闫国泰　蒲世忠　张新民　许一梅　刘景元　汪明秀

（1969 至 1983 年因资料缺失，未能录入）

1984 年（共 30 名）

王建功　朱学红　谈士明　寇振邦　张建炳　王维民　吴祥云　虎永忠　孙志明　张　明　王　勇　陈化隆　乔　青　杨国沛　张兰英　张振奎　牛万吉　齐东生　陆仲魁　邓惠珍　王　捷　雍淑贞　汪玉兰　崔　涛　杜亭寿　何彩凤　王爱菊　吴彩天　杨永东　张学义

1985 年（共 29 名）

王建功　吴祥云　金琦琳　虎永忠　孙志明　张　明　王　勇　海起文　陈化隆　张学义　齐东生　陆仲魁　邓惠珍　王　捷　雍淑贞　汪玉兰　安　健　徐爱萍　崔　涛　刘正元　杜亭寿　魏效贞　何彩凤　王爱菊　吴彩天　赵　虎　杨永东　奚有福　刘玉生

1986年（共30名）

王建功　吴祥云　金琦琳　虎永忠　孙志明　张　明　王　勇　海起文　陈化隆
张学义　齐东生　陆仲魁　王　捷　雍淑贞　汪玉兰　安　健　崔　涛　刘正元
李　莉　石惠英　杜亭寿　魏效贞　何彩凤　王爱菊　吴彩天　赵　虎　杨永东
刘玉生　徐炳烈　张建林

1987年（共31名）

王建功　吴祥云　金琦琳　虎永忠　孙志明　张　明　王　勇　海起文　陈化隆
张学义　齐东生　陆仲魁　王　捷　雍淑贞　陶永平　安　健　崔　涛　刘正元
李　莉　石惠英　杜亭寿　魏效贞　刘昇玉　王爱菊　吴彩天　赵　虎　杨永东
刘玉生　徐炳烈　张建林　陈永平

1988年（共37名）

金琦琳　王　勇　海起文　陈化隆　朱国庆　周善文　张昊昱　祁玉萍　张学义
吴祥云　齐东生　陆仲魁　雍淑贞　安　健　崔　涛　李　莉　石惠英　杨启俊
牛世宏　张民俊　杜亭寿　魏效贞　王爱菊　吴彩天　赵　虎　杨永东　刘玉生
徐炳烈　张建林　祁建明　张建炳　刘　峰　杨自书　谢　平　马安仁　胡瑞兰
朱成花

1989年（共41名）

金琦琳　王　勇　海起文　朱国庆　张昊昱　祁玉萍　杨兰芳　杜文泽　张学义
吴祥云　齐东生　陆仲魁　雍淑贞　安　健　崔　涛　李　莉　石惠英　杨启俊
牛世宏　张民俊　魏效贞　王爱菊　吴彩天　赵　虎　杨永东　刘玉生　徐炳烈
张建林　祁建明　朱成花　张建炳　刘　峰　杨自书　谢　平　马安仁　孙志明
李建雄　张红梅　张梅歌　陈桂芸　贡布旦主

1990年（共38名）

金琦琳　海起文　朱国庆　张昊昱　祁玉萍　杜文泽　张建梅　杨瑞兰　张学义

吴祥云　齐东生　陆仲魁　雍淑贞　安　健　李　莉　杨启俊　牛世宏　张民俊
李克辛　安　俊　魏效贞　吴彩天　赵　虎　刘玉生　徐炳烈　张建林　祁建明
朱成花　张梅歌　陈桂芸　张建炳　刘　峰　杨自书　谢　平　马安仁　孙志明
李建雄　张红梅

1991 年（共 43 名）

张建炳　陈桂芸　祁玉萍　张民俊　王　英　范丽花　段竹兰　王桂兰　朱成花
李　莉　张红梅　吴彩天　海起文　朱国庆　李克辛　李正荣　杨其智　李建雄
何子书　杜亭寿　谢　平　杜文泽　安　健　虎永忠　安　俊　杨瑞兰　齐东生
刘　峰　张建林　牛世宏　杨自书　闫喜庆　张昊昱　陆仲魁　马安仁　王爱菊
魏效贞　孙晓娟　黎　虹　杜世昌　雍淑贞　张梅歌　杜树兰

1992 年（共 47 名）

张建炳　杜树兰　杨其智　刘　峰　齐东生　王爱菊　张梅歌　雍淑贞　陈桂芸
海起文　虎永忠　陆仲魁　孙晓娟　张红梅　靳芳琴　祁玉萍　张建梅　杨瑞兰
范丽花　黎　虹　王桂兰　朱国庆　马安仁　张民俊　安　健　王　英　张淑英
李　莉　段竹兰　朱成花　吴彩天　徐彩云　牛世宏　李建雄　张昊昱　李正荣
谢　平　安　俊　牛存德　张建林　李克辛　杨自书　杜文泽　王天锐　魏效贞
马　俊　金玉琳

1993 年（共 44 名）

张建炳　刘　峰　魏效贞　马安仁　安　俊　朱国庆　王天锐　谢　平　李克辛
李正荣　张民俊　安　健　陆仲魁　马　俊　牛存德　牛世宏　杜树兰　张淑英
范丽花　祁玉萍　黎　虹　杨瑞兰　陈桂芸　靳芳琴　王桂兰　吴彩天　李　莉
张建梅　段竹兰　张红梅　张梅歌　李继忠　闫克荣　雍淑贞　杜晓梅　金玉琳
齐东生　虎永忠　张建林　孙晓娟　徐彩云　王爱菊　李建雄　海起文

1994年（共47名）

张建炳　刘　峰　魏效贞　马安仁　朱国庆　王天锐　谢　平　李克辛　李正荣
李盛红　张民俊　安　健　陆仲魁　牛世宏　张淑英　祁玉萍　徐玉英　杨淑梅
谈红芳　王志铭　黎　虹　陈桂芸　靳芳琴　王桂兰　吴彩天　李　莉　张建梅
杜树兰　安文华　赵　兰　张梅歌　李继忠　闫克荣　齐东生　孙晓娟　李建雄
杨虎成　张志荣　孙永东　张世权　王爱菊　海起文　包文辉　文旭林　宁吉寿
王　坤　杜树兰

1995年（共45名）

张建炳　魏效贞　朱国庆　王天锐　谢　平　李克辛　李正荣　李盛红　海起文
牛世宏　安　健　张淑英　徐玉英　谈红芳　黎　虹　陈桂芸　靳芳琴　吴彩天
李兰英　雷英琴　张建梅　杜树兰　闫克荣　孙晓娟　李建雄　杨虎成　张志荣
杨晓峰　张梅歌　杨淑梅　周连生　包文辉　文旭林　宁吉寿　王　坤　蔡坚强
冯玉川　杨静波　朱　琳　王秀英　陈志民　张海霞　孙永东　张世权　李芳春

1996年（共48名）

刘　峰　魏效贞　王天锐　李克辛　李正荣　海起文　安　健　张淑英　徐玉英
谈红芳　陈桂芸　靳芳琴　李兰英　雷英琴　张建梅　杜树兰　闫克荣　孙晓娟
李建雄　杨虎成　张志荣　杨晓峰　张梅歌　杨淑梅　周连生　包文辉　文旭林
宁吉寿　王　坤　蔡坚强　冯玉川　杨静波　朱　琳　王秀英　张海霞　孙永东
张世权　李芳春　张丽霞　张绪花　谢　平　董海燕　范玉莲　赵　兰　蔡吉成
李海龙　李春屹　王增喜

1997年（共52名）

刘　峰　谢　平　徐玉英　闫克荣　杨虎成　张志荣　张梅歌　朱　琳　杜树兰
王增喜　陈桂芸　王天锐　海起文　张海霞　胡　盛　张建梅　谈红芳　张世权
靳芳琴　杨淑梅　蔡吉成　王秉兰　王英俊　宁吉寿　李建雄　包文辉　孙晓娟
王　坤　蔡坚强　张绪花　李芳春　冯玉川　文旭林　张丽霞　侯志海　闫　萍

张淑英　杨晓峰　王锦文　张雪红　董海燕　李兰英　李　鸿　石安成　王　云
赵　兰　张　健　孙永东　杨社春　王志民　李丽萍　何晓禄

1998年(共56名)

刘　峰　杜树兰　王增喜　陈桂芸　王天锐　海起文　张海霞　胡　盛　张建梅
谈红芳　张世权　杨虎成　靳芳琴　朱　琳　杨淑梅　蔡吉成　王秉兰　王英俊
宁吉寿　李建雄　徐玉英　沙世雄　包文辉　王秀英　孙晓娟　王　坤　蔡坚强
张绪花　李芳春　冯玉川　文旭林　张丽霞　张丽萍　侯志海　闫　萍　张淑英
杨晓峰　王锦文　张雪红　董海燕　李兰英　李　鸿　石安成　王　云　李海龙
范玉莲　李春屹　李克辛　金益平　赵　兰　张　健　彭晓玲　张淘沙　安　玲
孙永东　杨社春

1999年(共54名)

刘　峰　杜树兰　王　云　张建梅　谈红芳　闫　萍　董海燕　陈桂芸　杨淑梅
孙晓娟　靳芳琴　王秉兰　张绪花　张丽霞　李兰英　王秀英　徐玉英　安　玲
张海霞　张丽萍　张淑英　李海龙　王英俊　李建雄　王天锐　王增喜　朱　琳
胡　盛　杨虎成　王　坤　杨晓峰　张淘沙　金益平　王锦文　海起文　张世权
彭晓玲　石安成　孙永东　王志铭　文旭林　李　鸿　沙世雄　李芳春　包文辉
蔡吉成　冯玉川　蔡坚强　张　健　侯志海　李克辛　范玉莲　李春屹　宁吉寿

2000年(共54名)

刘　峰　杜树兰　海起文　张世权　陈桂芸　王增喜　宁吉寿　杨虎成　王秉兰
张海霞　徐玉英　孙永东　谈红芳　胡　盛　王世选　李建雄　朱　琳　刘　平
张建梅　王英俊　靳芳琴　蔡吉成　杨淑梅　蒙凤英　李克辛　李春屹　李芳春
石安成　王秀英　孙晓娟　闫　萍　包文辉　文旭林　李桂红　冯玉川　蔡坚强
侯志海　窦寿明　李　鸿　王　云　金益平　范玉莲　董海燕　安　玲　张丽萍
刘玲珍　王红玉　吴林祥　王彦峰　张永飞　梅润生　李兰英　杨央禅　罗映南

2001 年（共 55 名）

刘　峰　杜树兰　张世权　海起文　陈桂芸　王增喜　宁吉寿　杨虎成　王秉兰
张海霞　徐玉英　孙永东　谈红芳　胡　盛　王世选　李建雄　朱　琳　张建梅
王英俊　刘　平　靳芳琴　蔡吉成　杨淑梅　蒙凤英　李克辛　李春屹　李芳春
石安成　王秀英　孙晓娟　闫　萍　包文辉　文旭林　李桂红　冯玉川　蔡坚强
侯志海　王　云　范玉莲　董海燕　安　玲　张丽萍　刘玲珍　杨社春　张雪红
张绪花　雍海燕　安晓燕　张煜东　李明生　杨央禅　罗映南　扈文华　侯万林
彭小林

2002 年（共 73 名）

刘　峰　杜树兰　张世权　陈桂芸　王增喜　海起文　宁吉寿　杨虎成　王秉兰
张海霞　徐玉英　孙永东　谈红芳　俞梅惠　李建雄　朱　琳　张建梅　王英俊
刘　平　侯林红　靳芳琴　蔡吉成　杨淑梅　蒙凤英　李克辛　李春屹　李芳春
石安成　王秀英　孙晓娟　闫　萍　包文辉　文旭林　李桂红　冯玉川　蔡坚强
侯志海　王　云　范玉莲　董海燕　安　玲　张丽萍　刘玲珍　杨社春　张雪红
张绪花　雍海燕　安晓燕　张煜东　李明生　杨央禅　罗映南　扈文华　侯万林
彭小林　王红玉　兰永芳　李兰英　张淑兰　梅润生　金益平　闫福恒　窦寿明
张汉文　闫喜庆　胡秀芬　陈丽荣　石永红　张　莉　牛建平　王春兰　周玉珍
牛永刚

2003 年（共 77 名）

杜树兰　张世权　陈桂芸　王增喜　海起文　宁吉寿　杨虎成　钱忠进　王秉兰
张海霞　徐玉英　孙永东　谈红芳　俞梅惠　李建雄　朱　琳　张建梅　王英俊
刘　平　侯林红　靳芳琴　蔡吉成　杨淑梅　蒙凤英　吴林祥　李春屹　李玲英
石安成　王秀英　孙晓娟　闫　萍　包文辉　文旭林　李桂红　冯玉川　蔡坚强
侯志海　王　云　范玉莲　董海燕　安　玲　张丽萍　刘玲珍　杨社春　张雪红
张绪花　雍海燕　安晓燕　李明生　李　鸿　杨央禅　罗映南　扈文华　侯万林
张永飞　王红玉　兰永芳　李兰英　梅润生　王晓英　金益平　闫福恒　窦寿明

张汉文 闫喜庆 郝 明 陈丽荣 石永红 张 莉 牛建平 王春兰 周玉珍
牛永刚 丁雪峰 胡秀芬 彭小林 张爱兰

2004 年（共 72 名）

杜树兰 杨虎成 杨淑梅 靳芳琴 俞梅惠 胡 盛 蔡吉成 张建梅 王增喜
刘 平 丁雪峰 石安成 蒙凤英 王秀英 李建雄 张海霞 王英俊 孙永东
扈文华 王秉兰 闫喜庆 张世权 宁吉寿 刘天翔 金益平 蔡坚强 郝 明
包文辉 李明生 梅润生 谈红芳 徐玉英 陈桂芸 安 玲 梁世龙 海起文
朱 琳 王 云 董海燕 杨央禅 张永飞 文旭林 冯玉川 闫 萍 刘玲珍
李桂红 张丽萍 王红玉 牛建平 钱忠进 周玉珍 兰永芳 胡秀芬 张爱兰
杨社春 孙晓娟 张汉文 王春兰 王晓英 范玉莲 李玲英 牛永刚 后喜凤
安晓燕 李 鸿 罗映南 陈丽荣 侯林红 张雪红 李春屹 石永红 张 莉

2005 年（共 70 名）

杜树兰 杨虎成 靳芳琴 杨淑梅 俞梅惠 胡 盛 蔡吉成 张建梅 李文琼
王延安 丁雪峰 石安成 蒙凤英 王秀英 李建雄 张海霞 王英俊 孙永东
扈文华 王秉兰 闫喜庆 张世权 宁吉寿 刘天翔 金益平 蔡坚强 郝 明
邱顺福 李明生 梅润生 谈红芳 徐玉英 陈桂芸 安 玲 梁世龙 黄兰芸
朱 琳 王 云 董海燕 赵 霞 张永飞 文旭林 冯玉川 闫 萍 刘玲珍
李桂红 张丽萍 王红玉 牛建平 钱忠进 周玉珍 兰永芳 胡秀芬 宁生祥
杨社春 孙晓娟 朱丽萍 王春兰 王晓英 范玉莲 李玲英 牛永刚 后喜凤
安晓燕 李 鸿 张春花 陈丽荣 侯林红 张雪红 李春屹

2006 年（共 72 名）

杜树兰 杨虎成 靳芳琴 杨淑梅 俞梅惠 胡 盛 蔡吉成 张建梅 李文琼
王延安 丁雪峰 石安成 蒙凤英 王秀英 李建雄 张海霞 王英俊 孙永东
扈文华 王秉兰 闫喜庆 张世权 宁吉寿 刘天翔 金益平 蔡坚强 郝 明
邱顺福 李明生 牛生瑞 谈红芳 徐玉英 陈桂芸 安 玲 梁世龙 黄兰芸

郝秀芝　王　云　董海燕　赵　霞　张永飞　文旭林　冯玉川　闫　萍　刘玲珍
李桂红　张丽萍　王红玉　牛建平　钱忠进　范海霞　兰永芳　胡秀芬　宁生祥
杨社春　孙晓娟　朱丽萍　王春兰　王晓英　范玉莲　李玲英　牛永刚　后喜凤
安晓燕　李　鸿　张春花　陈丽荣　侯林红　张雪红　李春屹　梅润生　周玉珍

2007年（共70名）

杜树兰　杨虎成　杨淑梅　靳芳琴　俞梅惠　胡　盛　蔡吉成　张建梅　李文琼
王延安　丁雪峰　石安成　蒙凤英　王秀英　李建雄　张海霞　孙永东　扈文华
王秉兰　闫喜庆　张世权　宁吉寿　邱顺福　李明生　牛生瑞　谈红芳　徐玉英
陈桂芸　安　玲　梁世龙　黄兰芸　郝秀芝　王　云　赵　霞　张永飞　文旭林
冯玉川　闫　萍　刘玲珍　李桂红　朱丽萍　王红玉　牛建平　钱忠进　范海霞
宁生祥　杨社春　孙晓娟　王春兰　王晓英　范玉莲　李玲英　牛永刚　后喜凤
安晓燕　张春花　侯林红　尹德禄　石永红　王英俊　张丽萍　张雪红　蔡坚强
胡秀芬　金益平　刘天翔　董海燕　李　鸿　陈丽荣　李春屹

2008年（共70名）

张建炳　杨虎成　靳芳琴　杨淑梅　俞梅惠　胡　盛　蔡吉成　张建梅　尹德禄
王延安　丁雪峰　石安成　蒙凤英　王秀英　李建雄　张海霞　王英俊　孙永东
扈文华　王秉兰　闫喜庆　张世权　宁吉寿　刘天翔　金益平　蔡坚强　郝　明
邱顺福　李明生　牛生瑞　谈红芳　徐玉英　陈桂芸　安　玲　梁世龙　黄兰芸
郝秀芝　王　云　董海燕　赵　霞　张永飞　文旭林　冯玉川　闫　萍　刘玲珍
李桂红　张丽萍　王红玉　牛建平　钱忠进　范海霞　石永红　胡秀芬　宁生祥
杨社春　孙晓娟　朱丽萍　王春兰　王晓英　范玉莲　李玲英　牛永刚　后喜凤
安晓燕　刘晓霞　张春花　陈丽荣　侯林红　张雪红　杨晓红

2009年（共115名）

张建炳　杨虎成　靳芳琴　杨淑梅　牛存德　赵兰梅　俞梅惠　胡　盛　蔡吉成
张建梅　闫喜庆　丁雪峰　石安成　蒙凤英　王秀英　李建雄　张海霞　王英俊

孙永东 扈文华 王秉兰 谈红芳 徐玉英 陈桂芸 李　鸿 安　玲 梁世龙
黄兰芸 郝秀芝 王　云 董海燕 张永飞 文旭林 冯玉川 闫　萍 刘玲珍
李桂红 张丽萍 王红玉 牛建平 钱忠进 范海霞 石永红 姚　琴 胡秀芬
李彩霞 宁生祥 杨社春 孙晓娟 朱丽萍 王春兰 李玲英 牛永刚 后喜凤
安晓燕 刘晓霞 才力曼 张春花 陈丽荣 周玉珍 侯林红 张雪红 杨晓红
王晓英 严廷秀 王俊文 范玉莲 祁鲁萍 齐永平 李大茁 卢小兰 穆晓花
张巧玲 李文琼 李　根 吕志新 陆慧珍 后维环 赵彩虹 李菊芳 杨　洁
雷　莉 安美芳 罗双花 赵　霞 牛生瑞 尹德禄 王延安 范玉琼 安兰英
赵媛珍 马桂芳 李彦龙 王　瑛 常爱莲 麻秀珍 王凌云 张凤英 段竹兰
寇天香 杨国忠 董永清 杨　勇 王凤芸 乔琪高 李培萍 杨梅芳 徐　红
张海春 李晓霞 海维芬 杨海花 尤世明 杨海燕 闫　芳 周志代曼

2010 年（共 142 名）

张建炳 杨虎成 靳芳琴 文旭林 冯玉川 王　云 钱忠进 闫　萍 王凌云
麻秀珍 胡　盛 张凤英 杨淑梅 陈桂芸 寇天香 孙永东 杨国忠 王秉兰
徐玉英 张海霞 闫喜庆 丁雪峰 谈红芳 常爱莲 王英俊 段竹兰 扈文华
牛存德 张建梅 蔡吉成 俞梅惠 王　瑛 赵兰梅 石安成 董永清 李桂红
杨社春 孙晓娟 王凤芸 张海春 尤世明 徐　红 周玉珍 闫　芳 王晓英
卢小兰 张主进 张雪红 范玉莲 祁鲁萍 齐永平 董海燕 李大茁 安晓燕
李培萍 陈丽荣 刘玲珍 侯林红 张丽萍 穆晓花 安　玲 杨海花 黄兰芸
王红玉 范海霞 石永红 杨梅芳 王春兰 宁生祥 郝秀芝 梁世龙 朱丽萍
李彩霞 张春花 吕志新 张巧玲 李文琼 牛建平 雷　莉 牛永刚 张永飞
李玲英 严廷秀 安兰英 后巧娃 王红霞 卢秉礼 王　燕 马　胜 王冠兰
杨晓静 王桂英 牛世信 后巧红 李晓霞 杨晓红 姚　琴 李　根 后喜凤
陆慧珍 才力曼 赵彩虹 李菊芳 杨　洁 王俊文 刘晓霞 安美芳 罗双花
马桂芳 王延安 汪晓倩 金平平 苏发存 卢晋芳 夏淑珍 尹春芳 何伟霞
雍海清 吴志峰 俞春英 吴喜红 尹德禄 赵　霞 李　靖 闫青兰 邢素红
卢广怀 陈宝玉 蔺新隆 宗海琴 牛彦荣 蒽红伟 唐春娣 申誉杰 赵媛珍

牛生瑞　刘彦龙　李建雄　蒙凤英　李玉妮　王秀英（大）　王秀英（小）
周志代曼

2011 年（共 149 名）

张建炳　杨虎成　靳芳琴　张国华　王　云　杨淑梅　齐永平　董海燕　冯玉川
张建梅　李桂红　张凤英　闫　芳　闫　萍　麻秀珍　孙晓娟　钱忠进　周玉珍
常爱莲　安晓燕　赵兰梅　董永清　侯林红　牛存德　王凌云　石安成　王　瑛
徐　红　范玉莲　王英俊　胡　盛　蔡吉成　杨国忠　扈文华　闫喜庆　尤世明
段竹兰　王晓英　张海霞　俞梅惠　丁雪峰　孙永东　王秉兰　杨社春　徐玉英
谈红芳　李建雄　蒙凤英　陈桂芸　寇天香　牛永刚　李　靖　后喜凤　李培萍
吕志新　陆慧珍　黄兰芸　宁生祥　王红玉　朱丽萍　后巧娃　吴喜红　卢小兰
杨海花　雷　莉　杨晓红　安　玲　李　根　梁世龙　李彩霞　王冠兰　穆晓花
李晓霞　张丽萍　苏发存　王桂英　王红霞　夏淑珍　牛世信　尹春芳　王春兰
牛建平　陈丽荣　安美芳　李玉妮　俞春英　杨梅芳　张巧玲　何伟霞　张雪红
严廷秀　王　燕　张永飞　郝秀芝　姚　琴　卢晋芳　马　胜　罗双花　杨晓静
吴志峰　石永红　才力曼　尹德禄　张春花　汪晓倩　金平平　后巧红　李玲英
赵彩虹　李大茁　李菊芳　刘玲珍　范海霞　牛生瑞　安兰英　李文琼　杨　洁
祁鲁萍　卢秉礼　刘晓霞　王延安　赵　霞　马桂芳　李彩芳　余秀花　魏智文
陈宝玉　宗海琴　牛彦荣　蔺新隆　卢广怀　蒽红伟　闫青兰　申誉杰　唐春娣
刘彦龙　邢素红　赵媛珍　虎主草　李海芳　尹兰萍　康红丽　宗红红　李国华
赵红霞　王　莹　吴润喜　王秀英（小）　王秀英（大）　周志代曼

2012 年（共 167 名）

杨虎成　靳芳琴　王　坤　王　云　吴林祥　胡　盛　牛永刚　赵　玲　安学武
杨淑梅　冯玉川　王凌云　张凤英　李　靖　孙永东　杨国忠　王秉兰　徐玉英
张海霞　闫喜庆　丁雪峰　谈红芳　常爱莲　王英俊　段竹兰　麻秀珍　扈文华
牛存德　张建梅　蔡吉成　俞梅惠　赵兰梅　董永清　杨社春　孙晓娟　闫　萍
钱忠进　周玉珍　闫　芳　王晓英　卢小兰　张雪红　范玉莲　祁鲁萍　齐永平

李大苗 安晓燕 李培萍 陈丽荣 刘玲珍 侯林红 张丽萍 穆晓花 安 玲
杨海花 黄兰芸 王红玉 范海霞 石永红 杨梅芳 王春兰 宁生祥 郝秀芝
梁世龙 朱丽萍 李彩霞 张春花 吕志新 张巧玲 雷 莉 张永飞 李玲英
严廷秀 安兰英 后巧娃 王红霞 卢秉礼 王 燕 马 胜 王冠兰 杨晓静
王桂英 牛世信 后巧红 杨晓红 李 根 后喜凤 陆慧珍 赵彩虹 李菊芳
杨 洁 安美芳 罗双花 马桂芳 王延安 汪晓倩 金平平 苏发存 卢晋芳
夏淑珍 尹春芳 何伟霞 吴志峰 俞春英 吴喜红 尹德禄 赵 霞 闫青兰
邢素红 卢广怀 陈宝玉 蔺新隆 宗海琴 牛彦荣 蒽红伟 唐春娣 申誉杰
赵媛珍 牛生瑞 刘彦龙 李玉妮 尹兰萍 虎主草 康红丽 余秀华 宗红红
李彩芳 魏智文 赵红霞 李国华 李海芳 严瑞萍 常小琴 杨 滢 录目加
梁琴秀 吴润喜 苏凌云 魏艳文 张虎兰 贾平芳 魏润梅 包锁霞 宁存秀
王绚丽 杨 玲 卢玉蓉 石 磊 李晓燕 张 燕 郝建华 刘 宏 李道知
刘 平 包建文 陆慧春 安刀知 石安成 李桂红 牛建平 刘晓霞
李晓霞（小） 王秀英（小） 李晓霞（大） 王秀英（大）周高才让 周志代曼

2013 年（共 171 名）

杨虎成 靳芳琴 王 坤 王 云 吴林祥 胡 盛 牛永刚 赵 玲 安学武
杨淑梅 冯玉川 王凌云 张凤英 李 靖 孙永东 杨国忠 王秉兰 徐玉英
张海霞 闫喜庆 丁雪峰 谈红芳 常爱莲 王英俊 段竹兰 麻秀珍 扈文华
牛存德 张建梅 蔡吉成 俞梅惠 赵兰梅 董永清 杨社春 孙晓娟 闫 萍
钱忠进 周玉珍 闫 芳 王晓英 卢小兰 张雪红 范玉莲 祁鲁萍 齐永平
李大苗 安晓燕 李培萍 陈丽荣 刘玲珍 侯林红 张丽萍 穆晓花 安 玲
杨海花 黄兰芸 王红玉 范海霞 石永红 杨梅芳 宁生祥 郝秀芝 梁世龙
朱丽萍 李彩霞 张春花 吕志新 张巧玲 雷 莉 张永飞 严廷秀 安兰英
后巧娃 王红霞 卢秉礼 王 燕 马 胜 王冠兰 杨晓静 王桂英 牛世信
后巧红 杨晓红 李 根 后喜凤 陆慧珍 赵彩虹 李菊芳 杨 洁 安美芳
罗双花 马桂芳 王延安 汪晓倩 金平平 苏发存 卢晋芳 夏淑珍 尹春芳
何伟霞 吴志峰 俞春英 吴喜红 尹德禄 赵 霞 闫青兰 邢素红 卢广怀

陈宝玉　蔺新隆　宗海琴　牛彦荣　蒽红伟　唐春娣　申誉杰　赵媛珍　牛生瑞
刘彦龙　李玉妮　尹兰萍　虎主草　余秀华　宗红红　李彩芳　康红丽　魏智文
赵红霞　李国华　严瑞萍　常小琴　杨　滢　录目加　梁琴秀　吴润喜　苏凌云
魏艳文　张虎兰　贾平芳　魏润梅　包锁霞　宁存秀　杨　玲　卢玉蓉　石　磊
李晓燕　张　燕　郝建华　刘　宏　李道知　包建文　刘　平　陆慧春　赵海燕
潘喜春　李玉珍　李卓玛　安淑芳　张燕妮　卢君兰　张倩娟　安刀知　石安成
李桂红　牛建平　刘晓霞　周高才让　李晓霞（小）　王秀英(小)　李晓霞（大）
王秀英(大)　周志代曼

2014 年(共 177 名)

杨虎成　靳芳琴　王　云　吴林祥　胡　盛　牛永刚　赵　玲　安学武　杨淑梅
冯玉川　王凌云　张凤英　李　靖　孙永东　杨国忠　王秉兰　徐玉英　张海霞
闫喜庆　丁雪峰　谈红芳　常爱莲　王英俊　段竹兰　麻秀珍　扈文华　牛存德
张建梅　蔡吉成　俞梅惠　赵兰梅　董永清　杨社春　孙晓娟　闫　萍　钱忠进
周玉珍　闫　芳　王晓英　卢小兰　张雪红　范玉莲　祁鲁萍　齐永平　李大茁
安晓燕　李培萍　陈丽荣　刘玲珍　侯林红　张丽萍　穆晓花　安　玲　杨海花
黄兰芸　王红玉　范海霞　石永红　杨梅芳　宁生祥　郝秀芝　梁世龙　朱丽萍
李彩霞　张春花　吕志新　张巧玲　雷　莉　张永飞　严廷秀　安兰英　后巧娃
卢秉礼　王　燕　马　胜　王冠兰　杨晓静　王桂英　牛世信　后巧红　杨晓红
后喜凤　陆慧珍　赵彩虹　李菊芳　杨　洁　安美芳　罗双花　马桂芳　王延安
汪晓倩　金平平　苏发存　卢晋芳　夏淑珍　尹春芳　何伟霞　吴志峰　俞春英
吴喜红　尹德禄　赵　霞　闫青兰　邢素红　卢广怀　陈宝玉　蔺新隆　宗海琴
牛彦荣　蒽红伟　唐春娣　申誉杰　赵媛珍　牛生瑞　刘彦龙　李玉妮　尹兰萍
虎主草　康红丽　余秀华　宗红红　李彩芳　魏智文　赵红霞　李国华　严瑞萍
常小琴　杨　滢　录目加　梁琴秀　吴润喜　苏凌云　魏艳文　张虎兰　贾平芳
魏润梅　包锁霞　宁存秀　杨　玲　卢玉蓉　石　磊　李晓燕　张　燕　郝建华
刘　宏　李道知　包建文　刘　平　陆慧春　赵海燕　潘喜春　李玉珍　李卓玛
安淑芳　张燕妮　卢君兰　张倩娟　安刀知　马妍萍　卢振芳　尤雪梅　王蕊凤

王　昕　汪芳军　牛重九　周彩霞　胡鹏霞　石安成　李桂红　牛建平　刘晓霞
李晓霞（小）　周高才让　王秀英(小)　李晓霞（大）　王秀英(大)　周志代曼

2015年(共185名)

杨虎成　靳芳琴　王　云　吴林祥　邢学平　牛永刚　赵　玲　安学武　杨淑梅
黄兰芸　李　靖　钱忠进　牛世信　石永红　吴志峰　胡　盛　王凌云　张凤英
安　玲　安刀知　安兰英　安美芳　安淑芳　安晓燕　包建文　包锁霞　蔡吉成
常爱莲　常小琴　陈宝玉　丁雪峰　董永清　段竹兰　范海霞　范玉莲　郝建华
何伟霞　侯林红　后巧红　后巧娃　后喜凤　胡鹏霞　虎主草　扈文华　贾平芳
金平平　康红丽　雷　莉　李彩芳　李大茁　李道知　李国华　李菊芳　李培萍
李晓燕　李玉妮　李玉珍　李卓玛　李彩霞　梁琴秀　梁世龙　蔺新隆　刘　宏
刘玲珍　刘　平　刘彦龙　卢秉礼　卢广怀　卢晋芳　卢君兰　卢小兰　卢振芳
陆慧春　陆慧珍　录目加　罗双花　吕志新　麻秀珍　马　胜　马桂芳　马妍萍
穆晓花　宁存秀　宁生祥　牛存德　牛生瑞　牛彦荣　牛重九　潘喜春　齐永平
祁鲁萍　申誉杰　石　磊　苏发存　苏凌云　孙晓娟　谈红芳　唐春娣　汪芳军
汪晓倩　王　燕　王冠兰　王桂英　王红玉　王蕊凤　王晓英　王　昕　王延安
王英俊　魏润梅　魏艳文　魏智文　吴润喜　吴喜红　葸红伟　夏淑珍　邢素红
杨国忠　闫　芳　闫　萍　闫喜庆　严瑞萍　严廷秀　杨　洁　曹剑雄　杨　滢
杨海花　杨梅芳　杨社春　杨晓红　杨晓静　尹春芳　尹兰萍　尤雪梅　余秀花
俞春英　俞梅惠　张春花　张虎兰　张建梅　张丽萍　张倩娟　张巧玲　张雪红
张燕妮　张永飞　赵　霞　赵彩虹　赵海燕　赵红霞　赵兰梅　赵媛珍　周彩霞
周玉珍　朱丽萍　宗海琴　宗红红　王春梅　辛亚丽　李炳珍　吴玲芳　范巧巧
包晓霞　邱小梅　马龙平　杨贵龙　后旭英　蒲世杰　魏　霞　胡永霞　张海霞
王秉兰　徐玉英　尹德禄　孙永东　安艳花　鲁巧红　杨　玲(大)　杨　玲(小)
王秀英(小)　王秀英(大)　李晓霞（大）　李晓霞（小）　周志代曼　周高才让

2016年(共184名)

杨虎成　靳芳琴　王　云　吴林祥　邢学平　牛永刚　赵　玲　安学武　杨淑梅

黄兰芸　李　靖　钱忠进　牛世信　石永红　吴志峰　胡　盛　王凌云　张凤英
安　玲　安刀知　安兰英　安美芳　安淑芳　安晓燕　包建文　包锁霞　蔡吉成
常爱莲　常小琴　陈宝玉　丁雪峰　董永清　段竹兰　范海霞　范玉莲　郝建华
何伟霞　侯林红　后巧红　后巧娃　后喜凤　胡鹏霞　虎主草　扈文华　贾平芳
金平平　康红丽　雷　莉　李彩芳　李大茁　李道知　李国华　李菊芳　李培萍
李晓燕　李玉妮　李玉珍　李卓玛　李彩霞　梁琴秀　梁世龙　蔺新隆　刘　宏
刘玲珍　刘　平　刘彦龙　卢秉礼　卢广怀　卢晋芳　卢君兰　卢小兰　卢振芳
陆慧春　陆慧珍　录目加　罗双花　吕志新　麻秀珍　马　胜　马桂芳　马妍萍
穆晓花　宁存秀　宁生祥　牛存德　牛生瑞　牛彦荣　牛重九　潘喜春　齐永平
祁鲁萍　申誉杰　石　磊　苏发存　苏凌云　孙晓娟　谈红芳　唐春娣　汪芳军
汪晓倩　王　燕　王冠兰　王桂英　王红玉　王蕊凤　王晓英　王　昕　王延安
王英俊　魏润梅　魏艳文　魏智文　吴润喜　吴喜红　蒽红伟　夏淑珍　邢素红
杨国忠　闫　芳　闫　萍　闫喜庆　严瑞萍　严廷秀　杨　洁　杨　玲　杨　滢
杨海花　杨梅芳　杨晓红　杨晓静　尹春芳　尹兰萍　尤雪梅　余秀花　俞春英
后旭英　张春花　张虎兰　张建梅　张丽萍　张倩娟　张巧玲　张雪红　张燕妮
张永飞　蒲世杰　赵　霞　赵彩虹　赵海燕　赵红霞　赵兰梅　赵媛珍　周彩霞
周玉珍　朱丽萍　宗海琴　宗红红　王春梅　辛亚丽　李炳珍　吴玲芳　范巧巧
包晓霞　邱小梅　马龙平　杨贵龙　魏　霞　胡永霞　安艳花　鲁巧红　曹剑雄
丁小燕　苏　芬　包元贞　张　翼　后丽丽　毛月玲　姜俊丽　王秀英（小）
周高才让　周志代曼　王秀英（大）　李晓霞（大）　李晓霞（小）

2017年（共181名）

杨虎成　靳芳琴　王　云　吴林祥　邢学平　牛永刚　赵　玲　安学武　杨淑梅
黄兰芸　李　靖　钱忠进　牛世信　石永红　吴志峰　胡　盛　王凌云　张凤英
安　玲　安刀知　安兰英　安美芳　安淑芳　安晓燕　包建文　包锁霞　蔡吉成
常爱莲　常小琴　陈宝玉　丁雪峰　董永清　段竹兰　范海霞　范玉莲　郝建华
何伟霞　侯林红　后巧红　后巧娃　后喜凤　胡鹏霞　虎主草　扈文华　贾平芳
金平平　康红丽　雷　莉　李彩芳　李大茁　李道知　李国华　李菊芳　李培萍

李晓燕 李玉妮 李玉珍 李卓玛 李彩霞 梁琴秀 梁世龙 蔺新隆 刘 宏
刘玲珍 刘 平 刘彦龙 卢秉礼 卢广怀 卢晋芳 卢君兰 卢小兰 卢振芳
陆慧春 陆慧珍 录目加 罗双花 吕志新 麻秀珍 马 胜 马桂芳 马妍萍
穆晓花 宁存秀 宁生祥 牛存德 牛生瑞 牛重九 潘喜春 齐永平 祁鲁萍
申誉杰 苏发存 苏凌云 孙晓娟 谈红芳 唐春娣 汪芳军 汪晓倩 王 燕
王冠兰 王桂英 王红玉 王蕊凤 王晓英 王 昕 王延安 王英俊 魏润梅
魏艳文 魏智文 吴润喜 吴喜红 葸红伟 夏淑珍 邢素红 杨国忠 闫 芳
闫 萍 闫喜庆 严瑞萍 严廷秀 杨 洁 杨 玲 杨 滢 杨海花 杨梅芳
杨晓红 杨晓静 尹春芳 尹兰萍 尤雪梅 余秀花 俞春英 后旭英 张春花
张虎兰 张建梅 张丽萍 张巧玲 张雪红 张燕妮 张永飞 蒲世杰 赵 霞
赵彩虹 赵海燕 赵红霞 赵兰梅 赵媛珍 周彩霞 周玉珍 朱丽萍 宗海琴
宗红红 王春梅 辛亚丽 李炳珍 吴玲芳 范巧巧 包晓霞 邱小梅 马龙平
杨贵龙 魏 霞 胡永霞 安艳花 鲁巧红 曹剑雄 丁小燕 苏 芬 包元贞
张 翼 后丽丽 毛月玲 姜俊丽 王秀英(大) 王秀英(小) 李晓霞(大)
李晓霞(小) 周志代曼 周高才让

2018年(共190名)

杨虎成 靳芳琴 王 云 吴林祥 邢学平 牛永刚 赵 玲 安学武 杨淑梅
黄兰芸 李 靖 钱忠进 牛世信 石永红 吴志峰 胡 盛 王凌云 安 玲
安刀知 安兰英 安美芳 安淑芳 安晓燕 包建文 包锁霞 蔡吉成 常爱莲
常小琴 陈宝玉 丁雪峰 董永清 段竹兰 范海霞 范玉莲 郝建华 何伟霞
侯林红 后巧娃 后喜凤 胡鹏霞 虎主草 扈文华 贾平芳 金平平 康红丽
雷 莉 李彩芳 李大苗 李道知 李国华 李菊芳 李培萍 李晓燕 李玉妮
李玉珍 李卓玛 李彩霞 梁琴秀 梁世龙 蔺新隆 刘 宏 刘玲珍 刘 平
刘彦龙 卢秉礼 卢广怀 卢晋芳 卢君兰 卢小兰 卢振芳 陆慧春 陆慧珍
录目加 罗双花 吕志新 麻秀珍 马 胜 马桂芳 马妍萍 穆晓花 宁存秀
宁生祥 牛存德 牛生瑞 牛重九 潘喜春 齐永平 祁鲁萍 申誉杰 苏发存
苏凌云 谈红芳 唐春娣 汪芳军 汪晓倩 王 燕 王冠兰 王桂英 王红玉

王蕊凤　王晓英　王　昕　王延安　王英俊　魏润梅　魏艳文　魏智文　吴润喜
吴喜红　蒽红伟　夏淑珍　邢素红　杨国忠　闫　芳　闫　萍　闫喜庆　严廷秀
杨　洁　杨　滢　杨海花　杨梅芳　杨晓红　杨晓静　尹春芳　尹兰萍　尤雪梅
余秀花　俞春英　后旭英　张虎兰　张建梅　张丽萍　张巧玲　张雪红　张燕妮
张永飞　蒲世杰　赵　霞　赵彩虹　赵海燕　赵红霞　赵兰梅　赵媛珍　周彩霞
周玉珍　朱丽萍　宗海琴　宗红红　王春梅　辛亚丽　李炳珍　吴玲芳　范巧巧
包晓霞　邱小梅　马龙平　杨贵龙　魏　霞　胡永霞　安艳花　鲁巧红　曹剑雄
丁小燕　苏　芬　包元贞　张　翼　后丽丽　毛月玲　姜俊丽　李　秀　杨卓玛
杨申珍　张淑红　安雅洁　余永红　卢学栋　后义青　吴爱科　侯红霞　袁海林
张　凡　田翠霞　徐海平　包桃英　王秀英（大）　王秀英（小）　李晓霞（大）
李晓霞（小）　周志代曼　周高才让

七、历届毕业学生名单

（1921—1959 年因毕业生资料缺失，未能录入）

1960 届毕业生（共 45 名）

寇　强　李妙玲　寇子俊　雷英杰　程振华　杨庆胜　汪岷秀　程振锡　李少民
郭英瑜　房全凤　王淑兰　于桂兰　张月娥　冯月英　来　义　王克俭　周克俊
来大庆　同连帮　同连玉　来桂兰　来世英　赵　林　丁应茂　李桂英　赵鸿业
石志英　张国瑞　李生芳　李占元　赵秀珍　孙银梅　来发科　赵启明　孙玉桂
庄六元　朱学仁　刘景元　吴德俊　李廷斌　李敬堂　张兰英　郑文辉　刘　旭

（1961 年因毕业生资料缺失，未能录入）

1962 届毕业生（共 19 名）

祁玉霞　柏　玲　赵月英　李玉香　王立明　常素琴　刘桂兰　方宝贵　付卓英
刘玉芳　来桂兰　张　旭　康尔令　唐先启　汪世意　王建华　寇玉英　谢　斌
田怀恩

1963 届毕业生（共 27 名）

雍　健　元文仁　丁英蒲　景仲华　谢玉兰　韩桂琴　崔兰芳　来桂珍　柴秀珍
胡瑞英　詹建文　张富善　汪应吉　孙文兰　相永福　李昭全　赵彦礼　贾世云
张国祥　郝得林　门鸣壁　杨新民　陈秉章　寇成富　张新华　张建雄　王世忠

1964 届毕业生（共 23 名）

齐东生　刘　英　赵永宁　柏桂兰　谈義安　赵婉华　李明芳　李　昌　安永才
赵丹主　王明远　寇城付　刘松柏　汪东英　张启荣　闫淑华　柏永付　雍　健
王国权　杜亭寿　王　俭　赵启业

1965 届毕业生（共 20 名）

张和平　张耀祖　尹彩月　石彩花　张进云　李生辉　丁效权　宗景明　胡秀琴
黄惠生　姜秀香　吴月梅　谢风英　孙啟荣　吴桂兰　柏永福　白甘生　来　明
安文郁　王世元

1966 届毕业生（共 44 名）

柴新典　海启文　郑海潮　董世明　汪岷香　尹彩月　宗景明　李彩霞　付春桃
王元文　解桂兰　白新兰　李莲桃　郭建芳　马希云　邢玉芳　张文秀　张　惠
韩志平　邓天元　田玉珍　王全福　刘玉才　阮亚平　张秀山　王一平　王胜年
杨庆华　文淑梅　黄潭生　文宁生　史永典　武云亭　王居仁　郑怀璧　蒲世英
李天元　王官代　郝为民　张力平　孔祥洲　高俊先　张沛娜　吴桂兰

1967 届毕业生（共 29 名）

赵仲志　李　义　丁效云　胡有才　赵风林　刘建中　刘新元　来学义　常和平
尹建俊　杨树平　余志新　赵宁兰　尹彩兰　王玉芳　刘兰芳　郭会翠　谢　芳
陈玉英　杨兰英　贺　煜　刘舒郁　王桂芳　邢永才　赵得亮　赵旭业　方宝同
郭永清　丁新民

1968 届毕业生（共 54 名）

祁家军　祁东华　王建忠　马秀英　王宝军　李苏芳　李　伟　罗炳芝　李志成
陈玉玲　吴生荣　魏学文　寇建邦　陈聪贤　李永清　白金花　周嫚玲　巩玉兰
张星芝　刘亚非　张　诚　张学农　郭玉芳　刘兰芳　白兰乡　张为民　杨永兰
穆忠安　张晓燕　辛南萍　王学艳　高俊兰　李彩云　杨世隆　陆仲魁　张　耀
李安清　陈素贞　魏丽亚　胡瑞兰　魏素芳　来　俊　郝树人　鲁利华　王明广
李建兰　孙秦生　罗敬忠　袁卫彪　王贵洲　常　明　杨庆国　付卓伟　李国元

（1969 年因毕业生资料缺失，未能录入）

1970 届毕业生（共 83 名）

刘永喜　乔为民　李　广　刘亚州　任大福　郭成俊　朱世忠　穆忠草　杜贵荣
柏建义　白连忠　郭庆华　樊起安　郭　耀　柏小平　杜玉珍　王玉荣　郭银平
王建华　柏维民　蒋慧琴　刘富平　刘秀兰　李　琴　张亚照　李兰梅　张永德
王小威　祁贞红　吕宝珍　赵大星　孙红兵　魏秀英　方银桃　朱淑梅　尹世昌
安忠华　李生荣　赵占龙　丁新华　陈雪峰　王全录　郭兰花　王秀兰　王效慈
张来有　贺　钢　刘永和　李　风　姬启风　张长寿　夏福云　丁海照　李素霞
株桃娟　申连生　陈顺福　秦　耀　张光俭　刘曼青　李桂兰　谢卓英　蔡新华
李　勇　胡爱珍　解卫平　张爱玲　白绪生　蒲芝义　吉大鸣　贺爱舟　谈玉花
董庆兰　王风莲　王晓平　梁喜诚　徐复魁　杨生茂　白锦玉　尹春梅　尹建民
张国明　婆婆次力

（1971 年因毕业生资料缺失，未能录入）

1972 届毕业生（共 44 名）

李克若　房志坚　梁永平　王桂芳　孔秀红　王喜生　肖明巧　张国强　谢星烨
陈乐本　陈永红　陈　俊　祁建民　王学红　马　红　邱　云　张建华　杨树新
霍爱琴　杨梅英　石海林　石永林　芦未明　尚学军　曲通秦　王耀洲　陈　杰
高小明　谈红安　朱维红　赵　云　席卓林　张惠平　贺习刚　李玉兰　吉卓玲
蒲生华　袁东琴　梁明芳　孙淑芬　孙志刚　牛学义　陈向明　杨义平

1973 届毕业生（共 106 名）

罗瑞花　杨瑞芳　徐子雄　李国强　尹述芳　赵大兰　马海龙　来丽芳　王小雄
陈小霞　付卓文　杜鹃花　杨示芳　李子兰　陈永华　李春芳　张进富　王建军
全小卫　詹　彪　将风梅　雷　纲　方海洮　黄小平　郭春梅　孟巧林　贾进平
刘淑芳　张　琴　康晓平　吴爱民　周为民　袁　卫　杨本武　高小平　徐清荣
杨素华　谢雪琴　刘亚轩　刘卫国　王　瑜　王　勇　张桂华　魏力虎　邢勤学
李义亭　肖临平　赵秀明　胡文林　郭玉顺　陈　宏　李　森　魏学仁　夏云春

何振南　雒　燕　赵苏媛　马凤琴　刘刀知　牛元子　范武德　李长海　陈　莉
沙海梅　张海霞　王淑梅　张光林　张德喜　吕保平　温西林　方玉洮　王桂兰
杨世荣　郭爱萍　杨树青　周志勇　李林芳　罗瑞福　高小华　杨玉文　李　鸿
曲通新　刘小元　唐　忠　邓惠文　李　真　李　华　李兰芳　梁芳玲　蔡小龙
张爱国　将木洲　安素芳　雷玲琍　张建珍　张桂臣　倪桃梅　蒲国忠　王玉芳
朱世华　何玉荣　李　军　蒙卓麻　赵秀英　张玉汝　王卓南

1974 届班毕业生（共 124 名）

陈海燕　何卓勇　孙巧玲　梁永年　卢小平　柴少恒　郭娅苹　解武恭　杨林苹
郭志岗　杨素珍　倪潭林　张艳平　段　平　杨虎成　罗景春　罗光忠　马永寿
马爱梅　郝秀生　郝更生　辛翠群　张文慧　邢凤英　杨　玲　朱月梅　罗全英
吴海龙　郭德胜　张卓男　乔　青　张　霞　梁　慧　邢尚民　吴春喜　申卓平
李玉珍　王小丽　张卓兴　吴　涛　常卓平　陈富全　杨建国　景巧凤　丁淑芳
孙志强　王国梁　宗国胜　蒋龙珍　陈玉萍　蒋慧玲　陈永明　李长红　姬德明
祁家平　邢凤英　刘　涛　郭时雨　李　军　张光伟　陈月梅　贺小玲　汪兰英
邓卓玲　李　静　孙　强　温晓岚　马红立　尚学义　雷秀华　杨玉兰　张改玲
张晓霞　蔺小平　安建华　雷文煜　杜育杰　曲通义　郭小桃　山青秀　赵卓光
谢凤英　牛　勇　李惠玲　高卓梅　张　燕　李彦荣　邓惠珍　马月梅　樊立泰
王学伟　宗慧珠　李梅芳　陈玉玲　牛海玉　谈红芳　赵东成　李忠平　王希平
张红卫　李玉平　李　荣　孙卓富　李惠玲　王改生　孙　钰　赵　虹　吕卓生
马翠玲　慕兰英　石海云　李　蓬　李　芳　杨小琴　尹瑞生　朱洮丽　于　琴
陈虎本　张　萍　阮兰生　吕桂英　刘　玲　范丽萍　郭时玮

1975 届毕业生（共 69 名）

范文英　李秀梅　曹雪梅　陈永祥　孟庆彪　孙　平　何卓玛　母月巧　张　江
王建红　王喜锋　史青烽　王学卫　杜育贤　李义龙　祁建设　王锦平　张光伟
武晓燕　王希静　张　卫　梁建民　赵　东　杨雷德　雍　平　张学军　曹群英
何世龙　刘翠林　方　辉　赵金才　刘彩霞　方保福　罗瑞秀　赵单峰　杨本鹏

贾启录 蔡小冬 范海林 徐清风 杨小平 洪 霞 刘兰玲 吴怀武 张新华
梁中和 刘永红 邱 瑞 杨树青 张成良 蒋云龙 朱维征 杨玲锦 齐玉芳
雒建平 车建国 温西红 祁育红 李建民 胡亚群 郭建平 马忠民 罗瑞民
景素花 穆月梅 陈晓峰 汪应祥 郭时玮 汪学忠

1976届毕业生（共110名）

王 忠 方南涛 袁晓晖 田旭武 牛海东 葛雪谨 贺小龙 罗瑞秀 魏孔壁
胡永明 王学兵 杜育民 吴 浩 李 章 郭建华 蒋龙校 倪小林 刘建忠
曹 荣 梁永明 韩 勇 范武平 陆永财 郭小俊 李效勇 李包朝 史青华
朱兰香 万 凡 冯 玉 孟歆林 徐清风 邢玉英 张 玲 霍爱萍 宗秀贞
李建平 李海荣 张来福 丁清芳 姚贵生 丁海林 赵文军 蒋青丰 夏玉英
罗金保 李龙虎 刘维国 李效荣 陈 玉 李凤萍 杨建国 孙述军 杨小虎
乔 峰 敬小华 吕建林 牛海林 范长林 阮智民 吴卓生 杨 华 景 文
康小凡 樊玉霞 贺兰林 刘 洁 杨树军 张桂芳 陈敏贤 吴居华 陈林萍
李文祥 陈海军 魏明承 李那珠 张卓林 王爱萍 王玉林 杨永平 乔 义
李 敬 黄能嗣 李小莲 郭建华 陈香芸 方保萍 陈永明 陈 侃 孟成顺
宗 荣 任晓东 何建平 张玉林 鲁莉萍 魏秀明 魏秀英 陈文国 安梅花
李 旭 孙小荣 申卓辉 穆忠诚 曹群英 杨小春 倪素芳 徐志纲 乔 木
谭小红 李旦知草

（因从1977年开始，毕业生毕业季改为夏季毕业，故1977年冬季无毕业生，1977年毕业生于1978年春季毕业。）

1978届毕业生（共87名）

邓惠萍 刘亚珍 李桂花 宁冬梅 张亮学 李 艳 李 岭 朱成华 杨永生
张 娟 肖学峰 徐雪梅 刘兰红 高春英 刘彩娥 张树华 张莉平 柴 英
范长恒 桑泽花 贾阜东 柴少展 韩 英 贺习恒 吴长平 吴 澄 朱世辉
何建锋 郭 卫 范玉青 黄梅芳 谢生辉 石海平 吴卓玲 王学锋 牛 凯

吕建德　何卓涛　魏学农　邢康主　宗元福　杜生荣　邢树明　杨拉目　乔令先
张桂芳　张绣绮　王小龙　石秀芳　张丽玲　李　升　吴红林　杨永红　张瑞钰
雍丽英　靳九红　赵卓海　吴淑花　赵志华　祁桂梅　李世民　李海林　陆春梅
王桂英　黄成生　杨和平　祁玉珍　朱月珍　慕兰俊　田旭文　张万鹏　卢小红
李　莉　柴　勇　曹　勇　李红卫　丁长林　方春涛　魏　红　梁建伟　陈秀萍
李　海　蔺丽娟　牛　燕　景　环　范文凯　杨莲梅

1979 届毕业生（共 63 名）

乔令民　柴　梅　尚学文　汪小妹　虎永珍　王希瑜　敬小娟　罗信文　车少军
蔡国庆　阮莉萍　高海庆　赵明义　李卓亚　张小平　郑卓生　张红兵　乔　萍
后玉虎　范文凯　郭前纲　孙小娟　杜秀梅　李建玲　侯恩芳　丁爱珍　吴淑文
马小红　鲁丽芳　汪元平　段　安　虎占国　李彩玲　梁永新　卢少荣　郭春红
张喜庆　陈鸿本　石海珠　侯小平　康永安　温晓霞　霍爱民　张学良　武红英
梁　军　白辽翔　王玉兰　李文革　杨社春　刘天明　郭建军　刘彩云　刘　强
方保全　杨莲梅　马凤兰　景　环　金忠治　邢玉珍　蔡晓飞　杨包朝　李来玲

1980 届毕业生（共 91 名）

蒋慧萍　郑国华　李　平　刘建忠　万　丽　朱维民　陈向晖　徐清萍　卢卓梅
谈小红　苏小琴　杨　琴　季召兰　赵永华　李　敏　邢桂芳　孟艳春　孟卓顺
王耀定　李惠玲　张红梅　孙长春　李维林　魏学宏　吴长娥　童秦花　邢玉兰
梁建华　吴月萍　景召花　魏　伟　杨桂芳　王　芳　杜捐荣　孙鹤令　雷卫国
王　龙　宁　涛　杨建军　景　冈　杨建华　李永强　吴海红　刘琳花　卢生辉
史清晖　安永梅　罗瑞丽　杨间天　雷卫中　李淑萍　肖　玲　景淑英　李　琴
雷梅春　姚玉花　张少卫　丁海霞　张亚丽　杨永红　张玉莲　海维芳　贺　文
靳永红　申卓丽　罗春芳　刘亚明　张　武　曹海英　田玉兰　樊卓霞　何先锋
张建萍　乔万林　杨菊郁　姚玉珍　张欣荣　罗瑞峰　魏学军　曹　瑛　宗元宝
黄秀娥　丁小林　赵卓洲　张建华　贾启梅　李　明　杨卓林　宗秀兰　杨继清
肖艳萍

1981 届毕业生（共 88 名）

陈　涛　王学兰　杨树玲　康晓静　钟　军　孙冬花　任大明　孙海娟　柴　蕊
王小琴　虎永玲　李卫国　卢小林　曹　晖　贺小兰　李茂林　吕保瑛　段　和
杜　仲　梁　玲　李永忠　刘继红　陆玉琴　乔大巍　李　花　余海燕　张凌云
鲁利民　韩　智　周红霞　王宗平　雍淑兰　葛雪松　张　文　陈　卫　吴　清
陈　玄　李效文　赵小兰　王小平　卢秀梅　刘天生　马忠举　孙云才　张永康
贾平广　张慧琦　侯林萍　张卓花　衡淑玉　陆菊梅　桑泽刚　李　平　武永平
尹振华　邢玉梅　许林喜　夏志英　陈永广　杨晓琴　石海莲　康玉清　石永德
吕淑凤　吴燕玲　乔玉霞　郭锁莲　蔡晓燕　谈卓霞　何瑞英　马小卫　陈　玲
杨国平　景桂花　雒建国　李献忠　王　立　罗瑞宏　牛海全　王世林　陈永盛
马文和　景耀东　周　盈　方保华　赵志立　杨本军　尹淑兰

1982 届毕业生（共 65 名）

曹　瑾　罗瑞菊　胡巧玲　刘文军　仉宝林　宗元风　齐春生　王金列　李　全
车红芳　郑富华　赵　燕　穆艳珍　何瑞珍　赵桂珍　朱永华　骞予婉　郭　胜
周元风　杨爱东　邓惠云　刘　辉　李宏强　范文进　吴　红　郭志斌　雒　燕
石彦芳　房彩林　马季红　朱世荣　刘冬英　侯振华　郭小虎　魏力刚　张予东
宁成兰　孙秀梅　杨海荣　杨丽霞　何玉玲　杨素琴　赵红调　杨　斌　孙芝香
黄珍霞　孙晓红　王瑞芬　贾启祥　卢红梅　周　煜　牟小龙　李　燕　郭建忠
丁学龙　牛勇智　李兰云　姜天生　申卓兴　杜育伟　杨筱宏　田高代　海维佳
李　英　丁海龙

1983 届毕业生（共 64 名）

雍　才　朱永清　杨素兰　马卓兰　朱晓彤　张小强　王晓媛　丁淑英　张　钎
梁　霞　范兰梅　贺延红　张妹平　饶卫华　杨玉芳　海明珍　陈　康　郭寿梅
赵　军　李慧萍　赵永安　徐志芳　杨　琰　魏学英　董丽霞　张妍珏　赵旭东
杜玉琴　卢　俊　孙　永　尹廷祥　王晓霞　吴　超　张　霞　王玲英　苏玉兰
王　芳　靳玉龙　韩彩红　苏小兰　张国良　张爱华　徐清春　陈永平　蒋爱民

郭志涛 吕晓光 王　珍 孙　立 母月红 王晓翠 蔺丽红 卢少卿 范继花
杨　艳 贺习军 胡林生 郭建华 杜　凌 余海涛 乔大林 史青茂 陈　鸿
吕晓燕

1984届毕业生（共109名）

李世红 郭　炜 石国兴 吕保东 郑树芳 邓惠明 张建军 何　滢 张志毅
梁满虎 张建勋 杨旭东 王永俊 敏　旭 段丽文 段　雅 任建芳 李永福
何惠芳 赵怀信 姜凌云 张旭华 杨学熙 张银花 强胜平 包素芳 鲁利军
来菊芳 罗瑞祥 张　磊 张新宇 丁红林 朱元庆 赵　春 葛学涛 赵金辉
刘文贤 王金蕴 魏　勇 苏学斌 康都如 山梅兰 陈红军 郭翠莲 罗绍辉
樊海霞 李　云 李　彬 邢桂桃 敏　慧 申卓艺 杨晓斌 杨卓平 杨瑞芳
郭兴文 吴怀忠 牛海菊 李永贵 杨生春 郭钦东 李淑萍 杨雄伟 范玉春
郑鸣华 柴　燕 杨永青 张建仁 杨　勇 尹　强 陆永红 张文德 张桂娥
后兴文 李桂芳 陈福英 夏贵青 霍振东 景文成 苏　海 杨丽坤 王晓荣
尹桂兰 阮惠萍 李培军 贺　凡 申　洁 牛　忠 吴菊玲 靳法龙 张惠琴
杨永福 杨莲霞 张建荣 李应明 魏永庆 李永强 张桂梅 李锦荣 张建红
丁海云 王　瑛 陈福平 徐永平 唐　斌 权书力 王　维 胡继业 白梅芳
严永红

1985届毕业生（共98名）

吴祥林 韩　毅 张新文 马永平 尹卓生 杨永宏 申满菊 邢贵平 杨贵梅
魏志强 宁富宏 罗瑞平 罗信云 奚丽萍 张凤娥 朱玉珍 郑海英 吕　勇
孟全林 景双录 赵承信 邓迎春 董彩霞 王　维 贺　凡 魏永庆 蒋学军
闫冬梅 谢星宏 陈　渊 郑信平 车光天 刘　虎 杨莲霞 吕　萍 李永强
陈银香 朱玉珍 郭晓华 何　洁 魏志荣 雷迎春 海维芬 姜小梅 景淑兰
郭丽华 杨　莛 罗福全 王　辉 宋蔺萍 武小龙 甘卓龙 姬学平 庄　洁
侯永新 张新光 罗进彦 邓进军 李志文 黄秀花 张卓钰 王　才 王　芳

范文兰　李玉梅　卢芳梅　李慧萍　何亚玲　马　俊　杨晓玲　张永红　周　晶
罗　勇　王续义　付红霞　武小曲　李海英　张振旭　姜　芸　乔国卫　吴怀静
张锋琴　奚玉峰　杨彩凤　吕晓宇　何瑞琴　安锦花　陈玉秀　张月红　王　涛
王晓燕　汤一民　寇　莉　包广文　闫　芳　丁利军　李德华　海淑珍

1986 届毕业生（共 78 名）

赵崇晶　陈　才　焦淑惠　张晓琴　张旺杰　刘卓英　赵永成　马季平　王　玲
尹卓玲　李小玉　王　凌　梁兰玲　赵　静　张鹏云　杨丽萍　杨　瑞　蒲世杰
马　得　韩彩琴　贾玉林　张振霞　乔玉栋　贺建军　王晓燕　王晓宏　吴淑平
闫　勇　李雪梅　王晓菊　来元春　侯爱军　张瑞芳　牛海花　田　红　王宏英
李孝忠　毛月玲　李贵平　苏克俭　李　蕊　梁　颖　杨小亚　安锦兰　卢生录
赵永珍　杜秀文　马效英　李建芳　王玉平　黄明明　郭凤娥　孙兴怀　王锦梅
朱海钰　张晓峰　王文彦　李　莎　万　巾　朱　萍　王　艳　杨　珍　牛永峰
张海宏　杨本峰　马永红　吴莉玲　王　倩　张晓燕　段熙文　张勇生　窦卓梅
刘　艳　李文林　刘继军　余小平　李学胜　陈菊贤

1987 届毕业生（共 80 名）

李　涛　张永安　陈苏努　甘卓文　张　玲　何晓雁　杜小琴　陈永文　樊　龙
牛海荣　孙志荣　严永才　侯红萍　姜　燕　曹雪莲　赵彩凤　王晓英　邢桂英
贺延平　杨建林　宋　建　王晓东　赵　贞　陈玉兰　庄晓玉　王崇森　穆海峰
车永恒　马小灵　郭建秀　景文平　李　佣　杨晓梅　王金岗　刘春霞　马玉宏
赵丽霞　杜淑花　宋　煜　李世民　何建荣　杜重喜　张永霞　罗永晶　张惠芳
李　强　齐卓生　丁丽霞　王玉珍　李　琴　包文耀　乔　俊　李文毓　郭建霞
窦卓琴　马小红　石彦玲　马秀明　黎　花　包　瑜　魏永华　宋永卓　李维洪
林　宾　林　卓　周宇梅　彭晓慧　乔宏伟　陈　斌　柏　云　李克俭　王春兰
张永胜　卢生梅　谢银兰　王国华　孙小丽　张　蕾　汤一华　杨刀茹曼

（1988 年开始，柳林小学学制由五年制改为六年制，故 1988 年无毕业学生。）

1989 届毕业生（共 81 名）

孙青松　李晓玲　李维珍　张雪琴　朱院生　苏郁芬　山桂兰　李慧玲　姬　飞
朱海荣　陈福荣　赵永兴　刘士龙　林　林　李全润　卢　茗　田　伟　郭全胜
郭建炜　宁文平　张苏努　张绪花　王金鹏　王　胜　苏永新　卢　蓉　郭志耘
梁　巍　段博文　周宇峰　海维梅　景淑芳　邓慧春　杨　东　李瑞婷　姬宇飞
张丽萍　孟凡芹　张丽霞　鱼耀林　康尼布　窦红武　宗　林　丁丽萍　赵　宏
杨　英　石丽萍　杨晓东　陈文忠　雷更春　杨桂香　刘玉龙　范文智　杨晓琴
李维周　孟小菊　王喜梅　武小珍　何红雁　胡宏荣　徐志栋　郭秋红　王　林
侯玉英　彭慧宁　杨红琴　包建英　马　琴　杨秀芬　蔡小平　宗　萍　董云成
张兰芳　张志新　雒韶晨　刘玉关　马关成　邢玉花　李建雄　庄世龙
杨晒外九

1990 届毕业生（共 73 名）

周　健　唐羽春　刘玲珍　焦庆军　张　伟　雍海霞　郭建荣　李国忠　李慧梅
谢成平　赵凤霞　丁树忠　赵桂英　张四海　曹维花　邱友宏　孔金生　包　琨
陈文广　王　丽　李　勇　王　芸　蒋海花　李加草　李续梅　陈宏伟　来永红
贾玉平　杨新民　杨卓梅　杨建梅　杨小静　谢紫微　马　慧　罗信锋　景赐录
张秉文　李坚强　陈海军　何慧琴　姬雄飞　赵秀珍　申塞外　宋秀芳　郭建红
陈海龙　李学军　郭钦玉　范玉亭　宗全福　王焕成　安锦宏　张　富　乔果萍
赵临江　海维澄　张绪宏　敏　昇　苏　军　张跃魁　周毛吉　虎翠琴　祁　炜
卢淑芳　包小平　来龙春　范文广　邓慧玲　扈玉婷　李建辉　彭小宁　王锦兰
杨加草曼

1991 届毕业生（共 77 名）

宋　维　文和平　尹顺涛　仝顺成　杨小军　安锦英　沙世涛　王晓梅　魏小红
李玉玲　安晓平　张　娟　郭迎春　霍晓霞　方海瑞　赵　红　范建康　姬　祥
赵彩文　杜树君　李学仁　宋　涛　成凤兰　孙春燕　何夏云　宋玉明　鲜红玲

张建素　强胜魁　包进财　乔文艳　马永寿　夏征启　王静媛　田海霞　牛　芳
邱友云　卢红兵　赵　燕　陈　俊　杨　强　王中元　黄彦强　王晓燕　李彦平
陆文铭　杜景宇　包文渊　庄　芹　余赛来　王崇林　杨全民　张　瑜　穆辉先
卢旭旺　刘建业　景树生　杨瑞晨　杨桂英　王小霞　周芸霞　朱海霞　杨红秀
白晓丽　霍晓慧　杨晓鸿　孙志宏　赵吉焕　赵春燕　张永兰　赵　霞　梁　兵
张光颜　鲜　菊　杨玉春　康刀知草　李绒地曼

1992 届毕业生（共 81 名）

景永平　董卓平　袁敬文　朱全喜　王恒庆　何建梅　包金梅　杨　莉　丁淑珍
宋卓玲　魏彩娥　马逢乐　姜天花　李春梅　石永红　张爱珍　赵永成　杨曼高
李明生　汪永春　杜淑芳　郭旭英　梁　艳　孙志才　成晓艳　杨　英　奚新春
李建军　罗兰兰　张永飞　石丽花　李　萍　赵　杰　孙海平　杨谢平　丁利刚
田彩霞　周　磊　杨荷萍　陈　芳　杨德昭　王　琴　杨玉霞　谢维琼　李景兰
赵慧梅　杨瑞芳　牛克寿　牛小娥　李文琼　朱国芳　李喜梅　张　静　范晓霞
高爱民　徐复红　杨玉宏　李　芸　宁月兰　郭志刚　李建云　郭旭龙　朱海荣
王　强　赵崇亮　海维清　赵小军　孔丽文　梁嗣玉　宗江玲　卢菊花　孙贤慧
张光莲　朱　萍　张红霞　牛建平　杨晓峰　杨锦宏　张永福　朱国强
平措扎西

1993 届毕业生（共 73 名）

梁世龙　陈才让　杨玉辉　白鹤林　张素文　刘生辉　马德云　杨福临　杨　丽
刘爱霞　周庆玲　陈云霞　罗晓燕　张　平　唐文辉　刘士琴　张明霞　杨军梅
方瑞芳　杨　俊　杨丽萍　马维喜　陆文锋　杨公布　冯志强　何世林　乔　春
乔　玲　张　艳　李文平　李卓萍　安瑞芳　赵建军　孔少龙　王　亮　王　瑾
刘元伟　雷生花　贾全孔　乔其高　赵志成　仝玉珍　彭关英　朱红霞　陈丽霞
李菊梅　李萍花　宗福珍　刘桃红　杨海成　王卓林　王小花　杨小红　陆　强
金　平　张　继　石维东　王　斌　杨军德　张德民　丁海军　于　飞　李婷婷
赵　羽　后凌霞　穆银萍　陈莉丽　刘亚丽　祁　琴　雍海燕　徐杏媛　王　芳

魏小梅

1994届毕业生（共63名）

冯勇强　董宏翔　包元平　李文海　杨世渊　杨晓伟　董顺平　李　根　吴　鹏
姜天梅　马彩虹　王冠玲　赵亚军　张肃合　孙永红　吴桂芳　赵琴巧　郝晓勇
穆海军　杨旦智　赵　超　徐　健　霍晓军　杨贡布　杜　娟　唐文天　张德荣
张素云　后建平　陈继祖　张海峰　李　艳　卢美玲　寇喜福　杨红平　宗海霞
李恒云　杨兴东　赵刀知　郭学杰　李　强　徐睿琼　王姝庆　赵　燕　寇晓霞
文　成　常正平　齐　赟　王若愚　赵秀生　席晓勇　赵　琴　包梅菊　李银萍
段喜平　赵　炜　黄佳丽　王　伟　喜卓玛　魏俊杰　蔡　瑛　黄　岳
雷办么次力

1995届毕业生（共74名）

陈秋霞　杨　珺　易红芳　王冠兰　祁　静　杨文岳　杨根旺　杨杰栋　李建国
李文瑾　邢苏奴　邢玉红　王永福　李春荣　王卓元　杨爱萍　陈　曦　闫关代
李　盛　任玉欣　刘玲萍　姜东毅　卢文忠　宗吉玲　杨尕藏　赵凤岐　党永涛
毛建杰　雷卫宏　卢娟花　王亚丽　陈益杰　任剑锋　者丛虎　李文琦　蒋林玉
杨建平　范小荣　宗红宏　安丽昀　赵秀珍　袁敬梅　康　虹　文永平　杜　祎
穆晓斌　穆辉文　李小平　杜树英　杨维兰　李　静　郝小华　刘　洁　陈亚军
李元梅　梁君玉　杨玉英　张　东　贾　琼　杨东峰　李冬花　吴栋生　宋桂花
吴　铃　杨　德　赵晨辉　穆艳萍　夏征萍　杨亚丽　乔学峰　赵　辉　梁正龙
王远志　范海平

1996届毕业生（共77名）

赵玉宏　宗旭东　张云霞　张　丽　穆海霞　张　鹏　贾惠玲　方瑞芸　吉哲君
朱榕平　李　丽　张振华　蒲海花　穆晓林　闫晓霞　王晓玲　刘世虎　杨林平
宗彩霞　李其主　张晓炜　牟军霞　杨翠红　张晓军　何　晶　张海霞　张莉安

王昌安　牛勇奇　王爱萍　安晓梅　祁雪兰　张彩霞　陈继业　张　勤　蔻元东
贾永平　杨完玛　周　梅　杨亚男　赵桂兰　邢素贞　赵　华　方海春　李学婷
张玉兰　胡小军　范晓东　孙瑞娥　张玮娜　王兴中　文晓辉　安卓玛　赵国平
杨　燕　高建宏　范永峰　何建伟　浪文娟　王丽娟　朱宏博　李文忠　谢玉花
任景春　刘　涛　马遇东　罗　燕　王玉红　王伟翔　雍海福　赵志荣　杨文婕
王永忠　沙金莲　万紫倩　夏鸿雁　杨桑杰草

1997 届毕业生（共 68 名）

达　燕　姚瑞芳　祁雪平　蒋道知　任　瑞　谈雯霞　穆艳玲　成媛春　夏晟林
尹春燕　梁玉卿　李恒忠　刘　璞　张晓燕　王含斌　胡晓峰　张　琦　陈　鑫
闫梨花　党文卓　李成林　邢丽玲　孙梅芳　赵慧珍　安　贞　樊玮辉　张秀芝
宗红丽　郭顺霞　杨　柳　范海霞　来　玲　张　丽　范晓燕　杨卓平　李春暉
刘卓玛　姚海燕　李建华　杨琴花　邢素梅　雍海青　张文良　夏刀草　赵志明
宗梅英　尹仁君　毛建魁　宗海燕　曲晓燕　乔　南　姚海青　姚海荣　张　翼
孙文婷　蔺亚丽　郭红红　董玉珍　乔　峰　李海梅　杨雅琴　郝小军　祁珍珠
尹卓琴　杜菊梅　李海荣　武勇征　杨旦知次来

1998 届毕业生（共 102 名）

张亚彬　孟文军　田鹏程　张　蕾　郭俊杰　卢　刚　陈雪峰　宁剑萍　杨　昭
尚文静　宁青珺　谢凌翔　方永丽　付　昇　安拉毛　李卓玛　贾慧琴　乔飞翔
赵　刚　陈莹玥　闫青兰　贺国杰　朱榕林　杨　瑛　胡欣文　孙海红　金　震
刘津虎　毛　婷　宋杏桃　乔得志　李　杰　邱丽君　杨办么　雒　军　陈海霞
寇晓琴　彭子龙　杨　青　范玉琼　侯建华　赵青兰　康宇媛　卢　玮　穆艳花
杨仕通　徐睿殷　张晓奎　郭吉祥　付　鹏　张彦翠　徐　婧　常正刚　何　萍
张芸芳　王　娜　张文琼　王冠华　后卓宏　胡俊杰　方永强　方永宏　宗全林
侯艳玲　马小平　喜才让　周　晶　郑　琨　刘晓霞　康　鹏　吴彩霞　黄亚军
邱小明　杜菊林　胡文洁　高建英　陈永平　汪坤宇　李　翔　孙文华　李翠琼
李　骏　闫永平　赵凤麟　周锦红　邱新萍　卢正蛟　宋凌娜　陈旭恒　李　莉

赵倩倩　刘　艳　姬晓媛　穆巧芸　朱俊君　赵文俊　谢广贤　宗海红
周志代曼　杨旦知加　武麻尼九　杨娜主草

1999 届毕业生（共 103 名）

何　珍　朱艳君　王　艳　牛　亮　李　冰　温延伟　杨凯东　郭秋燕　寇瑞祥
朱春海　夏征海　祁渭平　李　军　王　静　马慧媛　张英芳　卢　晶　马　林
范晓明　闫鲁杰　李培蕾　黄建军　来永平　王　瑛　曹　洁　赵旭洁　李海霞
杨　凯　高　伟　张晓燕　李召红　郭卓玛　李润平　安丽瑾　牛彦春　张　帆
黄淑英　张燕妮　牟卓鹏　蔡　瑜　徐立顺　李要曼　虎文祥　曲小丽　鲁　涛
徐闻燕　宁云剑　周　艺　罗　萍　王光辉　陈宏红　周尕扎　胡晓芬　房　明
李建梅　王建伟　沙银莲　牛晓梅　杨文彬　安耀东　德格草　杨　丽　蔡宇堃
刘晓东　张　莉　王爱军　姬玉珠　王小军　张海龙　石　丽　鱼旺杰　任剑英
何　俊　来　妍　周　红　宗海琴　罗　倩　方永霞　杨淑娉　梁义成　安　琳
张晓芳　宗彩云　扈志远　文　林　邢玉英　吕　倩　张芸芸　张　燕　来思禄
谈文刚　李卓勇　杨　博　刘永辉　李海芳　董志强　姬学成　卢春燕　董学飞
孙砚德　刘　丽　宗海荣　蒋旦知草

2000 届毕业生（共 118 名）

熊　霓　周　兰　李召科　韩　腾　孙瑞庭　陈　雅　李小平　孙红梅　雷　艳
赵　勇　张合安　张小龙　朱艳博　乔　煜　穆艳丽　王晓倩　胡欣祯　姚令虹
黎富荣　祁世荣　王　瑛　宋志荣　张　瑛　宗红娟　卢　颖　来　林　姬雅丽
司敏慧　石永峰　宗珠宝　胡晓丽　屈　柳　乔　丽　姜媛琼　吴　洁　董　军
马葆萍　孙　楠　范晓军　刘　鹏　蒋才让　冯　云　杨　蓉　汪晓阳　牛晓峰
毛　娜　赵　毅　杨　杨　范晓龙　刘亚军　刘艳霞　黎福珍　王　玮　何　兴
杨明星　邱丽花　王晓慧　蔡玉珠　邱启业　杨江超　申　蓓　杨　帆　贾扎秀
张桂萍　陈彩霞　安文海　何翠艳　孙庆云　贾　兴　何亚琦　郭卓君　高建琴
后卓霞　雍海林　梁　莹　张亚慧　范玉珺　夏红明　王琨钰　魏晓燕　李晓燕
者丛萍　陈煜宇　高鹏飞　贾尕藏　邢喜霞　杨喜梅　张　徽　张峰杰　吕玉婷

郭旭龙　李永永　史永鑫　尹海林　王玉军　李　峰　闫晓峰　王文成　方永芳
孙瑞丽　李　妍　仝老扎　孙玉霞　张振萍　董学明　付　涛　宁剑锋　白顺才
姬晓斌　杨海峰　徐立胜　宋志平　来宏斌　刘　桃　杨晓梅　雒　斌
王公布九　鱼旦知草

2001届毕业生（共119名）

何晓华　杨锦丽　宁彩云　张妍菲　刘晓花　梁嗣盛　陈志刚　孙文飞　罗红琴
李　涛　徐晓旸　朱临平　王　娟　卢尕曼　李晓晖　姬玉洁　朱全芳　雒　莉
宗合玲　张小强　庄茹雅　丁永强　宁雯娟　石亚楠　周小红　王婷婷　包如江
胡存梅　董应龙　李海龙　杨尕藏　乔　青　乔春晖　郭晓斌　孙旭程　尹福萍
安思琦　姚玉兰　杜　恺　郭明慧　李要刚　张翅鹏　徐志伟　张　涛　邢素红
乔丽琼　王启明　张玉才　蒲建业　柴玉莉　包树荣　张晓娟　王殿君　杨　阳
梁　蓉　唐晓宁　张　翔　赵　静　丁　磊　母永成　李学媛　乔　蕊　陈雪鹏
张　鹏　靳一新　王　磊　曹旺杰　祁　燕　李海霞　朱莉莉　杨　俊　魏宝成
郭海龙　李　洋　张　炜　石　强　王　军　强保岑　李培刚　尹慧君　姜　颖
尚雅婷　杨尕拉　张小龙　刘萍萍　马林喜　奚鸿宾　黄　楠　王　丽　张婷婷
杨永忠　乔玉芳　卢红梅　房　宏　蒙龙军　闫　鹏　武文杰　刘彦君　陈福庚
杨　滢　王晓梅　张陇豫　李　琼　杨　明　王　强　蒋艳平　安刀知　李　静
贺　健　李宗坤　李文华　王雅洁　来卓玛　包霞菊　姬华军　刘彦海　李卓强
卢　琳　朱拉目次来

2002届毕业生（共147名）

包晓雷　张秉男　鱼闹布　徐鹏飞　李　哲　王殿坤　马俊杰　高桂兰　薛雅琴
后小花　段　飞　蒲　瑾　强雅丽　陈艳红　刘健良　杨亚芳　何志强　安雅洁
李玉红　李翠莲　王春燕　强玉程　杨亚梅　郭　葳　李雅琼　孙丽娜　赵成花
郭俊良　罗文斌　刘晓琼　王敏杰　尚玉婷　甘小东　杨莉萍　刘琪琪　杨静茹
杨卓玛　雍佳丽　赵　阳　张冰洁　陆晓坤　蒋燕芬　康玉萃　赵锦芳　宋万鹏

朱秀君　石　青　雒　红　张　鑫　陆宏亮　曹　静　祁建华　赵璐德　赵尼曼
石俊红　尚文瑞　姚令梅　穆春霞　杨　丽　郝亦民　杜贡布　杨明勤　肖　伟
杨自强　项斌斌　石俊成　李　明　张晓娟　张亚楠　彭　亮　王建伟　范玉琛
马伟平　王建业　秦博飞　贡巴甲　邢　扬　邢才让　牛泽龙　鱼世龙　黄亚男
曹建雄　慕　轲　李　秀　申冬杨　贾昱晟　王丽君　张　婷　杨　璐　杨草曼
宁雯妍　沈琪娟　马　莉　张　雯　杨荣芬　李婷婷　陈奇珠　夏晓兰　李　曼
孟文慧　安　平　包霞慧　王秀芳　王海云　朱晓刚　卢振鸿　杨建华　陈丽珺
赵　平　杨尕藏　郭海虹　龚　艳　丁雯欣　郭培培　温艳虹　王　璐　杜婷婷
牛琼燕　杨士达　丁　瑞　李召军　杨　军　王文龙　吉哲娴　王春燕　樊文辉
杜玉平　宋志桃　王晓梅　赵婉瑢　宗海平　宋林琛　张嘉文　张　强　宁喜德
张雨晨　刘　晶　刘　军　张喜梅　张秀珍　张　琰　李帕化草　贾尕藏草
杨都盖草　道吉仁钦　蒙丁子九　杨拉毛东珠

2003 届毕业生（共 134 名）

徐瑞鹏　蒙冠华　牛　晶　王菲菲　雷言婧　闫锡煜　魏　琳　范天恩　吴　涛
张　霞　郭元芳　卢红忠　罗　婷　赵成芳　李红艳　李　菁　安思宇　王晓丽
刘　丹　孙文东　张彦武　蔡春林　樊轶炜　王　燕　张小华　雷晓天　陈晓彤
来艳花　丁永胜　王玉卓　买哲君　杨刀知　后晓燕　何才让　吕　睿　闫文明
雍扎西　马德强　王海燕　项明明　罗才让　王海鹏　程勇勇　雍文珍　乔　俊
魏晓霞　来　霞　李晓东　张晓燕　高　霞　张　发　宗红萍　王　俊　牛晓刚
吴爱春　寇　娜　张　俊　张睿杰　乔丽娜　徐立业　姚玉梅　贾晓昱　杨　立
李　雁　张　明　任谊峰　谢凌雁　李天歌　李淑花　杨　政　王敏玥　武　勇
郭卓英　宁青玉　杨晓丽　郭旦智　陈文娟　后小楠　马文学　雷卓玛　黄亚男
王晓军　张民明　杨　鹏　赵　源　乔鹏鸿　许文甲　宁文君　李皎娇　张红云
宁青巍　赵增辉　石丽萍　何　萧　雷旺秀　吴玉顺　张　昕　宋妍明　周孟琬
赵媛梅　陆亚楠　姜贤卓　马　俊　寇龙昌　陈　亮　柴玉龙　徐瑞倩　魏亚辉
祁晓霞　张利亚　董　波　严沧黎　闫东主　柴敬山　郭如意　李　强　周丽琼

康佩珍 杨妍琪 姬珍君 强咏兰 刘云侠 张爱妮 牛彦红 卢英忠 安 媛
徐 成 姚爱琴 虎文婷 李绒地草 蒋召弟草 苏奴卓玛 安道知草 班玛才让

2004届毕业生（共142名）

高 芸 董 婷 邱伟栋 李淑琴 刘根楠 金 文 郭 涛 李保辰 杨 阳
李 瑛 袁志栋 王志荣 张晓霞 杨瑞丽 孙泽伟 姬保朝 陈莹秀 刘亚楠
杨吾杰 文吉祥 张 昭 全桑杰 贾 慧 马 莹 李 磊 王 玥 王思诚
马进喜 邢素玲 牛彦倍 王东林 汪亚睿 付 蓉 王 瑜 赵凌云 李 俊
朱建花 汪 莹 王亚琼 李开先 李扎秀 尹承君 王 斌 宗凤霞 安 妮
夏俊仁 丁 霞 贾才让 孙庆林 李 卫 李晓露 乔春霞 马俊涛 张宏斌
来艳珍 杨富国 贾 瑞 方 炫 郭 政 陈富冰 王晓瑜 殷志秀 尤雪梅
杨兰芳 王瑜龙 乔 红 王珠秀 韩俊杰 郭珍珍 李卓娟 丁卓玛 吴彩虹
陈丽娜 张 强 汪 晟 李卓玛 姜春云 孟 瑾 李晓莉 乔 瑾 宁晓燕
牛旭明 李顺梅 张宏光 杨应庭 柴玉亨 张宏鹏 孙 婷 陈 璐 张卓玛
杨 波 景格桑 张 洁 李 霞 李宏斌 包学文 赵继红 姚永龙 李扎西
党 尕 张玉龙 马永龙 马玲玉 赵银芳 程丽娜 陈艳红 张小凡 殷 雪
夏英英 陈冠琼 朱艳婷 杜 沛 李 娉 敏 星 杨永平 赵 霞 何挺宇
张亚栋 郭宏光 李吉祥 房 瑛 朱亚东 李 强 雍卓玛 申 蕾 丁 辉
李 源 吕君兰 李淑贞 刘 东 王 锐 徐建琪 范永钊 穆艳芸 杨艳红
杨齐主曼 刀吉才让 闫完玛草 杨拉目草 尕藏东珠 安贡布草 杨办么次力

2005届毕业生（共161名）

祁 涛 张玮玥 甘晓梅 安世龙 田鹏举 朱旦智 张 艳 奚晓娟 郝亚琼
赵 斌 罗晓琴 李培皓 杨梅涛 邢世强 梁 艳 孙砚锁 孙 宁 李文萍
何世信 王志强 王 蓉 卢小军 杨 倩 张 鹏 李金喜 张博文 方 健
穆宏伟 李 原 齐 榕 魏 娟 陈相磊 邢玉龙 孟卓湘 赵小龙 罗晓红
康 毅 李顺平 王 晶 李玉成 郭丹琪 席丽娜 赵 霞 沈 鑫 王元琪

董艳芳　马丽萍　石浩南　卓玛草　常红凯　雷雨舟　张建平　王　雕　蒋凯强
夏俊卿　周　娟　吴振杰　张琼琼　李文涛　何建雄　缪　峰　安尼布　来全兴
李　静　张玮琦　祁建平　杜　婧　张彦文　卢　毅　吴娟娟　苟文琦　张亚楠
苏小龙　马　赟　梁　昀　李　青　张　钎　李海龙　陆海平　安世龙　李　涛
乔文瑜　王　芳　安锦波　吴晨强　张亚栋　包亚琼　赵成祥　来艳婷　许　魁
郭媛媛　孙文峰　杨　俊　王昆燕　吴志豆　牛晓琴　郭　辉　苏旦主　司晓琴
李　蕊　桑吉草　张逸群　陈　铭　马斌麟　何启宏　张　耿　郭晓春　来　煜
张　兰　来鹏毅　赵天才　李文彤　宁妮娜　赵吾杰　陈　艳　姬玉琴　孙　鹤
梅永胜　房　静　李　颖　李拜芒　赵喜平　赵亚红　杜　霖　宁　波　王　男
李宏霞　姚海东　李晓文　赵　兰　周凤岐　魏春霞　段喜梅　郭倩雯　代俊花
才绒加　陈道知　郭明亮　王　瑶　王敏霞　马进云　姚永峰　张恒业　李　燕
普华草　李显鹏　石　磊　宋兰媛　何　源　何　萍　周歆洁　杨玉霞　吴喜梅
穆海菊　罗哲世　杨延云　卓格才让　扎西东珠　宋拉目草　虎日占草　才让拉毛

2006届毕业生（共180名）

尹红平　靳再新　徐　才　李　景　马卓宏　曲　飞　宁青卓　赵　鹏　朱卓文
司玉钦　张海龙　乔道知　李　俊　张红平　刘星宇　朱润林　杨丽娟　马建沛
刘晓霞　卢　雯　赵建文　宗素琴　魏春涛　范文静　宗晓霞　李海涛　曹笑君
龚春燕　刘桂芳　杨兰花　周　沛　朱艳萍　孟　瑛　罗士杰　魏菊香　李海燕
陈素红　王晓莉　李彩霞　张天媛　李宵元　祁鹏飞　赵　阳　蔡斌恒　赵扎什
石玲珍　赵玉芳　陈文媛　姬卓蓉　王春平　张　秀　邢小强　吴才让　马卓亚
扈　军　乔文广　李　艳　智毛草　杨卓琦　景宏盛　杨　涵　朱　宁　杨俊达
訾　琼　丹珍草　王晶晶　孙　卓　李　璜　何　元　杨怡和　尹　君　白晓丽
全晓霞　蒙亦君　张玉红　吴梦龙　王金鹏　张虹斌　朱　勇　任清卿　李　昕
吴宝苹　赵连平　安若英　白　冰　来恩杰　杨建华　普化草　苏　雅　王　玲
姜玉琼　扈晓燕　雍文菊　梁　倩　闫小琴　李　瑛　赵婷婷　李淑花　朱　倩
陈　成　郝晓东　王才让　鲁　泉　鲁庆云　蒋凯飞　仲彦文　张文广　王志刚

何建民 方学民 杨义凤 陶 丽 侯倩茹 仁倩措 钱晓慧 何向东 夏正勇
来艳玲 朱爱珍 张 琳 丁卓玛 曹 莉 扈 鹏 张仁泽 马茹红 杨 阳
景小玲 包一江 吴晨光 房奕祥 陈 博 朱桂霞 赵吉祥 卓玛加 赵 起
赵坚强 邢扎西 陈东主 陈培林 张亚丽 陈 红 武 林 房 瑾 陈文敏
董宏强 张 君 王煜洲 徐 帆 汪雪英 褚玉峰 吴 源 赵天恒 陆海林
杨玉峰 石中清 雍海平 刘 斌 录目草 马慧娟 王春安 杨卓瑜 马 清
邹 红 张殿榕 牛 婕 孔维庆 孙文龙 方文静 卢 燕 王润堃 蔡春兰
温建荣 拉目东珠 都格才让 扎西卓玛 赵新房成 寇公布草 郭加草曼
扎西准格 蒙贡布扎什

2007届毕业生（共195名）

钱晓玮 李红霞 陈志华 朱桃桃 来文祥 李昆岚 郭 燕 蒲治华 海兴洋
张 栋 李卓龙 金 瑾 郭志鑫 白卓玛 宗淑珍 安琼花 安慧君 文 昱
王 鹏 后艳霞 赵 云 方学良 姬永强 魏文静 安银波 张建军 曹 蕊
汪丽丽 樊玮琴 朱玉蓉 李淑兰 奚 娟 朱晓霞 刘 洁 桑海花 李文樵
苏 毅 曹扎西 包建新 乔 钰 杨续成 卢晓玲 沈琪春 景旦卜 雷 莹
杨义军 高岩峰 汪亚珊 王晓燕 孙晓娟 魏美娟 方永信 包亚虹 刁振霖
张殿竖 马玉龙 杨 正 母克瑞 贾玉琴 王媛媛 侯艳婷 杨兴栋 杨 龙
李 明 申丰涛 郭培良 王 斌 李 涛 祁召兰 孙 龄 来艳雯 吴钰丹
闫文琦 杨研珂 雒 赟 何 巍 王晓龙 杨媛芳 杨瑞君 殷 龙 王敏帆
宋 嘉 录茂措 杨玉鹏 韩平安 申 洁 沈 垚 宋若愚 付文杰 王 玲
李卓临 陈宏量 赵喜梅 李孝义 朱孝军 刘洪波 乔 芳 歹建如 杨 琼
石 晶 李 晨 徐文文 来文凯 李文靖 郭明君 吴 军 郭 璇 陈文秀
张 媛 陈利斌 吕智慧 杨央金 严春华 陈海陆 田彩琴 刘 凡 梁晓璐
陈泽华 徐妍蓉 姜小东 张中勋 李 媛 母砚文 母砚强 李晓明 唐天成
汪雪洁 李金财 范天荣 黄 涛 张 翔 罗云峰 杨喜顺 郭 超 卢岚岚
乔 森 张 斌 杨 慧 李成龙 强孜攀 杜龙布 李 斌 李帅杰 张 亮

安玉龙 吕军胜 安　鑫 闫晓彤 陈立新 魏　娜 陈玉欢 王春霞 柏水秀
李才让 尹秀君 张晓霞 胡欣艺 徐文瑜 石晓琴 杨卓玛 来彩霞 许　琴
李文娟 来央吉 安　丽 张伟佳 高巧兰 陈玉红 唐晓莹 候红雨 安桑杰
祁建平 任毅浩 杨东珠 乔文瑛 史俊福 邱顺文 景吉美 牛万民 代鹏飞
宁　强 许　洁 蔡旦主 张建军 王子君 张玉芹 魏雨豪 王玉川
杨路毛草 宗公布九 邢才让草 王路目草 郭超弟曼 杨卓玛九 虎班代草

2008 届毕业生（共 179 名）

董宏宇 李素芳 雷林霞 张翠翠 孙砚农 李　婷 罗瑞丽 李晓花 王爱菊
何　斌 郭　瑞 石永清 何亚蓉 寇晶晶 严新燕 宗晓伟 尹维文 赵　琪
鲁　鹏 朱渊博 陆紫英 董英雄 魏菊花 孙晓燕 袁　燕 王爱萍 赵媛媛
马晶梅 胡芙蓉 罗宝莲 杨卓玛 赵琪美 何　超 雷雨霞 安那召 宁　翔
蒲　妍 詹金煜 赵　凡 何瑞瑞 马小龙 安世鑫 后武建 张瑞雪 刘　蕊
魏　洁 王建伟 赵海云 雷　雯 郝玲玲 王　博 王　萌 李云帆 祁慧燕
李玉霞 曹　虹 杨　琦 孙　堰 来艳楠 周歆祺 申俊杰 杨东主 许承俊
方文涛 李祎斐 武文斌 乔丽茹 李宏伟 李宏凡 康　悦 王效松 杨昕宇
杨颜祥 祁建军 雍小珍 杨海霞 郑　妤 牛　亮 蒙晓峰 马　斌 石晓芸
甘小乾 胡欣荣 马艳花 卡毛吉 马冰洁 刘　田 张　斌 申文彬 张玉霞
吴卓玲 李淑芳 谢广轩 李　倩 张桂香 罗芸芳 陈小龙 蒲　静 裴文瑾
张晓丽 童蓓娟 孙庆烜 鲁秀琴 黄自强 田晓芬 邢晓艳 张晓暾 魏　忠
蔡志强 卢彦良 王晓琛 殷海忠 包元瑾 杨桑杰 杨爱珍 邢扎什 来建伟
张　磊 包元杰 李一青 李春阳 杨文广 鲁彦云 尹旭东 蒋凯峰 王晓花
李志强 孙　勇 贺艺婷 赵加草 杨桑吉 魏心丹 祁晓燕 李昭辉 包晓宇
班玛吉 强宏君 唐昕天 杨　帆 杨　林 李　轲 薛　莹 杨慧芳 杨豆格
吴　娜 尹清源 张　伟 张玲雁 李　蓓 姜振华 张林平 孙　醒 卢丽倩
丁晓娟 陈晓丽 卢　翔 马俊楠 安小平 卢才告 李培蓉 王春林 杨　啸
王晓琴 何向明 王元群 张　强 陈建华 扎　西 马　炜 景　宏 张彦民

张　曼　道知仁青　仁青卓玛　邢公布九　格拉丹东　全刀知草　杨晒外九
安班玛仲格

2009届毕业生（共173名）

杨维远　李加措　李卓成　窦祖辉　杨晓萌　陆小红　王绪海　邢才让　张晓丽
李　钰　王军宏　王志文　乔　梅　梁国林　鲁全忠　刘亚楠　张慧蓉　瑶　草
安莹莹　穆亚男　王彩霞　于彩虹　卢全霞　郭玉龙　杨海东　杜晓梅　乔国民
张　鹏　杨芳芳　雷怀玉　陈　刚　张立芳　陈亚蓉　张晓菊　马　银　张志超
牛晓俊　陈卓么　杨振寰　陈玉才　王　兴　张卓魁　朱强强　张玉林　王　星
唐　雷　黄龙龙　赵建忠　樊映鑫　李珍珠　李雅倩　柏晓梅　李文辉　冯亚凤
刘　芸　马永佳　罗莹映　罗彩霞　奚晓文　班玛草　李　鑫　曹尕藏　谢雯婧
李　玮　彭海东　孔维东　李红霞　王玉妮　何胜强　顾　民　董丽花　杨晓霞
祁永霞　张玮玲　张　祺　杨　洁　陈会巧　李　波　魏彩茹　康　越　赵伯谦
来金强　郭倩珺　郑　诚　包兴虎　方娟娟　李　伟　牛晓强　金慧梅　宁　静
李海瑞　雷雨帆　朱红霞　扎西草　马德明　景小军　丁　俊　李启帆　尹蓝洁
郭　胜　石丽芳　王志瑞　方永恩　杨艳霞　李卓花　朱仁博　魏文燕　贾俊霞
陈莹蕾　杨士勇　周康主　秦　怡　张宏伟　梁　恒　孔维亮　蒲　娇　全艳明
闫黎明　安巴代　武静弦　詹　蓉　罗桂花　贾赐强　梁晓燕　杨珠措　徐文强
金文煜　闫俊明　金佩东　李海菊　蒋玉霞　祁永平　张　浩　王爱珍　杨雪梅
录毛吉　马桂珍　王雅茹　杨国强　陈志斌　王晓娜　韩晨曦　何　为　雷菊芳
杨　凡　高雅娴　张　凯　张思静　王　哲　马德宝　张晓辉　安昭央　包勇勇
曹　芳　王雅琪　王　栋　李海云　安刀知　佴保朝　张　昊　杨建华　王昱晨
安　琪　张亚琴　候瑞林　安才绒曼　桑杰东珠　虎丁子草　才让东主　刀知次力
李拉目草　全刀知折什　杨刀吉才让

2010届毕业生（共273名）

李军亮　杨　榕　吕金霞　王志恒　高　飞　乔　禛　张建民　邓　晴　李晓梅
郭　钰　卢永晖　景晓花　穆燕茹　马慧霞　胡　玥　李卓永　王　斌　李浩康

杨晓梅　房永坚　杨素兰　宋　梅　宫红菊　杨海燕　杨红梅　胡尼布　安　娟
何才让　齐润德　李天博　赵靖诚　杨晓军　侯红叶　魏文斌　赵怀海　武婷婷
牛新民　李岩宏　吴成林　张　玥　陈丽楠　巨敬慧　张　欣　寇　爻　谢日占
赵　慧　马海霞　武文辉　雷彩霞　王卓平　朱　军　赵成慧　安姚草　郑　青
乔刀知　全主秀　李云龙　钱金莲　唐瑞平　杨宇宏　丁云民　杨子涵　吴　莉
杨会琴　后艳景　蒙晒外　赵晓兰　王喜梅　杨晓燕　闫海荣　王志宏　王亚东
李宵军　李　琦　安　梅　吕治民　牛　鑫　陈志娟　李志龙　吴　慧　卢卓鹏
寇啸虎　项春阳　武　慧　陈香远　陈茵茵　余　涛　逯峻铭　杨秀芳　卢晓军
雷芝春　安尼曼　牛顺喜　王镕平　姜振林　包彩萍　杨吉祥　宋红庆　赵海霞
王小玉　张　萍　杨　逍　杨志杰　郭俊琳　何晓红　包庆龄　陆小珍　李剑宏
包鲜丽　赵恩德　李志宏　尹海平　赵锦宏　杜　瑞　王晓娟　乔　瑞　李学强
李成恩　王　雪　王春慧　姚海彬　杨　婧　蒲建军　张卓玛　刘宝玉　唐天黎
蒲小梅　闫尼玛　佴紫红　李　丽　何婷婷　李晓梅　王玉梅　杨　霞　刁雅丽
李文静　张丽婕　安卓玛　祁志强　胡小鹏　王续梅　姬彬夏　杨　昊　李军龙
韩璀玥　董润菊　王军玲　杨志刚　宁俊亮　邢　宏　马登科　赵　娜　李　栋
丁学礼　吴彦龙　王永霞　杨　林　王晓萍　孙寿菊　殷玉英　张　桢　殷卓玉
马萍霞　李淑琴　姜玉峰　金文芳　母婷婷　杜　怡　杨丽雯　王巧玲　尹旭平
夏振兴　仁朗加　宁红英　王玉平　牛玉霞　李　雪　安兴才　李雪文　赵靖信
周晓虎　杨江杰　杨海涛　蒙晓俊　苗世花　后晓莹　苏小鹏　何　祯　田晨希
康佩娜　卢　俊　李海霞　李　军　杨永红　王晓晨　张　霞　尹吉红　张玉才
宁　洁　缪　剑　赵俊亚　王海平　蔡志梅　张文梅　宁世英　朗小军　王海玉
崇雅婕　宋　霖　后丽丽　孙志明　强海霞　后金祥　刘小栋　石建宾　李凤娥
李　宏　李秀花　王世雄　杨静梅　杨月梅　来文斌　王景丹　赵书琪　任　洁
闫玉芳　杨小燕　杨　富　秦同辉　杨　荣　唐　毓　杨怡平　房晓霞　赵小霞
何海龙　张秉衡　杨　明　范艳霞　王俊博　崔　静　李秀兰　乔文祥　罗宝平
安卓玛草　邓旦知草　仲格才让　全沙念九　贡布次力　李刀知草　道知旺杰
李都盖草　贾都盖草　杨道知草　谢赛外九　杨沙金草　赵苏奴草　李拉目草
李麻尼草　王拉目草　才让东珠　贾吾杰草　李贡布草　后道知草　佴道知草

安拉目草　央庆卓玛　丁道知草　才让卓玛　金英才让　杨旦知九　杨贡巴次力
杨万德扎西　虎刀知日占

2011届毕业生（共296名）

李旺秀　马江波　岳　萍　李国平　魏小东　王　倩　尹曙平　魏彩萌　景春花
郭卓军　王　斌　胡晓莉　白雪梅　李　莎　羊佳玮　包妹妹　杜庆文　乔文芳
包翔丽　张仁青　王举政　赵喜梅　雷林宏　杜杨彬　田晓龙　郝　沛　李　楠
李　晨　杨晓瑜　孙盛彬　方　堃　郭　浩　冯志豪　李　辉　李明鹏　杨　涛
牛　源　安　妍　姚宏伟　杨　晨　张晶晶　沙　雪　卢翠翠　苏贤钰　樊雯云
陈　斌　李文婧　朱鹏飞　李建平　张云祥　吕若彤　戚玉洁　赵海平　张学渊
方鸿霄　武文欣　王　静　安　波　李卓林　闫启云　马晓彤　张锦东　吕臻杰
尤晓昕　何洁兰　何玉婷　杨　玲　包亚南　詹金燊　王红霞　王虎林　姚耿胜
于红鑫　邱玲瑛　孙菊萍　杜剑楠　余　琳　宋姝霖　朱宏霖　徐　颖　武　玲
李志刚　王思福　后卓雅　赵志才　刘玉花　张　璐　杨　场　杨　璐　赵　龙
李钰琛　罗　珺　刘佩歧　杨　硕　牛　俊　朱晓航　刘　波　朱晓文　杨　斌
马雯君　董　妍　朱晓鹏　牛　钰　姜　欣　邢才旦　吴　丹　王玮臻　刘　恒
贾雯琳　孙金梅　李　升　罗永祥　包栋伟　曹瑞文　党文祥　王　建　王殿鹏
包晓鹏　乔玉玲　郭玉娇　郭晓珍　梁　斌　文　雯　海　彦　杜宏玉　付嘉仪
邱顺成　澳庆加　乔玉龙　王伟东　包海龙　李彦俊　张彩霞　包扎西　后增军
后品龙　杨永刚　赵有有　佴小花　贾永清　佴小龙　张雪蓉　乔小婷　卢银安
孙　琴　李晓红　包淑梅　刘桃梅　杨姝玭　何晓宏　马桂花　李海燕　董金芳
杨士远　党玉龙　马如兴　赵慧英　杨　妍　杨志杰　王　花　杨金松　张灵巧
杨红菊　牛　杰　陈想爱　杨荷花　宫红玉　王月霞　陈兴栋　杨国才　苏包朝
雷小龙　杨志斗　王玉萍　牛玉林　丁建萍　沙效忠　丁学梅　毛主草　党玉霞
杨引兄　苏海锋　杨金桃　安旦知　牛万德　卢希科　杨杰道　李海龙　苗彦卿
姜志荣　高艳霞　李金花　杨瑾丽　李秀梅　雷梅桂　蒙　妍　王喜红　李小龙
闫红梅　陈海霞　安才让　范　凯　李玉梅　王雪琦　彭景花　牛志龙　赵　虎
赵亚斌　张主秀　董彦平　雷慧琴　赵红花　李　瑶　强小兰　安　强　王俊丽

金小虎　赵成才　董登红　赵红霞　景宏伟　赵彦春　董晓涛　王顺梅　黄桃花
景天宏　赵霞芳　金小琴　贾丽霞　张虎文　安思雨　马丽雅　贾红霞　丁　天
雍瑶草　王晓艳　马淑贤　李　婷　王志伟　周王蓉　牛瑾雯　陈晓兰　姚丽君
杨志龙　董英文　李维民　蒋晓义　王玉霞　赵刀知　张　伟　雷安祥　贾梓卿
马琳娟　安兴玲　牛佩丽　余剑梅　马永喜
杨闹斤曼　杨主曼草　全道知九　贾召尕九　赵卡主草　安巴代曼　蒙拉安九
梁闹金草　吴才让草　李次来草　袁工布九　李都盖草　焦尼曼草　仁青才让
朱斗格草　胡佛木代　李高召草　杨沙金草　安婆婆草　杨仁青草　胡车效草
安录目草　李塞外草　王道知草　安日占草　安麻尼草　赵拉木草　魏班地次来
尹沙杰次力　杨卡主次力　蒙刀知次力　安都盖次力　虎龙布次力　杨才来旦主
梁给主旦尼　嘉木羊扎西　金班么扎什　杨都盖次力　金刀智加参

2012 届毕业生（共 324 名）

方永江　朱海栋　鲁慧云　牛雅丽　卢喻航　冯小青　安刀知　杨秋菊　李宝林
赵喜德　魏　昊　卢一丹　杨雪梅　丁彦斌　闫海旺　何桃芳　宫喜梅　张才让
李文博　温延龙　张　鑫　吴　博　李世荣　王燕平　牟宝顺　蒲才让　王　丽
张　坚　董应林　田小龙　杨吉平　周艳红　吕慧丽　余续虎　李寿平　才绒草
乔卓盈　侯欣茹　徐丽波　杨倩倩　杨保平　张雪燕　王美君　高　伟　冯　磊
张海渊　张振欢　鲁海龙　邱蓉霞　卢　瑾　李秀芳　陈怡凡　鱼子强　温金平
乔小宁　乔卓亚　吴桃玉　梁　慧　杨海霞　杨海儒　康秋实　李林鹏　杨永梅
赵辰飞　张晓风　王海霞　殷卓燕　赵怀江　毛康清　谢　梅　赵班代　全小龙
郭学义　苏　莹　杨瑞珍　郝利刚　朱海鹏　杨　斌　杨吉玲　吴　玲　杨永花
王　啸　张睿中　王文平　李　煜　孙亚楠　刘　豫　后　蓉　雷林平　张　静
完代吉　马　云　李日占　王敏骏　董建平　李次旦　杨彩霞　赵小珍　刘树炀
孙雪茹　赵志宏　康　辉　党玉林　李　杨　李建明　刘艳忠　殷莉莉　王　皓
吴桃梅　常红婷　李若芸　杨　琛　赵晓菊　许梦瑶　李雅娟　杜康宏　孟凡卓
闫红珏　赵恩玉　杜　拓　扎达布　乔慧珍　何　睿　杨宗周　安玉蓉　马　潇
韩如意　杨召弟　牛剑平　宁　波　齐彦龙　杨万晴　包德平　乔　石　刘倩楠

张　强　李建强　王腾洮　安永才　杨慧玲　孙雅倩　文　凯　尹福强　白玉灵
董金花　马玉琴　马彦科　安　鑫　赵全胜　卢永强　李宝通　杨才如　丁建玲
王　娇　李　兴　赵伟菊　王艳菊　杜玉芳　乔才巴　杨　晶　马仲梅　鱼贵宏
王小俊　杨林霞　卢玉浓　杨妍如　王小忠　申昊东　王喜林　曲　鹏　卢春芳
谢家辉　李玉栋　李日占　李脑个　徐进卫　杨　伟　旦　喆　漆文慧　魏文斌
王雪玲　赵尕红　李宝宝　晏海龙　周毛吉　赵小霞　何海文　虎永隆　包世龙
杨兰兰　李永隆　杨　强　姚福乐　胡　玫　孙旭鹏　牛引兄　石丽蓉　杨玲芳
董杏花　张毅龙　杨　勇　杨慧梅　申景梅　孙成龙　朱利强　张海宏　宁志文
李　冰　范晓惠　宁红喜　张彦红　赵志兰　王心雨　扈宇飞　王文静　申芳兄
卢术林　郭凤祥　吴　祯　罗　祺　董　婷　王锦琳　李晓娟　丁宏毅　李莹莹
何小强　魏小琴　赵　珍　马彩兰　侯文秀　杨盘香　张桃花　李林海　周　晶
佴天龙　徐慈红　温延强　鲁义霞　杨宝玉　李　虹　李文杰　杨芝兰　杨　彬
何本滨　武文强　孙一江　李卓亚　王应安　杨旭彪　王海玉　佴志花　杜俊梅
牛婧赟　李海源　魏晨莹　景　丽　曹福海　李引明　全艳丽　赵晶玲　雷文鑫
李　昱　尼毛吉　宋金花　刘　峰　董建华　常伟东　张淑倩　刘若楠　佴忠平
杨卓玛　魏文君　何　灏　王续花　尹海峰　才让草　包彩娥　林宏伟　陆文鑫
卢煜杰　陈　平　李宏宇　刘世海　陈雅慧　褚清军　王玉红　牛　伟
李桑志草　安班麻草　金旦知草　付告玛草　达娃央宗　仁青卓玛　安旦知草
李公布草　陈旦知曼　蒙卡主曼　杨赛外九　全尼木草　杨扎什草　尤录目草
杨丁尼九　张旦知曼　安刀知草　王才如曼　安日占草　申桑杰草　张丁子九
王拉麻保　安刀加曼　班么旦主　李尕次来　全扎目草　安扎毛草　刘召么草
杨婆婆九　李道吉草　安班地个　乔拉目旦主　董卓玛旦主　安都知才来
安拉木才让　赵康主扎什

2013届毕业生（共336名）

李学仁　詹世灵　闫秀花　李小龙　杨　成　马晶晶　许雷成　吕小军　尚沛雯
李贡巴　卢凯宁　扈金月　康丽娟　杨　倩　李海福　安脑杰　殷志龙　任　斌

武紫红	王玉红	李海梅	苗世杰	郑黎光	蒙晓燕	张　驰	殷志英	王世娥
杜龙龙	张红萍	赵多吉	杨雪婷	张小芳	全惠惠	方文玲	申海梅	卢艳丽
宋凯杰	陈赐宝	王亚炜	杨　成	张国庆	朱兴隆	赵志宏	李旭文	朱海龙
赵宏毅	杨雪倩	景　昕	赵　丹	毛闹金	蒙　阳	苗玉花	包芸霞	姜红莉
卢佳琦	董灯花	董　栋	张立胜	王世俊	尤小燕	安　丽	罗　瑞	杨秀珍
王红霞	马晓龙	王　骞	郑佳伟	刘亚楠	宁少君	赵小强	闫志红	邢玉龙
石晓梅	张　鹏	李贵喜	赵金红	齐赐红	金　润	王明杰	赵　晟	来　鼎
刘若男	杨晓兰	闫海龙	任红红	马　杰	牛喜莲	赵辰骏	闫海娟	李银贵
杨　韬	范政俊	苏　倩	包彩霞	房玉珍	杨晓林	包吉庆	雷晓霞	张卓莉
王　欣	王喜明	孙小燕	李小龙	周海龙	王建红	吴　祺	赵旺秀	安阿道
马博雅	王一安	徐霞军	闫玉林	陆淑梅	赵才让	闫彩凤	牛艳梅	俞淑英
杨志刚	胡喜生	侯　涛	王永平	杨尼曼	杨海平	赵青霞	孙旭阳	安志民
田晨迪	何卓燕	徐生锦	赵小忠	张卓霞	杨录曼	马　玉	侯亚妮	来文鑫
包一涛	李文辉	张　波	张　彤	朱艺帆	王志雄	王　晓	李　瑾	杨　杰
张　洁	寇文婕	褚红霞	赵和明	闫玉兰	石椏丽	徐赐花	包万玉	杨　伟
张晓龙	杨承平	包小菊	蒲银霞	杨　榕	张伟涛	郑倩茹	杨　梅	闫庆梅
高诚孝	王雪梅	刘翠红	杨正云	李建梅	严玉霞	郝江涛	董银花	安波殴
卢灵昱	姬鹏飞	孙贵吉	张永平	罗　玥	赵伟伟	祁　勇	吕耕园	王瑞芬
朱海荣	李静静	洪文玲	吕慧平	梁晨伟	吴永军	李全孝	桑杰草	赵小强
吴　明	付锦宏	杨卓莹	何志成	吴　杰	杨　隆	王　珂	牛亚琪	范秀霞
马建民	李婉毓	鱼尼曼	董栋张	付小元	殷晶晶	刘欣媛	李　谋	安建国
李兴隆	殷卓亮	牛主秀	赵　洁	李尕青	李　娟	郭明强	李　静	马文琳
杜　倩	高沛雅	柴敬力	周天宝	卡木吉	奚玉芳	杨银萍	杨　玲	陆淑宝
姚志伟	马金兰	姚宏强	赵　瑞	杨主曼	武卓男	汪　洋	杨桑杰	彭光荣
杨公布	李金红	李主草	吴天祥	陈玉芳	陆喜红	徐彦红	蒙建功	金亚婷
庄天琦	安兴龙	王伟忠	柴勇兵	孙　奥	杨海兰	陈旭东	刘　玮	吕　涛
赵中和	王红玉	鱼保朝	张凤霞	何宏伟	严盼盼	朱建瑞	王建平	李生云
金志龙	赵彦红	赵永强	虎包朝	马建文	李云鹤	马鹏飞	常志杰	王星宇

董红梅 马玉珍 李宇林 安 琳 石 瑛 强彦云

康召玛草 陈次来草 尹沙金草 卓么东珠 金录曼草 李桑兰吉 虎绒地草

马旦知杰 石卓玛草 吴其主曼 董卓玛草 虎麻尼草 蒙让沙金 王完么草

杨丁子曼 张拉马包 李班玛草 安那主曼 安刀知草 李扎什草 张晒外九

杨刀加草 牛主曼草 白塞外草 乔云才让 杨卓么草 道知仁青 李班玛草

杨格桑草 杨拉目草 卓牙次力 邢脑个曼 安完玛草 李神刀曼 张刀知草

杨其主曼 李卓玛草 奚么尼草 刘卓么草 胡拉目旦主 李麻尼次力 罗沙吉扎什

安康主旦主 杨闹个加措 赵尼目旦奴 催苏奴卓么 李如地次力 安贡巴扎什

董达尼次力 全贡布次力 贾银布才来 李婆婆晒如 邱申道次力 彭工布扎什

李主秀次力 全龙布扎什 安那召次日 安沙杰刀知 王旦知草

2014 届毕业生（共 334 名）

景国栋 李志荣 全玉娟 王文轩 包玉梅 卢玉鑫 宁 静 杜瑞玲 李喜财

唐伟平 杨晶晶 王小红 孙鹏飞 陆海艳 张海文 王海霞 宁 钰 付毅伟

李德新 边心悦 姬正奇 乔生光 刘瑞红 周玉兰 王文芳 苏娅菲 苗彦宏

张赐花 宗才让 安绒地 孙文凯 雷文静 杜颖稚 牛彦红 李云龙 王晓珍

张殿超 孙毓彤 杨志红 金文琦 宁文光 安世栋 张 蓉 卢慧珍 杨娟娟

王 艳 李玉霞 杨雅茹 王 瑾 赵书琛 夏 璠 李金平 朱 彤 牛德明

李才让 安淑兰 晏俊杰 佴新平 刘丽玲 郭海荣 牛 璇 王 玉 王小龙

张晓芳 孙志桃 李占文 姚根云 卢赐亮 范自强 李建云 赵菊红 全保朝

全景宏 房奕霞 腾 龙 陈 琳 赵金元 李 婷 杨文俊 杨志明 李学义

杨晓花 孔维燕 王晓阳 刘扎西 吕泽辉 王续芳 张玮琨 李金红 佴小兰

金玉霖 吴柔颖 吴桃成 赵天平 王志强 白 璐 武文芳 李秀娟 晏海平

杨建云 珠毛吉 张慧琴 彭 昇 吴振雄 李生光 白卓兰 梁 玥 孙 瑞

丁春平 吴文元 宁晓霞 徐文强 朱玉函 宁伟伟 张小红 王小琴 付晓阳

李 欣 牛桂林 李文杰 安晓春 安尕斗 辛永平 何 洋 徐俊义 闫志珍

尕藏草 王晓春 全小花 李云飞 来晓倩 高才让 王祖铭 李旭东 郭灵珊

王 玲 雷 宏 董茹荟 李兰英 张晓萌 石冰洁 李海珍 杨海东 宁会会

金文冰 安 睿 李志文 杨 帆 杨兴丽 杨 静 张 暖 景宏艳 张开俊
王勤栋 安 鑫 吴 凯 乔刀知 安锦龙 王艳红 侯玉成 董金云 董小平
乔媛媛 王喜才 郭 浩 朱 琳 赵文成 王海红 李 阳 仝雅楠 杨东珠
赵海红 何志宏 徐文翔 刘保朝 仝海军 郭怀安 李艳花 汪瑞强 李 娟
张小风 宋俊平 孙蓉玲 宋慧萍 汪明浩 鱼龙布 马木沙 梁 卓 杨保平
卢林霞 杨 强 杨晓峰 王中华 闫慧兰 任彩虹 陈海林 周 轩 郑 麟
安旭阳 郭 婧 李俊杰 柴雅婷 李 红 康晓霞 吕建国 卢旭东 刘顺洋
赵鲜花 李自强 杨红梅 刘玉宏 徐彦军 李学治 张秀英 李龙燕 杨志斗
姜小娜 沙静静 贾红平 闫引成 殷丽凡 张海平 赵小冬 祝志鹏 王子莲
安兴平 赵 磊 杨凌峰 张蕊香 张梅兰 李海霞 王 浩 郭学礼 王雅妮
邱顺欣 胡晓婷 孙卓玛 常建明 张亚椿 何燕燕 杨丽萍 雷晓琴 马 勇
庄天祥 杨玉虎 李逸欣 赵 谦 王加措 邓文君 张梅芳 雍海东 张韧武
王学兴 李 娜 张玉宗 房桂英 孙 斌 候新珍 李 军 陈文涛 宋 英
卢海宏 马喜龙 王志珍 杨玉荣 齐晓萱 赵喜红 马仲龙 杨拉目九
张九雷红 王完么草 李尼曼草 杨拉化九 李丁子九 安工布九 张办代九
周尼布九 梁闹金草 雷都盖草 贾尼知草 班玛扎西 安旦知九 朱才主草
申日占曼 仝如尼草 虎班代草 杨九雷红 蒙丁子曼 安次力蔓 安龙地曼
朱大尼草 杨卓玛草 郭拉么成 杨尼目草 姬车肖草 祝旦知草 杨日占草
安录曼草 张只代曼 胡主告草 杨绒地草 李巴告草 次力卓玛 李卓玛草
金达毛它 仝班乃保 陈拉目草 桑吉卓玛 彭旦知草 杨刀知草 道吉才让
赵尼布九 马录目加草 安拉目次来 彭都盖次力 安弄布扎什 牛尕都扎什
乔贡布才让 赵卓牙才来 李工布扎什 李丁子次力 陈麻尼次力 乔主秀次力
安拉目才来 马闹个次来 魏卓玛次来 谢办么旦主 张吾杰卓玛 金尼目旦主
佴龙布加措 杨召牙才来 刘刀知才让 谭尼布才让 朱刀知才让

2015 届毕业生（共 348 名）

杜卓英 候文广 邢晓兰 孙素梅 雷小刚 韩艳红 乔志斗 王建荣 姚 倩
徐 欣 马一鸣 姜启华 杨 静 申秀雯 张星驰 李 明 宁少华 何玉霞

赵成云	丁　瑶	朱雨翡	杨明英	马扎秀	冯嘉琪	杨绒地	卢金红	李锦龙
杨志杰	杨　颖	陈建栋	乔文锦	杨扎高	来玉龙	赵冬梅	王永文	宁　斌
马春霞	宗世杰	武紫梅	蒙　皓	包亮亮	苏婷婷	侯迎春	杨芝英	张　璐
赵子怡	孟培琳	陈佳瑞	李云龙	宁红玉	郭　亮	文学渊	杨永强	陈　婷
张兰英	张殿琦	杨海宏	包芷好	姜丽云	王　伟	田润华	孙妙妙	李　鹏
杨明霞	秦永强	赵绪涛	仝玉飞	王新平	包卓玛	孙福海	张　佳	薛栋卫
董存霞	陈兴荣	杨吉烨	宁泽筠	李　焱	温永强	陆兴东	徐调红	李永东
刘燕云	范亚强	安志荣	杜玉龙	李志花	李克强	安旦主	杨怕怕	王永林
窦素霞	赵红梅	杨晓玲	安　琳	漆素丹	梁继荣	安玉婷	刘海成	张银菊
姜英娥	卢才来	李建花	包树鹏	来兴华	郭晓洋	张媛媛	周孟萍	闫　灏
朱真明	魏晓峰	王　蕾	李才让	郭志强	杨天才	李才旺	石秀蓉	沙晓国
魏小慧	雍秀珍	王正祥	陈福生	杨盘芳	赵　鹏	牛秀兰	李　琴	刘卓玛
王晓晓	马顺贤	杨　勇	后韵秋	温小燕	马海燕	张振铎	房海华	张林艳
王玉海	张　博	魏稼雨	王晓玥	苏桃英	李　清	张明霞	张小梅	汤新平
郑喜晟	徐卓玲	张洁雯	秦博翔	李　硕	徐文婕	闫志富	杨红萍	孙富霞
马　莉	包丽丽	王芸芳	赵一凡	沙黎俊	李增荣	刘锐强	武　环	王金凤
张　霖	徐卓财	杨志远	王俊杰	徐栋栋	刘秀琴	韩慧慧	赵　鹏	安　玲
包玲玲	胡天玉	董廷龙	虎刀加	佴学文	孙　琪	王富强	庞艳丽	王家文
侯锦辉	蔡　源	拉目草	李文博	闫梅菊	王彬彬	王志杰	魏晓龙	周彩玲
苏　帆	武文斌	刘艳霞	张冰茹	来喜龙	许卓玛	寇　毓	安锦龙	李万福
牛科强	尤生祥	王霞霞	孙喜红	史彦林	王永刚	徐　晨	杨俊楠	吴　钧
陈晓军	安智慧	甘小乐	梁晓燕	邱光海	张　盈	赵喜红	宁玉娟	赵宏林
陈明霞	杨玉龙	杨晓燕	刘启宏	王志梁	马永青	周毛草	佴玉芳	马千华
李　婧	房　辉	裴　斐	杨关平	李小玉	董小燕	马　涛	闫慧梅	张永丽
来炯文	谢　玲	吕雪洁	申卓梅	王敏琦	安旭东	蒙　丽	张云涛	严亮亮
闫海龙	李莲菊	郑彦斌	景勇军	马海鹏	赵世宏	张子凯	包艳青	杨海云
鱼志龙	寇琳婕	任红霞	蒙宝忠	熊西梅	宁微环	牛佩剑	赵福元	李海军
何彩霞	苏东珠	杨晓红	王思南	张春芳	杨玉霞	朱晓军	宁成霞	杨　欣

杨丽萍　杨林俭　包海花　杨舒文　张琴花　杨晓晶　王红艳　房佳园　何增云
王胜强　李艳芬　张梅芳　芦登科　王志杰　杨永平　雷丽萍　张海霞　吴慧玲
谢杰道草　全班代九　李旦知曼　张要次力　扎西才让　扎西勒知　王完玛草
虎丁子草　卢医目草　金加草曼　姬日战草　李尼目草　乔班代曼　张丁子草
安杰道草　完玛东珠　宋吾坚草　全班玛九　卓玛才让　蒙拉力布　申赛外九
安召么草　李其主曼　乔绒地曼　安路布九　王都盖九　奚刀知草　李勒么九
张卓玛草　乔周毛吉　张道知草　梁卓玛草　赵主草曼　李次来曼　桑吉卓玛
赵刀知草　安旦知杰　乔扎西吉　李扎目草　安召弟草　金吾杰草　杨班代九
石旦知林平　李万满才旦　雷拉目才让　杨尕扎旦主　房都盖次来　虎道知扎什
安主秀次力　兔公布旦主　苏卡主次力　祁班代次力　安班代扎什　杨尼布旦主
杨尼玛草　金婆婆旦主　李婆婆次力　杨扎西才让　王尼么加草　姜启云

2016 届毕业生（共 388 名）

马钰琼　于崇涛　宁晓琴　朱红霞　赵婉玥　范青婷　贾文昊　包晓梅　张喜才
朱凌云　冯　婷　何晓伟　宁志昊　姜小涛　杨彦欣　蔡文艳　卢建华　梁　娜
石佳佳　宁进栋　杨雨婷　赵尚环　何玉霞　卢娟娟　王志浩　强红莉　赵　伟
何维霞　周　燕　卢晓楠　张　焜　全　荣　何　健　顾易凌　安　炜　安　靖
包晨昕　寇鹏翔　张亚东　吕玉平　王志刚　王忠平　康煜佺　杨　蒙　李勇杰
李小平　范晓龙　罗亚宁　罗才让　孙亚东　王小兰　朱海玉　文学琴　卢蔺渊
李玉兰　林　霞　张彩霞　杨　菲　张彩萍　鲁佩云　琦珺草　王　莹　吕臻昱
完玛草　齐　雁　朱玥霖　魏雪松　张　婷　赵神道　杜歆睿　王璐瑶　孙雅婷
安办麻　申景花　牛睿欣　陈彦沛　芦喜林　姬录曼　包佳豪　朱艺星　杜玲菊
胡阳阳　罗永成　洪文飞　申家宁　宋国林　张云逸　马永康　赵　璇　丁　鼎
陈玉平　康娜娜　彭子璇　陈　欣　范彩霞　孙雅玲　李晶晶　孔维玲　才让草
闫梅秀　张燕亭　安志荣　乔丽芸　杨　琴　王　乾　丁拉毛　李梅兰　闫俊霞
郭玉霞　许　瑾　王喜梅　马玉花　刘润林　卢馨蕊　杨彦昆　董学鹏　庞艳龙
申小兰　赵静怡　完玛吉　安　宁　辛亚男　方雯艳　赵凤琴　王智博　芦鹏强
仝锦文　范正枚　党文龙　杨　洁　王辛霞　蒲小菊　李国敬　张瑞倩　李红霞

吕忠祥 李永成 张学强 史卓钰 温红伟 张海龙 雍建平 王海霞 张玉琛
赵彦强 张海霞 魏文馨 庞雨宁 金 鑫 武 博 杨玉保 祁祥奎 佴尧草
李旭霞 杨艳红 赵桂花 罗 玮 冯海梅 冯海成 仁青吉 赵文文 任世红
孙一民 张志轩 何柱秀 马婷婷 杨文彪 梁才让 雷晓蓉 孙富成 后金鑫
杜次瑞 乔晶娥 吴鑫鑫 李彩霞 安次力 云才让 宗才福 董晓伟 景国鹏
窦云贵 姚 明 姚 花 唐彦祥 赵文婷 包元庆 付晓波 申昕宁 刘 渊
朱雅婷 后瑜诺 丁宏勇 赵爱琴 杨晓栋 杨 啸 马 倩 全慧珍 杨 璇
王 琪 彭 欢 牛成芳 王志宏 刘启桃 何红霞 李文涛 王建华 杨海燕
董 金 刘丽丽 杨海珍 李海菊 刘小霞 何 凡 宁喜军 陈赐燕 王志荣
侯 倩 郭玉珍 马志贤 李丽萍 朱玉洁 唐燕平 杨晓虎 景文俊 景文娟
鲁志强 方志强 谢 伟 冯嘉璇 孟晶晶 宗 翔 张馨悦 张益豪 杨 帆
徐文波 马国瑜 张 婷 朱 军 杨 波 包 睿 曹 英 康海春 杨雯晶
陈 勇 杨玉芳 全文静 李 睿 于挺进 卢红霞 杜锦祥 杜博非 杨树轩
漆文轩 朱宇航 高郅轩 姜凌强 殷国强 贾梦凡 金建雄 李海林 胡建强
朱凌润 敏 娜 李江震 曹 祥 闫梅风 赵梅芳 王建华 杨恺元 强文萱
申苏红 寇维昕 赵 强 靳艳妮 闫国建 周兴业 李玲梅 李博文 徐秀平
安小龙 何 杰 鲁曼草 苏贤铭 当次力 杨霆峰 杨晓帆 蒲桃霞 蒲贵杰
石欣茹 郭玉芳 开钰昊 李 梅 张 凯 杨卓珺 王建康 徐秀红 李亚琼
胡卓玛加 安拉目草 杨婆婆草 全办么草 才让南杰 安仁草吉 安道知草
全尕扎曼 安夏地曼 鲁晒外草 李绒地草 杨龙布九 公布旦主 安晒来曼
郭拉麻喜 杨保地曼 安主草曼 尕藏旦增 周公布九 牛吉道草 乔次来草
陈才让草 安尼目草 李金才让 武次巴秀 虎旦知加 牛拉目草 杨刀知草
虎尕都草 李都盖草 王志代草 安沙斤草 贾沙金草 鱼霞地曼 安扎目草
武入尼九 德吉旺姆 安才让草 李莲花女 李卓玛草 梁才来曼 虎扎什草
安公布草 李康主曼 李班玛草 安沙斤草 全要才来 张神道草 全录曼草
李拉目草 安婆婆曼 鲁晒外草 胡佛木喜 包主目草 李普沙女 安道斤曼
冯卓么草 安晒外九 安召么草 桑办么草 杨扎目草 雒 昊 方 睿
朱贡布次力 金古目扎什 虎尕扎旦主 安尼布旦主 虎刀知次力 卢才让卓玛

虎主秀次力　李尕都扎什　包刀知仁占　安杰当次力　张刀知次力　虎闹个加参
全班乃次力　李扎西才旦　安才让旦主　杨尼么丹珠　杨刀知次力　罗刀知次来
佴旦知卓玛　张沙斤刀知　杨扎什贡布　谢班吉才让　胡次来旦主　李刀知日占
安扎什旦主　李道吉东主　安都如次来　王录目才来

2017届毕业生（共374名）

赵林平　雷海兰　后娟娟　孙　阳　高　睿　俞海泓　张金旭　温吉祥　仝倩红
张臻祎　李喜龙　宗　强　林宏卓　李学文　朱玲玲　宋彩霞　夏卓玛　张小玲
刘振楠　周钰欣　罗欣怡　朱彬龙　李志珍　王永宏　薛景松　张志浩　尹玉婷
蒙　丽　杜雨婷　李佳宁　赵云飞　宗凌云　赵和堡　扈艳桃　任志强　赵娅岚
杨凯乐　雷海军　杨生才　朱世俊　王楠楠　安亚蓉　杨　搏　朱海朋　张　涵
德格草　闫志萍　杨国民　来海鑫　刘星漪　高建勇　沙海梅　杨桃桃　杨晓风
董梅芳　杨金贵　杨　霞　杨玉祥　张耀宏　雷子宏　杨小栋　杨自珍　郭筱天
包玉燕　金依萱　梁　弘　尹志宏　杨来占　杨志文　李玉红　杨明珠　党召么
康小慧　胡晓彤　金　涛　王彩艳　杨浩东　李素琴　魏金才　李卓玛　岳　琪
高　原　谢　斌　李　岩　梁若凡　曹玉婷　杨海龙　李吉荣　赵燕洁　杨海龙
王　怡　杨明霞　董工布　马海琳　尹赟辉　徐丽霞　彭文博　齐卓红　何春燕
包蓉蓉　王雅璇　芦晓琴　王金花　窦卓晶　李　鑫　王　燕　仝忠林　陈海珍
李兴业　申喜红　仝嘉祥　孙存菊　贾杰琳　安顺成　尼毛吉　张红菊　王　强
吴之豫　许喜平　王玉堂　朱海宏　闫海珍　唐彦云　杜光明　李　婧　吴彦祥
杜　晖　张丽君　宁遥草　杨俊丽　蔻金鹏　史龙龙　胡那召　常燕燕　孙宏俊
赵亚伟　李富花　杨艳丽　乔才让　王彩英　李素花　李志国　杜瑞娜　王志欣
牛红霞　曹金铖　卢鹏飞　刘笑宇　李雅慧　蒙　雯　孙亚男　马玉栋　包元兴
梁晓玥　齐翠琴　代东栋　杨雨轩　何婉莹　赵景云　王腾翾　魏灵波　牛　梅
赵琳琳　吴玉盼　卢兴安　马红霞　马潭蓉　郭玉兰　汪文沛　宁　海　佴天秀
来海晴　刘举才　詹文韬　安吉草　陈　晨　邱闹布　武建文　杨婷婷　王建栋
仝凯峰　雷　明　荔文浩　王　宁　史卓辉　包玉芳　李民军　曹宏俊　吕　蒙
卢引兄　徐　洋　杜晓燕　仝文龙　杜莹轩　雷晓霞　包小娟　孙雪燕　乔玉琴

李梅秀　苏小平　胡喜平　牛明霞　宗雅娟　杨　涵　安永龙　李淑琴　李　伟
杨亚飞　张亭亭　乔卓涛　张　璇　蒲江楠　景雯倩　张素琴　汪昕玲　杨润坤
王锦玥　李彦栋　安卫东　陆德平　李毅博　康佩瑶　马莹芳　王海霞　张文斌
姬璞晖　董永芳　冯玉平　牛彦栋　王凌飞　宗卓玛　项云飞　来晓艳　王义文
董　亮　郭晓云　彭俊安　李红平　张海龙　李梅荷　张智忠　刘海兰　李海龙
杨尧曼　张开成　张　涛　杨桃霞　张小霞　包潭梅　康玮玲　后晓栋　何贵云
安顺才　雍芬珍　马旺鹏　包锦杰　赵军强　张旭环　王成龙　才绒曼　杨卓鹏
朱海琴　郭懿萱　陈玉林　王　磊　辛胜男　申俊义　杨易琴　李　霖　方晓倩
范彦荣　包晨旭　田晨羽　杨梦蓉　安办草　何伟刚　安加参　杨　孝　桑杰卡
董建平　朱玉同　杜　斌　郭宏平　闫志涛　郑宝财　王小玉　刘文艳　何红霞
丁工目草　金古目草　李志斗曼　安工布草　乔旦知草　扎西才让　扎什东珠
赵录目草　安卓玛草　安卓玛草　刀吉才让　赵绒地草　鱼申道草　牛云次力
杨绒地草　牛道知草　安才如曼　安班代曼　乔都盖草　孙贡布九　包召莫草
扎西东珠　王高召九　安英草吉　王古目草　王荣地草　全刀知九　王尼布九
来达子代　杨都盖吉　李珠草曼　马刀杰草　安丁子曼　朱尧次力　雍旦知草
李刀如曼　马扎什草　安闹个曼　王召个草　马扎木草　全沙念草　李召弟草
赵志道草　李闹杰草　安卓么草　乔绒地曼　徐丁子草　胡晒外草　安日占曼
根桑卓玛　格桑卓玛　胡才让草　李沙杰曼　王卓玛草　张会梅　陈伟东　宁文俊
杨主秀次力　安卓牙次来　石丁子扎什　张公布扎什　安公布次来　全闹个加参
后录目旦奴　姬卓亚龙布　何扎西东主　康道知次力　杨格桑卓玛　李刀知日占
李办么旦主　杨刀加次力　杨扎什次来　杨贡布次力　石扎什尼玛　孙才让卓玛
张班么旦主　房尼布次力　蒙闹格沙斤　杨才让扎西　安荣地次来　安香巴才让
刘闹个次力　牛完玛才让　安扎什卓玛　马班么刀知　李班代次力

2018 届毕业生（共 415 名）

杜璟瑄　王苏红　马宏凯　杨海瑞　田晓云　蒋兴平　包元菊　马宏建　常晓东
尹蓝祥　郭天祥　卢永昊　卢　宁　卢栋辉　冯海涛　来海平　闫海平　王　康

李雅凡　杨玉鹏　安云祥　邢雅茹　李秀丽　李贵龙　金慧婷　于晓燕　常玉梅
徐建丽　周　涛　贾文博　方志杰　王明霞　胡欣昺　李　婷　安　静　马苏奴
朱晓鸿　来玉琴　王学峰　何　静　董廷凤　包建军　李蓉蓉　宗桑吉　侯锐鹏
刘　耀　李　华　李　珍　吴欣玲　柏玉婷　刘忆琪　赵晓龙　张贵宝　王　平
张　博　方志文　董金梅　牛玉婷　张俊鹏　曹爱莉　赵涌博　张馨萍　雷小虎
张亮亮　王　涛　杨　博　申道草　安扎什　林录年　马晨源　闫贵平　李志博
何伟宏　罗　融　孙文博　何晓宏　牛瑾晶　詹世平　李学良　武永正　蔡雯丽
宋世豪　姜　洁　杨　琴　杨艳萍　张丽婧　牛　洁　张玮珅　杨春香　杨芙蓉
邱海峰　孔维平　马菊花　宁晓伟　周　霞　刘志强　王小康　乔晓珍　孙　玮
李彦恒　余笑笑　刘　璐　姜丽俊　知目太　陆旭东　何梅霞　雍晨飞　朱胤琪
张金泓　吴慧芸　姜笑梅　来茹森　张学睿　赵蓉蓉　张建云　牛　杰　殷雨欣
姬扎西　赵小军　张卓斌　宁　璐　柏应红　申锦龙　韩东阳　范浩轩　杜涛平
安才高　何　强　马金文　吴　昊　刘怡馨　董佩思　杨润琦　王子豪　王雅兴
张海华　蒲　巍　张志强　李雅娜　褚世强　杨　玥　孔才让　桑杰草　宋晓燕
杨　璐　李卓琴　胡艳花　董金玉　赵喜乐　宁建兴　杨艳梅　常彩霞　王佳媛
黄锦文　宫旗兵　杨银草　安　虎　董建军　范配萤　杨彦廷　李芳祺　方鸿轩
田之杰　寇润园　安拉绕　牛　翔　郭兴平　赵任杰　何志明　李海鹏　杜文杰
杨晓燕　杨神道　李玉峰　杨祖明　郭玉宏　李国海　后财旺　王文玉　王萧龙
张冰燕　曹荣霞　李亦凡　安三斤　申世才　刘　筱　杨兆宁　康　杰　蒲艳龙
夏文鑫　乔都盖　安晓燕　王静静　马勇林　任龙兴　王永强　李小栋　贾燕燕
卢玉蓉　仝春燕　王　逸　郭旭琴　王桃霞　杨晓斌　刘梦瑶　卓更措　张雪柔
张叶雯　杨淮钧　马雄斌　张莉婷　姜博文　张　荣　李海琴　董爱军　杨　越
杨欣悦　王月红　李林平　张艳燕　杨卓玛　杨玉珍　雍奋强　李婧婧　董志强
张子扬　朱　妍　潘俊任　张　柯　周孟伟　冯俊豪　吴　蓉　张　臻　王玉霞
马尚贤　孙瑞瑞　李小燕　赵祯越　余润润　赵光基　王　亮　齐盼青　杨博文
宋青云　张志龙　詹世宏　杨志宏　汪　奕　李莲桃　房丽霞　刘忆帆　杜长斌
王俊杰　姬鹏飞　闫锦鹏　仝世宏　徐新龙　杨海霞　王新宇　景国霞　王宏彦
卢鹏兵　王晓东　安小霞　卢　鹏　宋世英　杜志强　王小丽　李　莉　卢林宝

张梓栋　牛亚琪　董　琳　詹兴平　王　彤　王晓强　李小鹏　杨　硕　杨浩跹
张经国　杨俊杰　陆娅丰　卢　丹　张　伟　周志轩　杨　婧　贾煜涵　郭玉婷
范晓鹏　安月兰　刘海媛　赵　翔　景　钟　罗　宁　赵伟伟　王娟霞　卢班玛
史志林　来鸣玥　何娟娟　李燕燕　何富财　石宇鹏　胡嘉园　牛涛平　李　冰
郭泽军　班么草　蒋文强　马　琴　祁珍珍　蒲煜斌　金才让　商睿哲　安班代
褚　欣　任俊霞　张　晶　杨澳杰　祁舒寒　王美玲　李班代九
蒙闹个曼　李召莫草　周拉目九　包那尼草　蒙格么草　安刀知草　尼布旦主
李格桑梅　安主草曼　雷扎目草　才让扎西　金召地草　杨刀金曼　全班乃曼
石刀加草　麻勒尕草　朱主杰牙　南吉卓玛　李录曼草　杨告玛草　陈晒外九
桑吉才让　党刀绒曼　杨都盖草　陈巴高草　李次巴草　杨加莫草　乔刀知草
仁青扎什　扎西平措　安主草曼　安丁子草　杨道知草　李主草曼　张录目草
柏旦知草　仁青卓玛　完麻才让　王刀斤曼　王巴代主　闫伍国代　蒙桑杰草
朱录曼草　王扎什草　刀知仁欠　陈麻尼草　班玛东珠　李苏努草　党都盖草
虎桑杰草　次仁旺堆　杨路曼草　李刀知草　丹增扎西　石旦知草　李申道草
李婆婆次力　宗尕拉才让　杨扎什次来　杨旦主次来　李办麻旦主　李召亚次力
安闹个扎什　金古目扎什　包卓么才让　杨尕拉召么　李班乃才让　褚折什旦主
赵刀知日占　安旦知刀知　杨班么旦主　姬闹个次力　王召么次力　申扎什才让
杨扎西央宗　全主秀才来　胡刀磨次旦　景恭噶坚参　张才哇旦主　安拉目才让
安慈仁卓玛　吴日车召毛　全才让卓玛　全班么次来　周旦子才来　魏刀知次来
虎扎什旦主　张丁尼才来　全尕拉才来　陈拉目央杰　姬婆婆次力　杨班代扎什
朱那木甲扎西

八、卓尼县柳林小学校徽

校徽解读

卓尼县柳林小学校徽设计为圆形图案，主体色调为深蓝色，象征知识的海洋，中心红色圆为“明天的太阳”，绿色幼苗象征成长在这片育人沃土上的蓓蕾，也可以理解为辛勤的园丁用双手托起明天的太阳。六条线寓意为一至六年级段和通向知识海洋的阶梯，随着线条由低到高逐渐变长，色调由浅变深寓示着小学生的成长历程及知识在渐渐增多。冲向苍穹的银灰色火箭象征柳林小学学生“追求真理，飞向科学的未来”的远大理想，垂下的繁茂柳枝象征着青青柳林，下方的数字“1921”是建校时间，点出柳林小学是一所具有悠久办学历史的百年学堂。校徽外圈顶部的弧形文字是校名，底部半圆形文字是学校的英文译名。

九、卓尼县柳林小学校歌

飞翔吧雏鹰

（柳林小学校歌）

1＝♭E 2/4

集体创作词
王晓英曲

欢乐、赞美、自豪的

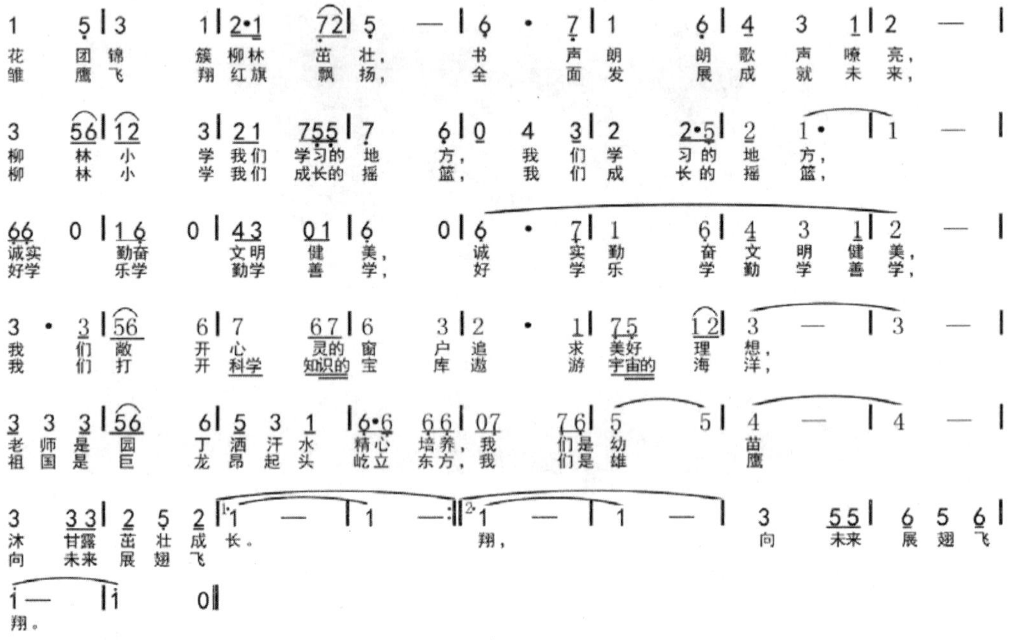

1 5 | 3 1 | 2·1 72 | 5 — | 6 · 7 | 1 6 | 4 3 1 | 2 — |
花 团 锦 簇 柳林 茁 壮， 书 声 朗 朗 歌 声 嘹 亮，
雏 鹰 飞 翔 红旗 飘 扬， 全 面 发 展 成 就 未 来，

3 56 | 12 3 | 21 755 | 7 6 | 0 4 3 | 2 2·5 | 2 1· | 1 — |
柳 林 小 学 我们 学习的 地 方， 我 们 学 习 的 地 方，
柳 林 小 学 我们 成长的 摇 篮， 我 们 成 长 的 摇 篮，

66 0 | 16 0 | 43 01 | 6 0 | 6 · 7 | 1 6 | 4 3 1 | 2 — |
诚实 勤奋 文明 健 美， 诚 实 勤 奋 文 明 健 美，
好学 乐学 勤学 善 学， 好 学 乐 学 勤 学 善 学，

3 · 3 | 56 6 | 7 67 | 6 3 | 2 · 1 | 75 12 | 3 — | 3 — |
我 们 敞 开 心 灵的 窗 户 追 求 美好 理 想，
我 们 打 开 科学 知识的 宝 库 遨 游 宇宙的 海 洋，

3 3 3 | 56 6 | 5 3 1 | 6·6 66 | 07 76 | 5 5 | 4 — | 4 — |
老 师 是 园 丁 洒 汗 水 精心 培养，我 们是 幼 苗
祖 国 是 巨 龙 昂 起 头 屹立 东方，我 们是 雄 鹰

3 33 | 2 5 2 | 1. 1 — | 1 — :| 2. 1 — | 1 — | 3 55 | 6 5 6 |
沐 甘露 茁 壮 成 长。 翔， 向 未来 展 翅 飞
向 未来 展 翅 飞

i — | i 0 ||
翔。

十、学校平面图

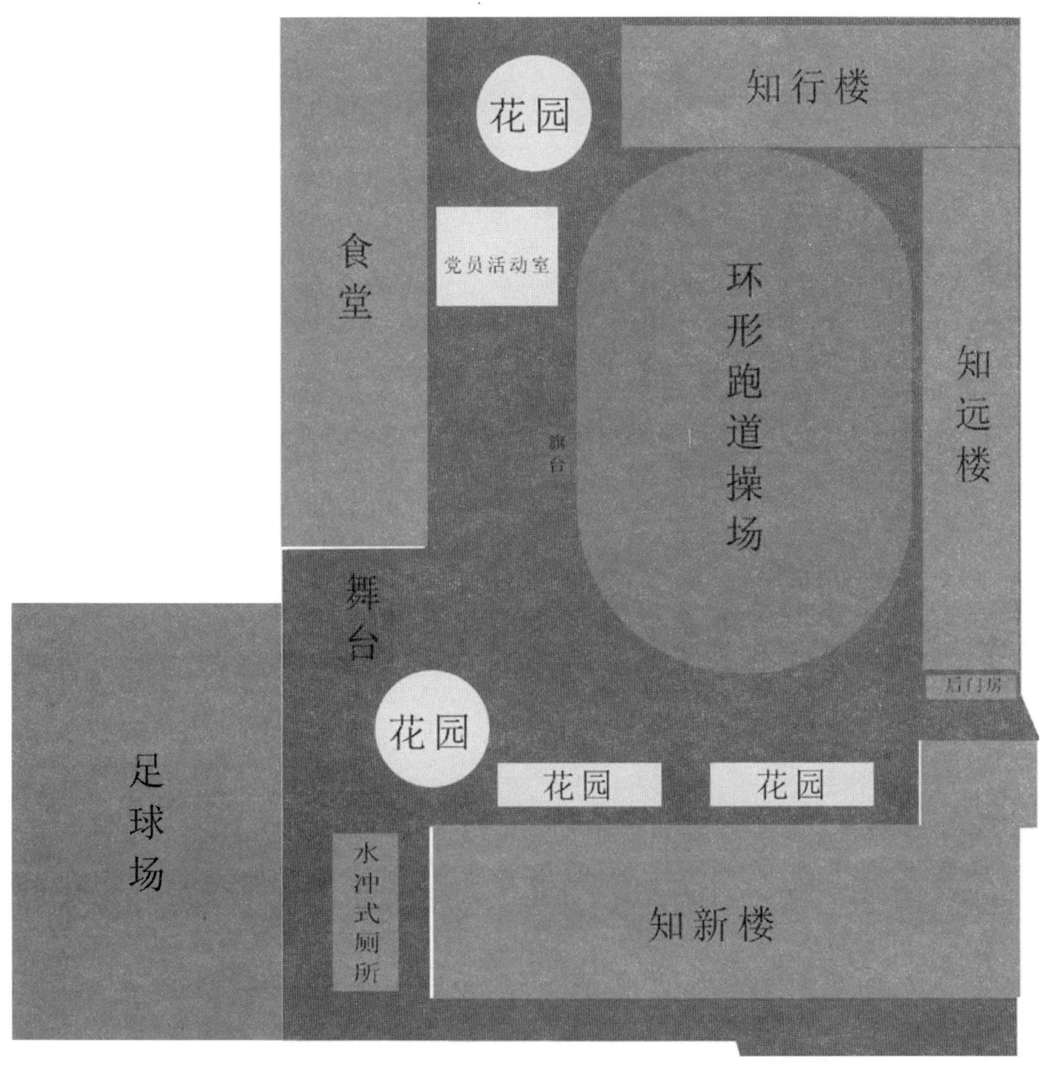

柳林小学赋

◎李德全

览远山之苍苍，群峰莽苍以绵延；衔长河之湛湛，一水澄碧而南环。依钟灵之禅定寺，临毓秀之古雅山。古柳掩荫兮春韵缠绵，岁月流转兮光华璀璨。门庭典雅兮，迎八方良师俊贤；楼宇轩敞兮，容三千儿童少年。雕梁画栋以慕儒雅之高名，檐牙耸喙以羡校园之大观。

洮河诵古今，青山隐苍颜。杨积庆兴教办学，首创私学以启蒙；嘛呢滩开地拓荒，学校肇基而俨然。复兴书以校名，杨正莅之再三。杨氏三代重教，卓尼教育之先贤；柳林小学重光，洮州学府之前沿。一代先师，筚路蓝缕[①]，箪瓢陋巷[②]；历届学子，寸草春晖，桃李竞妍。树程门立雪[③]之志向，发愤图强；倾春蚕吐丝之大爱，躬耕教坛。开学堂以究天地万物之常理，设庠序以通经史子集之奥秘；尊师道以奉忠孝诚信之美德，兴儒学以晓礼义廉耻之箴言。甘棠遗爱[④]，志存高远；雪泥鸿爪[⑤]，润蕙滋兰。学校四移校址[⑥]，七易其名[⑦]；教师忍辱负重，茹苦含酸。悠悠九十载，栉风沐雨，播芳惠于杏林；煌煌近百年，承前启后，教育薪火相传。

环境雅静，灯火阑珊。苍松蓊郁兮绿柳荫翳，芳草葳蕤兮蜂蝶翩跹。探春凌寒兮独报春晖，花坛锦簇兮香涌幽兰；梨花如雪兮粉蕊含露，桃李飞红兮彩霞满天；牡丹吐馨兮芬芳盈怀，芍药捧蕊兮娇艳缱绻。文化长廊，古色古典，名人警句，修身谨严。《三字经》《弟子规》，启蒙教育；德智体，音美劳，学科健全。

歌离骚以上下求索，颂春秋而穷且益坚。凤舞高岗，鹤翔九天，睿智通达，节俭清廉。诚以进德，勤以修业，弘以重任，毅以志坚。教学相长，革故鼎新，育人环境，和谐守谦。创建特色，发展内涵，课题科研，捷报频传。寸管饱墨，妙笔生花，勤学敬业，学海扬帆。名校战略，理念前瞻，屡屡夺魁，卓尔不凡。悠悠然，书香飘逸洮河之两岸；脉脉焉，神韵流传千里之草原。校乃名校，咀华含英之阳光校园；教则勤教，德艺双馨之教育摇篮。

雏鹰试飞，栖高树以凌云；骏马奋蹄，踏飞燕以骜天。文昌星曜兮道德教化，滴水穿石兮桃李不言。谱杏坛之新曲，著人生之华章；辟书山之蹊径，挂学海之云帆。厚德载物以兴学，再著鸿篇；天道酬勤而担当，勇往直前。

发表于《中华辞赋》2016年第一期

【注释】

①筚路蓝缕：筚路，柴车；蓝缕，破衣服。驾着简陋的车，穿着破烂的衣服去开辟山林。形容创业的艰苦。

②箪瓢陋巷：箪，古代盛饭的圆形竹器；瓢，古代装水的小容器。一箪食物，一瓢汤水。形容生活简朴，安贫乐道。

③程门立雪：旧指学生恭敬受教。比喻求学心切和对有学问长者的尊敬。

④甘棠遗爱：甘棠，木名，即棠梨；遗即留；爱指恩惠恩泽。旧时颂扬离去的地方官。

⑤雪泥鸿爪：融化着雪水的泥土。大雁在雪泥上踏过留下的爪印。比喻往事遗留的痕迹。

⑥四移校址：三移校址，最初杨土司所设私学在唐尕川，于1921年迁至关帝庙看楼上，命名为“卓尼初级小学”。继而杨土司又在开阔平坦的嘛尼滩选定新校址，建设成了一所初具规模的新校园。民国十八年（1929年），学校在“河湟事变”中被马仲英部烧毁。民国二十年（1931年），学校迁至博峪村嘛尼子经堂内上课。1932年在原址重建校舍后，学校又从博峪迁了回来。

⑦七易其名：一是学校成立初期，命名为“卓尼初级小学”；二是民国十一年（1922年），新学校竣工后，命名为“卓尼第一高等小学”；三是1938年学校改名为“卓尼柳林高级小学”；四是1942年学校成为省立小学，随之改名为“甘肃省立卓尼柳林中心学校”；五是1966年，学校应“文革”需要，改名为“卓尼县永红小学”；六是1974年，“卓尼县城关第二小学”成立后，改名为“卓尼县城关第一小学”；七是1983年，学校改名为“卓尼县柳林小学”。

后记

卓尼县柳林小学创办于1921年，从原来的私塾到后来的卓尼县柳林小学，虽历经百年风雨，四移校址，七易其名，却始终不改其教书育人、全面发展的教育理念。受到了社会各界人士的爱戴和推崇，为卓尼的教育事业做出了巨大的贡献。

卓尼县柳林小学具有十分深厚的历史积淀和深邃的文化底蕴，当我们一页页翻阅她丰厚的历史档案、打开她深邃的文化记忆之门时，总觉得这所小学的历史，就是中国少数民族地区小学教育典型而生动的缩影。校史的编写出版，既能让我们经常观瞻先贤的风采，从中汲取历史的营养，又能时刻提醒着我们珍惜为学校服务的时光，让我们在这个美好的新时代里为柳林小学的发展做出应有的贡献。

这次学校组织编写并正式出版的校史，也可以说是第二版《卓尼县柳林小学校史》。学校的校史从油印本到出版物，从逸事到回忆，凝聚着历次参与搜集整理校史资料的所有老师的心血和汗水，我们也是在前人成果的基础上，进一步记录诠释学校创建、发展、壮大的历程。在此，我们对梳理和保存学校的各类史料、丰富和传承学校文化的石惠英等老师表示衷心的感谢！此次编写校史，我们的初衷是在真实记录学校发展轨迹、学校办学特色和精神的基础上，努力写一本“有人、有事、有精神”的校史，使其发挥“留史、资政、育人”的重要作用。所以，我们于2017年8月成立了“卓尼县柳林小学校史编写委员会”和“卓尼县柳林小学校史编写组”。在编写过程中，为保证校史的编写质量，我们邀请到熟悉柳林小学发展史的退休老同志杨顺程、杨雄和郝炜以及县教育局党委书记李正荣、局长宁学忠担任顾问，还聘请了熟悉卓尼县情和柳林小学历史的卓尼县党史县志办公室主任马永寿担任特邀编辑。马永寿主任遵照编写原则和体例，经多次修改，最终形成了《卓尼县柳林小学校史篇目》。在资料搜集和整理过程中，有许多热心老校友和关心柳林小学发展的人士也跟着我们一起忙进忙出，热心提供校友的联系方式，帮着搜集有价值的资料，完善一些尚不完整的校史文本等。但是，由于时间紧、任务重，档案资料缺乏，尤其人物资料查找难度大，且年代相距越久越难，加之我们的编写水平和经验有限，难免有遗漏、讹误之处。希望各位老师、校友与社会贤达以包容的心态看待此事，如发现文中的记载与真实史料有出入之处，请积极告知编者改正。如果您或您所熟悉的校友已经有所建树，我们真诚期望您提供宝贵的资料，以便再版校史或编纂校志时进行充实和修正。

当我们翻开《卓尼县柳林小学校史》，浏览着一个个文字和一幅幅画面，不禁联想到柳校发展过程中不平凡的风华岁月，是那样亲切和熟悉，又是那么生动和遥远。从简陋落后、封建愚昧到富强现代、风华正茂；从硝烟弥漫、动荡不安到书声琅琅、和谐安康；从倾家办学、勤工俭学到国家办教育，桃李满天下。简直是一幕幕精彩的历史画卷，一段段生动的育人篇章。只要是柳校人，都能很快地找到自己当年学习、工作和生活的影子，感受到柳校校园生活是多么生趣充塞。我们也深信：这本校史必将给越来越多的人带来学习和生活上的幸福回忆，带来事业和理想上的无穷生发之力。

97 年的文明传承，在这里，一张张新旧照片见证着学校栉风沐雨渐行渐强的发展里程；一个个人物事迹引领着学校师生同心同德、奋力拼搏的历史足迹。青山依旧在，砥砺踏歌行。让我们踏着前辈先贤的红色足迹继往开来，用自己的心血、智慧和汗水，使校园更加青春焕发，以勤奋求实、团结进取的时代精神，乘着梦想的翅膀，向新的目标拼搏前进，走向新的辉煌！

校史编写组

2018 年 9 月